ΣBEST
シグマベスト

試験に強い！
要点ハンドブック
地理B

文英堂編集部　編

文英堂

本書の特色と使用法

1 学習内容を多くの項目(こうもく)に細分

　本書は，高等学校「地理B」の学習内容を**3編16章**に分けて，さらに学習指導要領や教科書の項目立て，および内容の分量に応じて，**81項目**に細分しています。

　したがって，必要な項目をもくじで探して使えば，テストの範囲にぴったり合う内容について勉強することができ，ムダのない勉強が可能です。

2 1項目は2ページで構成

　本書の各項目は，ひと目で学習内容が見渡せるように，原則として本を開いた左右見開きの2ページで完結しています。もくじで必要な項目を探し出せば，2ページ単位で勉強できるようになっています。

　つまり，定期テストで必要な範囲だけを短時間で，きちんと区切りをつけながら勉強できるわけです。

3 本文は簡潔(かんけつ)に表現

　本文の表記は，できるだけムダをはぶいて，簡潔にするように努めました。

　また，ポイントとなる語句は赤字や太字で示し，重要な部分に 重要 のマークをつけました。さらに関連する事項を示すために，きめ細かく参照ページを入れていますので，そちらも読んでおきましょう。

4 重要なポイントを「要点」でハッキリ明示

本書では，重要なポイントは **要点** という形でとくにとり出して，ハッキリ示してあります。**要点** は，その見開きの中で最も基本的なことや，**最もテストに出やすいポイント**などをコンパクトにまとめてあります。

テストの直前には，この部分を読むだけでも得点アップは確実です。

5 図表やグラフでさらにほり下げた知識

地理を学習するうえで，地図や統計は不可欠なものです。本書では，重要な**地図や統計グラフ・表**などを随所に掲載しています。地図は視覚的に理解しやすいように工夫され，統計グラフ・表は最新の数値がもりこまれています。

本文とあわせて図表やグラフを読み解くことで，**基礎的な知識を補強し，理解を深める**ことができます。

6 テスト対策のしあげは「要点チェック」

テスト対策のしあげのために，章末には一問一答形式の**要点チェック**を設けています。答えはページの下段に示してあります。

テストの直前には必ず解いてみて，解けなかった問題は，右側に示されたページにもどって復習しましょう。問題のレベルは学校の**定期テストに合わせてある**ので，これを解くことで確実に定期テストの得点アップがはかれます。

もくじ

1編 さまざまな地図と地理的技能

1章 地理情報と地図
- 1 地球と世界 …………………………… 8
- 2 地球と地図 …………………………… 10
- 3 地理情報の地図化 …………………… 12

2章 地図の活用と地域調査
- 4 地域調査と地形図 …………………… 14
- 5 地形図の読図 ………………………… 16
- ● 要点チェック ………………………… 18

2編 現代世界の系統地理的考察

3章 自然環境
- 6 地球と地形 …………………………… 20
- 7 世界の大地形① ……………………… 22
- 8 世界の大地形② ……………………… 24
- 9 世界の小地形 ………………………… 26
- 10 海岸の地形 …………………………… 28
- 11 氷河, 乾燥, カルスト, 海底地形 …… 30
- ● 要点チェック ………………………… 32
- 12 気候の成り立ち① …………………… 34
- 13 気候の成り立ち② …………………… 36
- 14 気候の成り立ち③ …………………… 38
- 15 世界の気候区分① …………………… 40
- 16 世界の気候区分② …………………… 42
- 17 世界の気候区分③ …………………… 44
- 18 土壌と植生 …………………………… 46
- 19 日本の自然環境と災害 ……………… 48
- ● 要点チェック ………………………… 50

4章 環境問題

- **20** 環境と開発，公害 …………………… 52
- **21** 世界の環境問題① …………………… 54
- **22** 世界の環境問題② …………………… 56
- **23** 環境保全の動き ……………………… 58
- ● 要点チェック ………………………… 60

5章 農林水産業と食料問題

- **24** 農業とその課題 ……………………… 62
- **25** 世界の農業① ………………………… 64
- **26** 世界の農業② ………………………… 66
- **27** 世界の農業③ ………………………… 68
- **28** 世界の林業と水産業 ………………… 70
- **29** 日本の農業 …………………………… 72
- **30** 日本の林業と水産業 ………………… 74
- **31** 食料問題 ……………………………… 76
- ● 要点チェック ………………………… 78

6章 エネルギー資源と鉱工業

- **32** エネルギー資源① …………………… 80
- **33** エネルギー資源② …………………… 82
- **34** 鉱産資源 ……………………………… 84
- **35** 工業と工業立地 ……………………… 86
- **36** 世界の工業地域① …………………… 88
- **37** 世界の工業地域② …………………… 90
- **38** 現代の工業と生産 …………………… 92
- **39** 日本のエネルギー資源と鉱工業① … 94
- **40** 日本のエネルギー資源と鉱工業② … 96
- ● 要点チェック ………………………… 98

7章 生活と産業

- **41** 消費生活とその変化 ………………… 100
- **42** 観光・保養産業 ……………………… 102

8章 交通, 通信と貿易

- 43 時間距離と陸上交通……………………104
- 44 水上交通……………………………………106
- 45 航空交通と日本の交通…………………108
- 46 世界の通信…………………………………110
- 47 世界の貿易とその問題①………………112
- 48 世界の貿易とその問題②………………114
- 49 日本の貿易とその問題…………………116
- ● 要点チェック……………………………118

9章 人口と人口問題

- 50 世界の人口分布と人口増減……………120
- 51 世界の人口構成と人口問題……………122
- 52 日本の人口と人口問題…………………124

10章 村落と都市

- 53 村落の立地と発達…………………………126
- 54 村落の形態と機能…………………………128
- 55 都市の立地と発達…………………………130
- 56 都市の形態と機能…………………………132
- 57 都市の機能と構造…………………………134
- ● 要点チェック……………………………136

11章 都市・居住問題

- 58 産業と人口の都市集中…………………138
- 59 都市問題……………………………………140
- 60 都市計画……………………………………142

12章 生活文化と民族, 宗教

- 61 世界の人々の衣食住……………………144
- 62 民族と言語, 宗教…………………………146
- 63 民族問題……………………………………148
- ● 要点チェック……………………………150

3編 現代世界の地誌的考察

13章
地域区分と
国家，国家群

- **64** 地域区分と国家，国境……………152
- **65** 領土問題……………………………154
- **66** 現代の国家群………………………156
- **67** 欧州連合(EU)………………………158
- **68** 国際連合と国際協力………………160
- ● 要点チェック………………………162

14章
アジアとアフリカ

- **69** 東アジア①…………………………164
- **70** 東アジア②…………………………166
- **71** 東南アジアと南アジア①…………168
- **72** 東南アジアと南アジア②…………170
- **73** 西アジアと中央アジア……………172
- **74** アフリカ……………………………174
- ● 要点チェック………………………176

15章
ヨーロッパとロシア

- **75** ヨーロッパ①………………………178
- **76** ヨーロッパ②………………………180
- **77** ロシアと周辺諸国…………………182

16章
南北アメリカ，
オセアニア，両極

- **78** 北アメリカ①………………………184
- **79** 北アメリカ②………………………186
- **80** ラテンアメリカ……………………188
- **81** オセアニアと両極…………………190
- ● 要点チェック………………………192

◆ さくいん………………………………………………………………194

1 地球と世界

1 世界観の変化

1 ヨーロッパ 古代，**地球円盤説**から**地球球体説**へ。中世には，キリスト教の世界観を反映して円盤説（**TOマップ**）に後退。近世，海上交通が活発化し球体説が復活。大航海時代に地理的知識が急速に拡大し，世界地図もより正確に変化。
→アリストテレスが実証

2 日本 律令制の街道を基準につくられた**行基図**が，江戸時代まで庶民の間で普及。19世紀，**伊能忠敬**により，実測による精密な日本地図が作成された。
→大日本沿海輿地(よち)全図

2 緯度と経度

1 地球上の位置 地球上の位置を表すのには，北緯35度，東経135度というように，緯度と経度で表す。

2 地球の大きさ 地球は，やや南北が押しつぶされた**回転楕円体**で，赤道の全周が約40,075 km，北極と南極を結んだ子午線の全周が約40,008 kmである。

3 緯線 **赤道**に平行な線。赤道を0度，北極点と南極点を90度として，地球の中心となす角を**緯度**という。北半球を**北緯**，南半球を**南緯**と分けている。

4 経線 北極と南極を結ぶ南北の線（**子午線**）。地球半周を各180度として，**経度**を決めている。経度の基準は，イギリスのロンドンにあるグリニッジ天文台を通る経線（**本初子午線**）で，これを0度として，東西に分けている。これより東を**東経**，西を**西経**とし，東経180度と西経180度は一致する。

5 回帰線 北緯23度26分の緯線を**北回帰線**，南緯23度26分の緯線を**南回帰線**という。南（北）中時の太陽高度が前者は夏至，後者は冬至に90度となる。

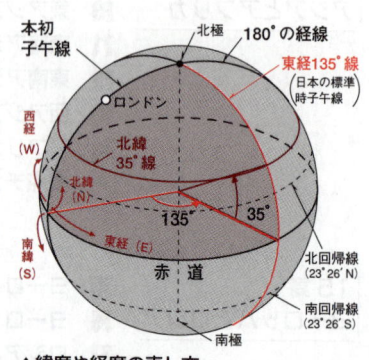

▲緯度や経度の表し方

> **要点**
> 地球…全周が約40,000 kmで回転楕円体
> 緯線 ➡ 赤道に平行な線　　　　　　　緯度と経度で地球上の
> 経線 ➡ 北極と南極を結ぶ南北の線　　各地点の位置を表す

3 標準時と時差 重要

1 標準時 地球の自転によって、日の出、南中(ただし、南半球では北中)、日の入りなどがあり、昼夜の別が生じる。世界各地の昼夜の時刻は、子午線(経度)が異なるので、地域によって異なっている。そこで、国あるいは地域ごとに、一定の子午線を基準にして共通の時刻を定めている。これが**標準時**である。この共通の標準時で帯状に区分された地帯が**等時帯**である。

2 世界の標準時 イギリスの**ロンドン**にあるグリニッジ天文台を通る本初子午線を基準にした**グリニッジ標準時**(GMT)を、世界の標準時としている。これをもとに、世界各地の標準時が計算できる。

3 日本の標準時 兵庫県明石市などを通る**東経135度**の経線を、**標準時子午線**としており、グリニッジ標準時に比べて、135÷15=9で9時間早い。

4 時差 地球は24時間に360度回転しているから、**経度15度ごとに1時間の差**が生じる。したがって、世界各地の標準時の間には、時刻差が生じる。これが**時差**である。アメリカやロシアのように国土が東西に長い国では、国内にいくつもの標準時を設けているため、国内でも時差が生じる。

5 日付変更線 世界各地の標準時は、グリニッジ標準時を基準にして、東へはプラス、西へはマイナスの時差で表す。東経180度ではプラス12時間、西経180度ではマイナス12時間となり、1日の時差が生じる。そのため、日付を変える必要が生じ、経度180度の経線にほぼそって、**日付変更線**が設定されている。(→p.190)

6 時差の計算例 ①東京はグリニッジ標準時よりプラス9時間(135÷15=9)。ロンドンが22日午前1時のとき、東京は22日午前10時である。②ロサンゼルスが位置するアメリカ西海岸の標準時子午線は西経120度。よって、ロサンゼルスはグリニッジ標準時よりマイナス8時間(120÷15=8)。③東京とロサンゼルスの時差は、①・②より17時間。ロサンゼルスの方が東京より時刻が遅いので、東京が22日午前10時のとき、ロサンゼルスは21日午後5時となる。

要点

時差 　経度15度で1時間の違いが生じる
〔標準時の経度〕÷15 =〔グリニッジ標準時との時差〕
　　　　　　東経はプラス、西経はマイナス ←

日付変更線 　西から東へこえる ➡ 1日遅らせる
　　　　　　　東から西へこえる ➡ 1日進ませる

2 地球と地図

1 地球儀と図法

1│ 地球儀 地球をそのままの形で縮小したものであり、距離や方位、面積、角度などの要素がどれも正しく表現される。

2│ 図法（地図投影法） 球面である地球の表面を、平面にうつしたものが地図である。そこには、必ず何らかの無理が生じている。そこで、使用目的によって、さまざまな図法（地図投影法）がくふうされてきた。

3│ 地図のひずみ 図法が違えば、ひずみの表れ方も異なるので、図法の特色を理解しておく必要がある。地球儀のように、距離や方位、面積、角度などの要素がすべて正しく表現された地図はない。

> **要点**
> **図法**…球面である地表を平面の地図に表す方法
> ➡ **距離や方位、面積、角度**のいずれかにひずみが生じる

2 さまざまな図法と特色　重要

1│ 正角図 角度を正しく表した地図。例えば、**メルカトル図法**は、1569年にフランドル地方出身のメルカトルが考案した正角図法。任意の2点を直線で結ぶ
→現在のベルギー～フランス北部
と、それが2点間の**等角航路**（舵角を一定に保って進む航路）を表すことになり、
→進行方向と経線との角度
航海用の**海図**として用いられてきた。しかし、距離や面積が高緯度ほど拡大されるので、分布図には不適当。また、方位も正しくない点に注意が必要。

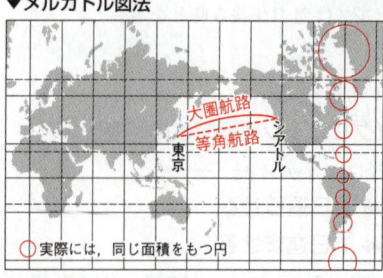

▼メルカトル図法　　　▶東京中心の正距方位図法

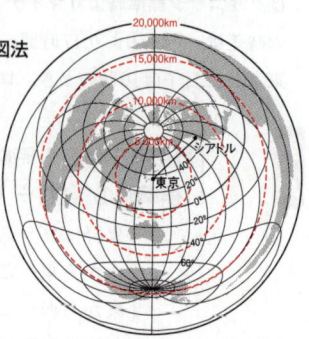

○ 実際には、同じ面積をもつ円

2 正方位図 方位を正しく表した地図。例えば、正距方位図法は、図の中心からの距離と方位が正しい（正距図でもあるが、他の2点間では正しくならない点に注意）。図の中心からの**大圏航路**(地球上の最短コース)が直線で表現できるため、航空図に用いられてきた。周縁部で形や面積のひずみが大きい。

3 正積図 面積を正しく表した地図。**分布図**に利用できる。

① **サンソン図法**…メルカトル図法を正積図に改めたもの。そろばんの玉のような輪郭をしている。ひずみの小さい低緯度地方の地方図に利用される。中央経線や赤道から離れるにつれて、形のゆがみが大きくなる。

② **モルワイデ図法**…サンソン図法の高緯度地域の形のゆがみを改めたもの。楕円形の輪郭をもつ。世界全図や世界の分布図に利用される。

③ **ホモロサイン(グード)図法**…低緯度地方でひずみの小さいサンソン図法と、高緯度地方でひずみの小さいモルワイデ図法を、40°44′で接合し、海の部分で切り開いたもの。世界の分布図に利用されるが、流線図や海洋に関した地図としては、適当でない。(→p.13)

▼さまざまな正積図

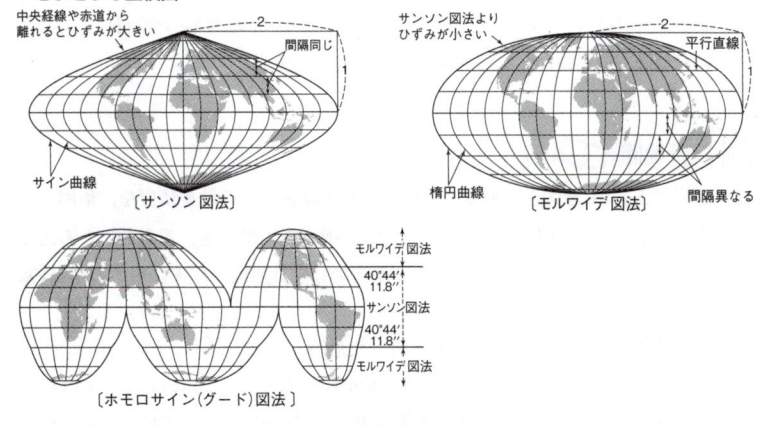

〔サンソン図法〕 中央経線や赤道から離れるとひずみが大きい／間隔同じ／サイン曲線

〔モルワイデ図法〕 サンソン図法よりひずみが小さい／平行直線／楕円曲線／間隔異なる

〔ホモロサイン(グード)図法〕 モルワイデ図法／40°44′11.8′／サンソン図法／40°44′11.8′／モルワイデ図法

要点
正 角 図…メルカトル図法は**海図**に利用された
正方位図…正距方位図法は**航空図**に利用された
正 積 図…サンソン, モルワイデ, ホモロサイン図法など
　　　➡ **分布図**に利用できる

3 地理情報の地図化

1 地図

1｜地理情報 地形や気候などの自然環境，人口や土地利用，産業のようすなどの社会環境に関わる情報を，**地理情報**という。地理情報は，地図によって空間的に表現できる。

2｜地図の種類 重要　次の①・②と③・④は別の分類方法。

①**実測図**…現地で測量したり，空中写真測量したものをもとに作成した地図。日本では，**国土地理院**が発行する国土基本図(2千5百分の1，5千分の1)や，**2万5千分の1地形図**などがある。

②**編集図**…実測図をもとに作成した地図で，**5万分の1地形図**や20万分の1地勢図などがある。一般に販売されている地図は，大部分が編集図。

③**一般図**…さまざまな目的のために利用できるように，あらゆる事象を表現してある地図。国土地理院発行の地形図や地勢図などがある

④**主題図**…特定の事象を取り上げて表現した地図。土地利用図や地質図，海図，観光地図，道路地図，都市計画図，各種統計地図など。

2 統計地図 重要

1｜統計地図 主題図の一種で，人口分布や生産量などの数値情報を，地図上にさまざまな方法で表現した地図。その事象の地域的な特色を，視覚的にとらえることができる。分布図の形をとることが多い。統計地図の作成に用いる地図(基図)は，正積図である必要がある。(→p.11)

2｜分布図 人口など，事象の分布を表した地図。

①**絶対分布図**…数量の絶対値を，点の数や図形の大きさ，線の幅などで直接表現した地図。**ドットマップ**や**図形表現図**，**等値線図**，**流線図**，**カルトグラム**(変形地図)などがある。

②**相対分布図**…統計的な数値の相対量(人口密度など2つの事象の数量の比や割合)の分布を，いくつかの階級に区分して表示した地図。
　ⓐ**階級区分図**…数値をいくつかの階級に分け，地域ごとに模様や色彩を用いて表現。階級区分は恣意的にならないように注意する。

ⓑ **メッシュマップ**…区画(メッシュ)ごとに、数値を階級区分して、模様や色彩を用いて表現。

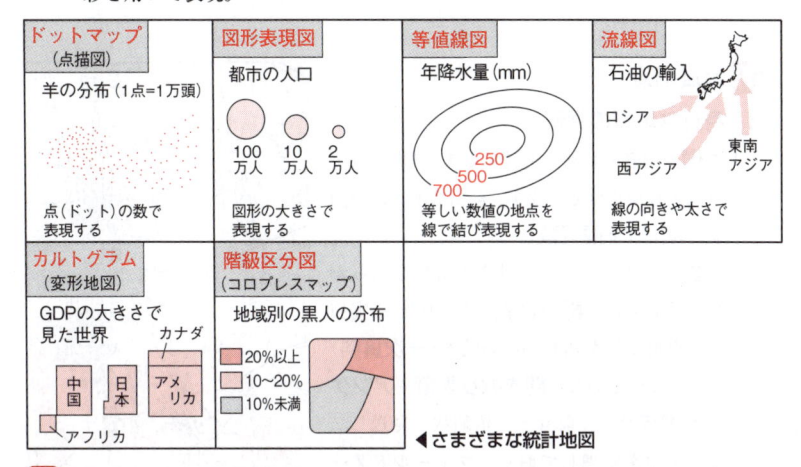

ドットマップ (点描図)	図形表現図	等値線図	流線図
羊の分布 (1点=1万頭) 点(ドット)の数で表現する	都市の人口 100万人 10万人 2万人 図形の大きさで表現する	年降水量(mm) 250 500 700 等しい数値の地点を線で結び表現する	石油の輸入 ロシア 東南アジア 西アジア 線の向きや太さで表現する
カルトグラム (変形地図)	階級区分図 (コロプレスマップ)		
GDPの大きさで見た世界 カナダ 中国 日本 アメリカ アフリカ	地域別の黒人の分布 20%以上 10〜20% 10%未満		

◀さまざまな統計地図

> **要点** 統計地図 { 絶対分布図…ドットマップ, 図形表現図, 等値線図など
> 相対分布図…階級区分図, メッシュマップ

3 新しい地図

1 デジタル地図 従来の紙の上に描かれたアナログ地図に対して、コンピュータで利用できる形態の地図。データの集まりなので、作業、加工、輸送、保存、複製など、さまざまな点で利便性が高く、情報を最新の状態に更新しやすい。

2 通信の発達と地図 人工衛星を利用して、地球のようすを観測する技術を**リモートセンシング**(遠隔探査)といい、さまざまなデジタル地図に加工される。また、複数の測位衛星を利用して、地球上の位置を求めるシステムを**全地球測位システム(GPS)**といい、**カーナビゲーション**などに利用される。
↳Global Positioning System

3 地理情報システム(GIS) 重要 空間に関するデータ(地図データ)と、さ
↳Geographic Information System
まざまな情報(データベース)を統合させ、地理情報を収集、検索、加工、管理、分析、表示するシステムのこと。情報の更新が容易で、手作業で新しい地図を描き出す膨大な労力から解放される。カーナビゲーションは、もっとも身近なGISといえる。この他、企業の販売計画や店舗配置計画といったエリアマーケティングや、**ハザードマップ**(防災地図)の作成にも利用される。
(→p.49)

4 地域調査と地形図

1 地域調査

1 身近な地域の調査

① **準備**…調査の目的を明確にして,課題を設定
→調査地域を確定→文献,統計資料,地形図などによる**予備調査**。

② **実施**…調査方法など,調査の計画をあらかじめ検討する。**野外調査**(現地調査)を実施し,現地でしか知り得ない情報(**一次資料**)の入手につとめる。**聞き取り調査**や**アンケート調査**では,前もって依頼状を発送し,質問事項を整理しておく。フィールドノートや地形図,調査コースや手順を書きこんだルートマップ,カメラ,ICレコーダーなどを用意する。

▲ルートマップ

③ **整理**…調査結果を項目に分けて整理し,分析を行う。疑問や不明な点があれば,再度現地で**補充調査**も行う。報告書は,統計資料のグラフ化,地図化などで見やすくして発表する。関係者への礼状の発送も忘れない。

2 離れた地域の調査
図書館で得られる文献,新聞記事などを利用。外国の場合は,大使館や観光局への問い合わせも有効。インターネットも利用。

> **要点** 地域調査の手順…準備(予備調査など) ➡ 実施(野外調査など)
> ➡ 整理(分析,報告など)

2 地形図 **重要**

1 地形図
地形,植生,土地利用,地名など,地表面のさまざまな事象を示した一般図。国土交通省の**国土地理院**が作成している。

2 地形図の種類
大都市のみの**1万分の1**や,**2万5千分の1**,**5万分の1**の3種類。2万5千分の1地形図のみ実測図で,そのほかは,2万5千分の1地形図をもとにした編集図である。
(→p.12)

3 　**地形図の図法**　現在は，メルカトル図法の一種である，**ユニバーサル横メルカトル図法（UTM図法）**で作成。(→p.10)

3 　読図と作業 重要

1 　**方位**　上が北，下が南，右が東，左が西。

2 　**縮尺**　距離を縮小した割合のこと。「**実際の距離×縮尺＝地図上の長さ**」の関係を覚えておく。地図上での面積と実際の面積の比は，縮尺の2乗。

(例)　2万5千分の1地形図では，実際の1km(100,000cm)は，地図上では，$100,000 \times \frac{1}{25,000} = 4$ cmとなる。

3 　**等高線**　同一高度を結んだ線。等高線の種類から，その地形図の縮尺がわかる。また，等高線どうしは交わることはない。

①**土地の傾斜**…等高線の間隔が密であれば傾斜が急，まばらであれば傾斜がゆるやかである。

種類	2万5千分の1	5万分の1	線の形状
計曲線	50mごと	100mごと	太い実線
主曲線	10mごと	20mごと	細い実線
補助曲線	5mごと	10mごと	破線
補助曲線		5mごと	細い破線

▲等高線の種類と間隔　2万5千分の1地形図では，2.5mおきの補助曲線が引かれることもある。

②**起伏の大小**…等高線の屈曲が多いところは，起伏が大きい。

③**谷と尾根**…等高線の凸部が高い方に向いているところは**谷**，低い方に向いているところは**尾根**の地形。

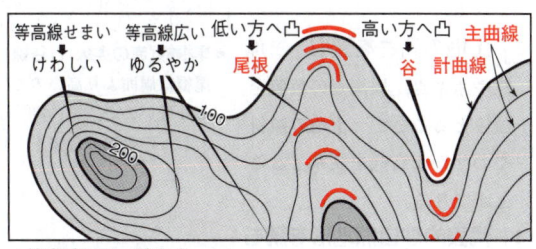

▲等高線とその読み方

4 　**三角点，水準点，標高点**　いずれも地図記号の横に数値が表示されており，その地点の標高がわかる。(→p.17)

要点

等高線
- 主曲線が10mごと ➡ 縮尺は2万5千分の1
- 主曲線が20mごと ➡ 縮尺は5万分の1
- 間隔が密 ➡ 傾斜は急，間隔がまばら ➡ 傾斜はゆるやか
- 高い方へ凸 ➡ 谷，低い方へ凸 ➡ 尾根

5 地形図の読図

1 地形の読図

1 地形断面図 地形図上で，断面図をつくりたいところにXYの線をひく。この線と平行に同じ長さのX'Y'の線をひいて基準線とする。この線と平行に高度を表す線をひく。XY線と地形図の等高線が交わった点から，その高度の地点まで垂線をおろし，それらの点をなだらかに結べば地形断面図ができる。

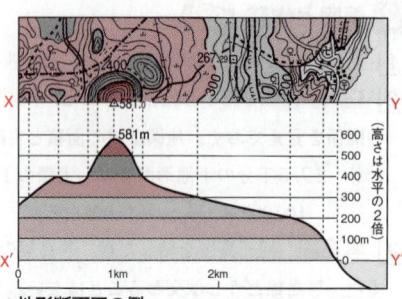

▲地形断面図の例

2 水系図 地形図の等高線の谷線にそって，色の線を入れていく。谷川の流れる方向から，土地がどのように傾斜しているかを読みとることができる。

3 土地の高さを読む 三角点や水準点，標高点の数値を読みとることで，土地の傾斜やわずかな高低を読みとることができる。

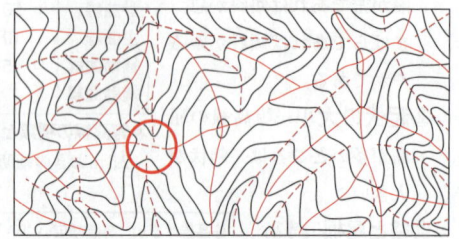

▲尾根線(赤の実線)と谷線(赤の破線)
尾根は周囲より高いので，分水嶺となる。谷は周囲より低いので，川(谷川)が流れることが多い。○で示した尾根線の鞍部を，峠という。

4 代表的な自然地形を読む 重要
① **扇状地**…等高線が扇形に広い間隔で入っている。
② **三角州**…河口付近の低平な地形で，ほとんど等高線がない。
③ **河岸段丘**…大きな河川の両岸に，等高線が密になっている部分とまばらになっている部分が交互にみられる。

> **要点** 地形の読図…**等高線**が非常に重要 ➡ 土地の起伏や傾斜，高低，代表的な自然地形を読みとることができる

2 土地利用の読図

1 土地利用図　集落や耕地などの記号を読み，水田，畑，果樹園などの種類別に色分けしていくと，<u>土地利用図</u>ができる。土地利用図から，土地利用の特徴が読みとれる。また，**新旧の地形図**を比較すれば，土地利用の変化などを知ることができる。

2 読図の例

①**微高地**…**水田**の中に，部分的に畑や竹林が入っていると，その部分は水田の土地より少し高いと考えてよい。

②**果樹園や茶畑**…一般に水が少ない地域で，台地や扇状地など，水田に利用される平地より一段高くなった地形のところは，**果樹園**や**茶畑**になりやすい。

▼地形図の記号（平成14年式）

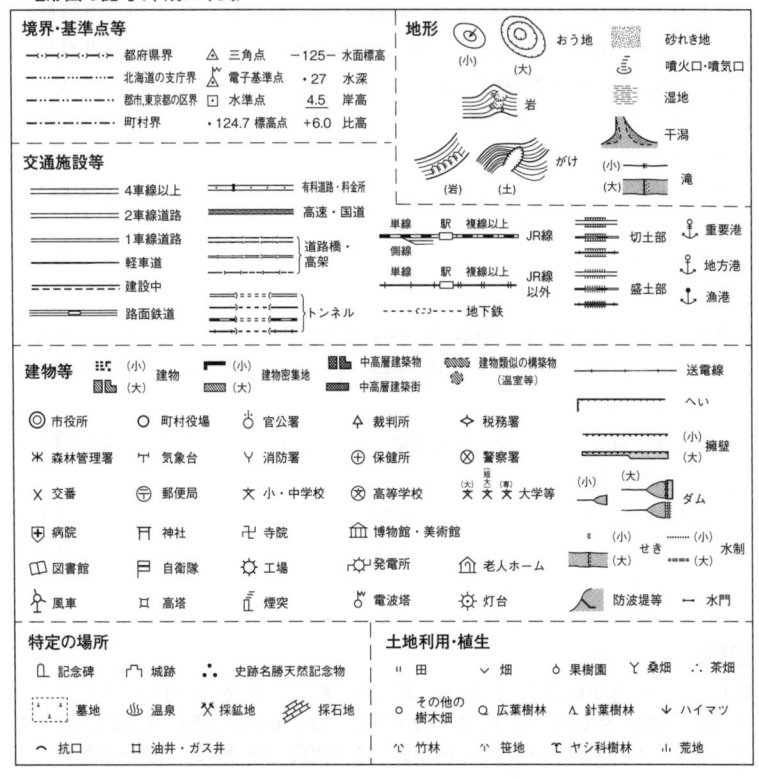

境界・基準点等		
都道府県界	△ 三角点	−125− 水面標高
北海道の支庁界	電子基準点	・27 水深
郡市・東京都の区界	水準点	4.5 最高
町村界	・124.7 標高点	+6.0 比高

地形		
おう地（小）（大）	砂れき地	
岩	噴火口・噴気口	
がけ（岩）（土）	湿地 / 干潟	
	滝（小）（大）	

交通施設等	
4車線以上	有料道路・料金所
2車線道路	高速・国道
1車線道路	道路橋・高架
軽車道	
建設中	トンネル
路面鉄道	
単線 駅 複線以上 側線 JR線	切土部
単線 駅 複線以上 JR線以外	盛土部
------- 地下鉄	重要港 / 地方港 / 漁港

建物等		
建物（小）（大）	建物密集地（小）（大）	中高層建築物 / 中高層建築街
建物類似の構築物（温室等）		送電線
◎ 市役所	○ 町村役場	♀ 官公署
ム 裁判所	◇ 税務署	へい
✳ 森林管理署	気象台	Y 消防署
⊕ 保健所	⊗ 警察署	擁壁（小）（大）
X 交番	⊕ 郵便局	文 小・中学校
⊗ 高等学校	大 大学等（小）（大）	ダム
⊕ 病院	〒 神社	卍 寺院
🏛 博物館・美術館		せき（小）（大） / 水制（小）（大）
図書館	自衛隊	☼ 工場
発電所	老人ホーム	
風車	高塔	煙突
電波塔	☼ 灯台	防波堤等 — 水門

特定の場所			
記念碑	城跡	史跡名勝天然記念物	
墓地	温泉	採鉱地	採石地
抗口	油井・ガス井		

土地利用・植生				
田	畑	果樹園	桑畑	茶畑
その他の樹木畑	広葉樹林	針葉樹林	ハイマツ	
竹林	笹地	ヤシ科樹林	荒地	

要点チェック

▼答えられたらマーク　　　　　　　　　　　　　　　　　わからなければ ↻

- [ ] **1** 中世ヨーロッパで，当時のキリスト教の世界観を反映してつくられた地図を，何というか。　p.8 **1** 1
- [ ] **2** 19世紀，実測により精密な日本地図を作成したのは，だれか。　p.8 **1** 2
- [ ] **3** 地球の全周は，約何万kmか。　p.8 **2** 2
- [ ] **4** 北極点は，北緯何度か。　p.8 **2** 3
- [ ] **5** 東経と西経は，何度まであるか。　p.8 **2** 4
- [ ] **6** 世界の標準時の基準となる子午線は，どこの都市(首都)を通るか。　p.9 **3** 2
- [ ] **7** 日本の標準時子午線は，何度の経線を採用しているか。　p.9 **3** 3
- [ ] **8** 1時間の時差が生じるのは，経度で何度分か。　p.9 **3** 4
- [ ] **9** 西経120度線を標準時子午線とするロサンゼルスが，21日午後5時とすれば，その時，東京は，何日の何時か。　p.9 **3** 6
- [ ] **10** 地球の縮小模型を，何というか。　p.10 **1** 1
- [ ] **11** 等角航路が直線で表現されるので，航海用の海図に用いられてきた地図の図法を，何というか。　p.10 **2** 1
- [ ] **12** 図の中心からの距離と方位が正しく表現される地図の図法を，何というか。　p.11 **2** 2
- [ ] **13** **12**の図法の地図は，何図に用いられてきたか。　p.11 **2** 2
- [ ] **14** サンソン図法とモルワイデ図法を接合した地図の図法を，何というか。　p.11 **2** 3
- [ ] **15** 現地で測量したり，空中写真測量したものをもとに作成した地図を，何というか。　p.12 **1** 2
- [ ] **16** **15**の地図をもとに作成される地図を，何というか。　p.12 **1** 2
- [ ] **17** さまざまな目的に利用できるように，あらゆる事象を表現した地図を，何というか。　p.12 **1** 2

答え

1 TOマップ　**2** 伊能忠敬　**3** 4万km　**4** 90度　**5** 180度　**6** ロンドン　**7** 東経135度　**8** 15度分　**9** 22日午前10時　**10** 地球儀　**11** メルカトル図法　**12** 正距方位図法　**13** 航空図　**14** ホモロサイン(グード)図法　**15** 実測図　**16** 編集図　**17** 一般図

要点チェック

- □ **18** 特定の事象を取り上げて表現した地図を，何というか。　p.12
- □ **19** 点（ドット）の数で表現した分布図を，何というか。　p.12
- □ **20** 変形地図は，別名何というか。　p.12
- □ **21** 数値をいくつかの階級に分け，地域ごとに模様や色彩を用いて表現した分布図を，何というか。　p.12
- □ **22** 人工衛星を利用して，地球のようすを観測する技術を，何というか。　p.13
- □ **23** 複数の測位衛星を利用して，地球上の位置を求めるシステムを，アルファベット3文字で何というか。　p.13
- □ **24** 地理情報システムを，アルファベット3文字で何というか。　p.13
- □ **25** 野外調査の前に行う，文献，統計資料，地形図などによる調査を，何というか。　p.14
- □ **26** 野外調査で，現地でしか知り得ない情報を，何というか。　p.14
- □ **27** 調査結果の分析の際，疑問点などを解決するため，再度現地で行う調査を，何というか。　p.14
- □ **28** 地形図を作成しているのは，国土交通省のどこの機関か。　p.14
- □ **29** 現在の日本の地形図の図法を，何というか。　p.15
- □ **30** 地図において距離を縮小した割合のことを，何というか。　p.15
- □ **31** 実際の1kmは，2万5千分の1地形図上では，何cmか。　p.15
- □ **32** 2万5千分の1地形図で，計曲線は何mごとに引かれるか。　p.15
- □ **33** 5万分の1地形図で，主曲線は何mごとに引かれるか。　p.15
- □ **34** 等高線の凸部が低い方に向いているところを，何というか。　p.15
- □ **35** 等高線が扇形に広がる地形を，何というか。　p.16
- □ **36** 大きな河川の両岸に，等高線が密になっている部分とまばらになっている部分が交互にみられる地形を，何というか。　p.16
- □ **37** 次の地形図の記号は，それぞれ何を表すか（③は土地利用）。　p.17
    ① ⛰　② 🏠　③ ∴　④ ◯

答え

18 主題図　**19** ドットマップ（点描図）　**20** カルトグラム　**21** 階級区分図（コロプレスマップ）　**22** リモートセンシング（遠隔探査）　**23** GPS　**24** GIS　**25** 予備調査　**26** 一次資料　**27** 補充調査　**28** 国土地理院　**29** ユニバーサル横メルカトル図法（UTM図法）　**30** 縮尺　**31** 4cm　**32** 50m　**33** 20m　**34** 尾根　**35** 扇状地　**36** 河岸段丘　**37** ①三角点　②老人ホーム　③茶畑　④広葉樹林

6 地球と地形

1 陸と海の分布

1 陸海分布 地球は圧倒的に海が広く，表面積約5.1億km²のうち，陸地が29％，海洋が71％を占め，面積比は，**3：7**になっている。

2 陸半球と水半球 陸地の大部分は北半球に集中している。フランスの首都パリ付近(48°N, 0.5°E)を中心に描かれた**陸半球**に，陸地全体の84％が含まれる。陸半球の反対側(ニュージーランド南東, 48°S, 179.5°W)にあたる**水半球**は，その半球面積の90％が海洋となる。

> **要点**
> 陸地と海洋の割合 ➡ 3：7
> 陸地の大部分は**北半球**に集中。陸半球は**パリ**付近が中心

2 陸地と海洋の種類

1 六大陸 **ユーラシア**大陸(アジアとヨーロッパ)が最も広く，以下面積順に，**アフリカ，北アメリカ，南アメリカ，南極，オーストラリア**。

2 大陸の形 大陸はおおよそ北に広く，南に狭い逆三角形の形をしている。そのため，陸地は，北半球の中緯度と低緯度に広く，南半球の中緯度で狭い。

3 大きな島 **グリーンランド**が最も広く，以下面積順に，ニューギニア島，カリマンタン(ボルネオ)島，マダガスカル島，バッフィン島，スマトラ島，本州，グレートブリテン島とつづく。

4 三大洋 地球上の海洋は，**太平洋，大西洋，インド洋**の三大洋と，それ以外の付属海に分かれる。最も面積が広いのは太平洋である。

5 付属海 付属海は，大陸に囲まれた**地中海**と，大陸のまわりにあって，島や半島に囲まれている**沿海(縁海)**に分けられる。
  ①**地中海**…ヨーロッパ地中海，アメリカ地中海，北極海，紅海など。
    └→メキシコ湾とカリブ海
  ②**沿海**…ベーリング海，オホーツク海，日本海，東シナ海，北海など。

> **要点**
> 六大陸…ユーラシア，アフリカ，南北アメリカ，南極，オーストラリア
> 三大洋…太平洋，大西洋，インド洋

3 地形の成因 【重要】

1 内的営力 地球内部からはたらく力。**地殻変動**や**火山活動**がある。
①**地殻変動**…狭い範囲の地形を急速に変化させる**造山運動**と，広い範囲の地形をゆるやかに変化させる**造陸運動**とがある。造山運動には，地層が波状に曲がる**褶曲**と，地層が切断してずれる**断層**がある。
(→p.23)
②**火山活動**…造山運動にともなって起こる。地震をともなう。

2 外的営力 地表面に，外側からはたらく力。気温，水，氷河，風，波などの力をいい，地表の起伏を小さくする作用である。
①**風化**…気温の変化や水，植物の根などのはたらきで，岩石をこわす作用。
②**侵食**…流水，氷河，風などの力で，地表を削り，運ぶ作用。
③**堆積**…削られ運ばれた岩石などを，低い土地に積み重ねる作用。

> **要点**
> 地形の成因 { **内的営力** ➡ 地殻変動，火山活動
> **外的営力** ➡ 風化，侵食，堆積の各作用 }

4 プレートの運動と自然災害 【重要】

1 プレート 十数枚に分かれて地球表面をおおう，厚さ100 kmのかたい岩石。

2 プレートテクトニクス プレートが互いに水平に移動することで，大地形の形成の原動力となっているという考え方。1970年代に確立された。

3 プレートの境界 激しい地殻変動や火山活動が起こる地帯（**変動帯**）であり，大地形が形成される。次の3つのタイプがある。
①**広がる境界**…プレートが両側へ拡大する部分。**海嶺**や**大地溝帯**が形成される。
(→p.31) └→アフリカ東部
②**狭まる境界**…大陸プレートどうしが衝突，もしくは海洋プレートがほかのプレートの下にもぐりこむ部分。ヒマラヤ山脈などの造山帯や**弧状列島**，**海溝**などが形成される。
(→p.48) (→p.31)
③**ずれる境界**…プレートどうしがずれ動く部分。サンアンドレアス断層など。
└→アメリカ西海岸

4 プレートの境界と自然災害 広がる境界とずれる境界では，**地震**が発生する。また，狭まる境界では，**火山**の噴火や**地震**が発生する。

> **要点**
> **プレート**の運動 { さまざま大地形が形成される原動力となる
> 境界で**火山**の噴火や**地震**が発生する }

7 世界の大地形①

1 大地形の分類 重要

1 新期造山帯 新生代第三紀を中心に隆起した褶曲山地。今も造山運動がつづく。

①アルプス＝ヒマラヤ造山帯…ユーラシア大陸の南のへりを東西に連なる。

②環太平洋造山帯…アンデス，ロッキー山脈からアリューシャン列島，日本列島をへて，フィリピン諸島，ニュージーランドへとつづく。

	先カンブリア時代	安定陸塊
5億4100万年前	古 生 代	古期造山帯
2億5100万年前	中 生 代	新期造山帯
6600万年前	古第三紀	
2300万年前	新第三紀	
400万年前 260万年前 人類の進化	新生代 第四紀 更新世(洪積世)	(洪積台地)
1万年前	完新世(沖積世)	(沖積平野)

▲地質時代の区分とおもな地形

2 古期造山帯 古生代の頃に造山運動をうけた山地で，その後の侵食作用で低くなだらかになった山地。ウラル，アパラチア，スカンディナヴィア，グレートディヴァイディング，ドラケンスバーグ山脈などが代表的。
　　　　　　　　　　　　　　　　　↑南アフリカ

3 安定陸塊 先カンブリア時代の造山運動の後は，ゆるやかな造陸運動しかなく，**侵食平野**となっている安定した地域。地球上で最も古い陸地で，各陸の内部の大部分を占める。

```
要点
├─ 地殻変動 ┬─ 造陸運動…安定陸塊〔侵食平野〕
│           └─ 造山運動 ┬─ 褶曲→褶曲山地 … 古期造山帯
│                       └─ 断層→断層山地     新期造山帯
└─ 火山活動  アルプス＝ヒマラヤ造山帯，環太平洋造山帯
```

2 山 地

1 褶曲山地 褶曲運動による山地。

2 断層山地 断層運動による山地。

①**地塁山地**…断層の高い部分。両側をほぼ平行する**断層崖**に区切られた山地。

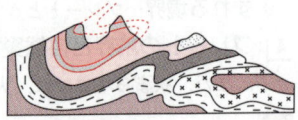

▲複雑な褶曲構造

②**傾動地塊**…一方が急な断層崖で，他方がゆるやかな傾斜の山地。

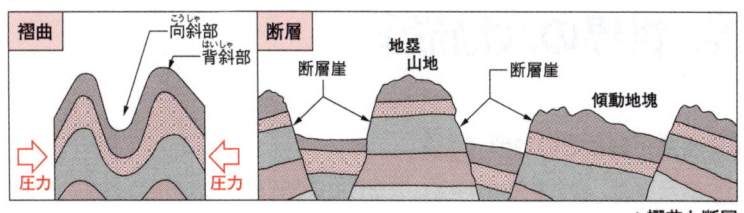

▲褶曲と断層

3 火 山

1 火山の分布 環太平洋造山帯に多い。アルプス＝ヒマラヤ造山帯や，アフリカ東部を南北数千kmにわたりはしる**大地溝帯**にも分布。大洋には，ハワイ諸島やアイスランドなどの**火山島**のほかに，**海底火山**が多い。
→アフリカ大地溝帯

2 さまざまな火山地形 重要
① **成層火山**…溶岩と軽石が交互に噴出してできた美しい形の火山。**富士山**やキリマンジャロ山など。
② **溶岩円頂丘**…粘性の強い溶岩からなるドーム状の火山。昭和新山や大山，箱根山など。
③ **楯状火山**…流動性の強い溶岩が，偏平に広がった火山。ハワイ島の**キラウエア山**や**マウナロア山**など。
④ **溶岩台地**…流動性のある溶岩が広く台地状に広がった地形。デカン高原など。
⑤ **カルデラ**…陥没や爆発によってもとの火山体上部がなくなってできた凹地。カルデラ内に新たな小火山(中央火口丘)ができる。**阿蘇山**などのように，カルデラ内に水がたまらない場合，火口原が広がる。一方，田沢湖や洞爺湖，摩周湖などのように，カルデラ内に広く水がたまる場合，**カルデラ湖**となる。

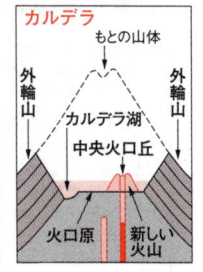

▼さまざまな火山地形

▼カルデラ地形

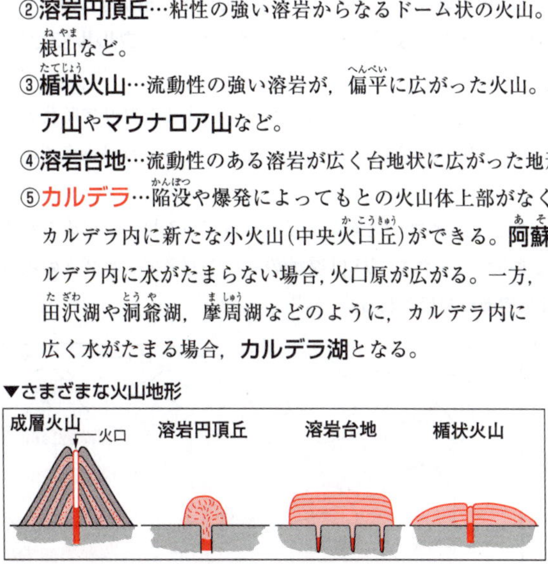

要点	山地の地形	造山運動…褶曲山地，地塁山地
		火山活動…成層火山，楯状火山，**カルデラ**など

8 世界の大地形②

1 侵食平野とその地形 重要

1 侵食平野 安定陸塊において，長期間の侵食作用により形成された広い平地。**準平原**と**構造平野**に分けられる。日本では見られない。

① **準平原**…もともと山地であった土地が，さまざまな侵食作用により，起伏の小さくなった地形。バルト海沿岸の平地やカナダ北部の平地など。

② **構造平野**…ほぼ水平に広範囲に堆積した地層が，長期間の侵食作用によりそのまま表面を削りだされて形成された平地。北アメリカの中央平原や東ヨーロッパ平原など。

2 楯状地と卓状地

① **楯状地**…先カンブリア時代の岩石が露出し，周縁が低く中央部が高くて，楯を伏せたような地形。楯状地の多くは準平原となっている。楯状地において，侵食から取り残された山体を，**残丘（モナドノック）**といい，**ウルル（エアーズロック）**が代表的。

② **卓状地**…周辺が侵食されてテーブル状になった地形。先カンブリア時代の基盤の上に，古生代，中生代の地層をほぼ水平にのせている。卓状地の多くは構造平野となっている。

3 ケスタ わずかに傾斜した硬軟の地層が交互になっている場合に形成される階段上の地形。構造平野でみられる。**パリ盆地**のものが有名で，ケスタの緩斜面は耕地，急斜面は果樹園に利用される。

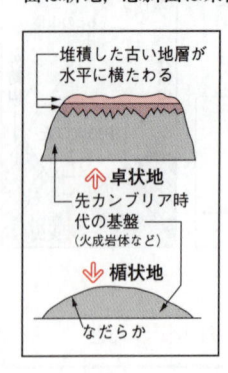

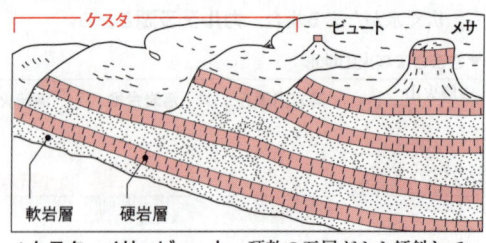

▲ケスタ，メサ，ビュート　硬軟の互層がやや傾斜していれば，軟層の侵食が早く進行して，ケスタになる。地層が水平の場合は，テーブル状のメサや，メサから孤立したビュートが形成される。

要点	侵食平野	準平原…もと山地が侵食され平坦に。**楯状地**
		構造平野…水平に堆積した地層の表面が侵食され平坦に。**卓状地**, ケスタ

2 地形の変化

1 侵食輪廻
生物の成長にならい，地形の変化も，**幼年期**，**壮年期**，**老年期**，**準平原**の各段階に分けられる。実際の変化は，これほど単純ではない。

	斜面の傾斜	谷の形	谷密度	尾根
原地形	ごくゆるやか	浅く小さい	ほとんどない	平坦な土地
幼年期	急	深く小さい	小さい	広く高原状
壮年期	最も急	深いV字谷	最大	狭く鋭い
老年期	ゆるやか	浅く広い谷	大きい	丘陵性のまるみ
準平原	ほとんどない	広い平野	ない	残丘

2 侵食の復活
準平原が隆起するか，海面が下がるかして，**侵食基準面**が低下すると，ふたたび河川の侵食が復活する。

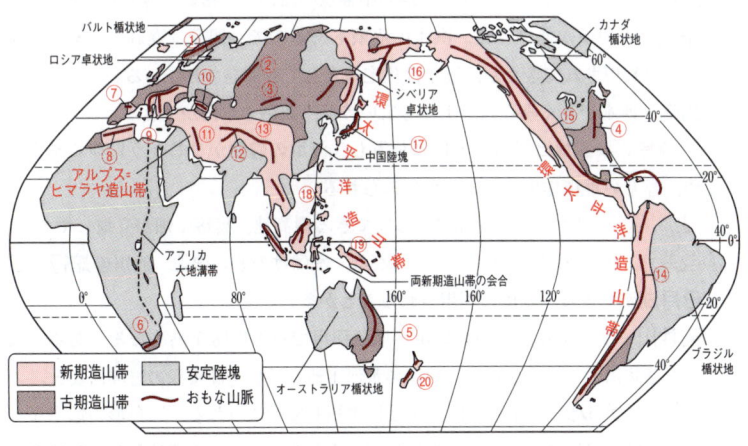

▲世界の大地形のまとめ　図中の丸番号は，①スカンディナヴィア山脈，②ウラル山脈，③テンシャン山脈，④アパラチア山脈，⑤グレートディヴァイディグ山脈，⑥ドラケンスバーグ山脈(以上，古期造山帯)，⑦ピレネー山脈，⑧アトラス山脈，⑨アルプス山脈，⑩カフカス山脈，⑪ザグロス山脈，⑫パミール高原，⑬ヒマラヤ山脈(以上，アルプス＝ヒマラヤ造山帯)，⑭アンデス山脈，⑮ロッキー山脈，⑯アリューシャン列島，⑰日本列島，⑱フィリピン諸島，⑲ニューギニア島，⑳ニュージーランド(以上，環太平洋造山帯)。

9 世界の小地形

1 堆積平野とその種類

堆積平野とは，河川や海流などの堆積作用により形成された平地。**侵食平野**(→p.24)に比べて，小規模。**沖積平野**，**洪積台地**，**海岸平野**などの種類がある。

2 沖積平野とその地形 [重要]

1 沖積平野 河川などの堆積作用によって沖積世(完新世)以降に形成された平野。**扇状地**，**氾濫原**，**三角州**などがある。

2 扇状地 谷の出口に扇形に広がる堆積地形。山地から平地へ出た河川は，勾配がゆるやかになって，運びきれない土砂を扇形に堆積させる。扇状地面は，つぶのあらい砂礫のため，河川は**伏流**し，**水無川**となる。伏流した水は，扇端で泉となって湧き出すことが多い。

①**扇頂**…水が得やすく，山地と平地の中継点のため，集落ができる(谷口集落)。

②**扇央**…水の便が悪いうえ，洪水の危険もあるので，開発は遅れた。桑畑や果樹園に利用されてきたが，近年は住宅地としても開発されている。

③**扇端**…湧水が多くみられ，土地も広いので，集落や水田ができる。

3 氾濫原 扇状地と三角州の間に位置し，河川の勾配がひじょうにゆるやかなため，著しい堆積作用による地形がみられる。

①**自然堤防**…洪水により流路にそってできる微高地。集落や畑が立地しやすい。

②**後背湿地**…自然堤防のうしろに広がる，水はけの悪い湿地。河川の**蛇行**で**三日月湖**ができる。水田に利用されることが多い。

③**天井川**…平地より河床が高い川。堆積作用で自然堤防が高くなる，あるいは人工堤防により形成される。中国の黄河下流や，琵琶湖東岸の野洲川など。

4 三角州(デルタ) 土砂が河口付近に堆積して形成される，三角形の低平な土地。氾濫原と同様に河川の分流や蛇行がみられる。古くから農地として利用され，人口密集地となっている。

> **要点**
> 沖積平野…上流から，①**扇状地**(扇頂→扇央→扇端) ➡
> ②氾濫原(自然堤防，後背湿地など) ➡ ③**三角州**

▶沖積平野の構造

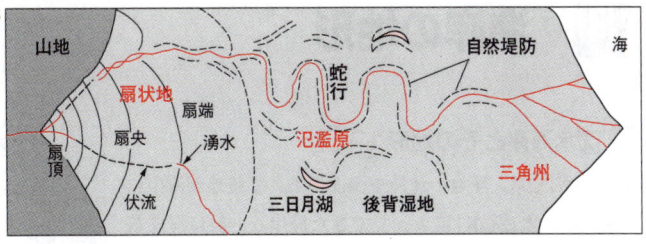

(図：山地―扇状地（扇頂・扇央・扇端・伏流・湧水）―氾濫原（蛇行・三日月湖・後背湿地・自然堤防）―三角州―海)

3 洪積台地とその地形

1 洪積台地 洪積世（更新世）に堆積してできた平野が，土地の隆起や海面の低下によって台地になった地形。次のような地形がある。

2 隆起三角州，隆起扇状地 洪積世に三角州，扇状地だったものが隆起してできた台地。武蔵野，牧ノ原，三方原など。

3 河岸段丘 重要　流域の土地が隆起したり傾斜が増すことで，河床がさらに掘り下げられ，今までの谷底が台地になって形成された，階段状の地形。天竜川や利根川などにみられる。

4 海岸段丘 重要　かつての海底の平坦面が離水して形成された，階段状の地形。室戸岬などにみられる。（→p.28）

▶河岸段丘と海岸段丘
古い谷底の面から順に，第Ⅰ面，第Ⅱ面…とよぶ。

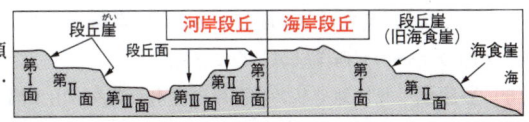

(図：段丘崖・段丘面／河岸段丘（第Ⅰ面，第Ⅱ面，第Ⅲ面）／海岸段丘（第Ⅰ面，第Ⅱ面）・段丘崖（旧海食崖）・海食崖・海)

> **要点** 洪積台地…平野が隆起，もしくは海水面の低下により形成
> ➡ 隆起三角州，隆起扇状地，河岸段丘，海岸段丘

4 海岸平野とその他の地形

1 海岸平野 遠浅の海岸が離水してできた平野。九十九里平野など。

2 河谷 河川の侵食により形成される谷。谷底を低下させる侵食をうけて，断面がⅤの形になった谷を，Ⅴ字谷という。

3 盆地 周囲を山で囲まれた凹地形。地殻変動や侵食作用などによって形成される。海の影響が少なく，特有の盆地気候をもっている。

4 丘陵 台地よりも起伏に富むが，山地ほどけわしくなく，標高も低い地形。

10 海岸の地形

1 沈水海岸とその地形 重要

1 沈水海岸 陸地の沈降や海面の上昇で陸地が海中に没すること(**沈水**)によってできた海岸。一般に海岸線が複雑で，湾入がとくに多い。次のような地形がある。

2 リアス海岸 山地が沈水してできた地形。海岸の出入りがのこぎりの歯のような海岸で，沿岸は平地に乏しいが，天然の良港が多い。**スペイン北西部，三陸海岸**，若狭湾沿岸，志摩半島など。

3 エスチュアリ(三角江) 河口が沈水してできたラッパ状の海岸。ロンドン(テムズ川)，ルアーヴル(セーヌ川)，ハンブルク(エルベ川)など，港湾都市が発達しやすい。

4 フィヨルド(峡湾) 氷河の侵食をうけた谷(氷食谷)が沈水してできた地形。細長く，奥行きが深く，水深も大きい。両壁は急な崖となって，**U字谷**となる。**ノルウェー**の大西洋岸がとくに有名。

5 多島海 丘陵地やリアス海岸の沈水が進み，山頂部が島となった地形。静かな入り江と起伏の小さい陸地にめぐまれ，港湾都市が発達する。バルト海西部，エーゲ海，瀬戸内海など。

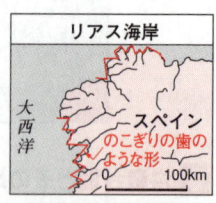

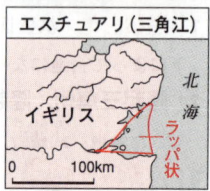

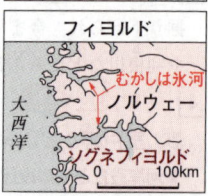

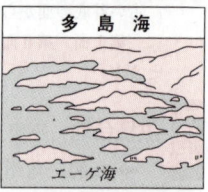

▲さまざまな沈水海岸

要点	
沈水海岸	**リアス海岸**…山地が沈水 **エスチュアリ(三角江)**…河口が沈水 **フィヨルド**…氷食谷が沈水 **多島海**…丘陵やリアス海岸が沈水

2 離水海岸

1 離水 海岸の隆起または海面の低下で陸地が海中からあらわれること。

2 離水海岸　離水によってできた海岸。海岸線は一般に単調で，遠浅の海になっている。**海岸平野**や**海岸段丘**がみられる。
（→p.27）（→p.27）

3 砂浜海岸と岩石海岸

1 **砂浜海岸**　砂浜が発達する海岸。三角州や海岸平野は，遠浅の砂浜海岸となる。港には不適であったが，埋め立てによる臨海工業地域の形成や，鹿島港や苫小牧港のような掘り込み式人工港ができるようになった。

2 **砂浜海岸の小地形** 重要
① 砂嘴…海岸から海へ突出した砂礫の長い州。コッド岬，三保半島など。
　　　　　　　　　　　　　　　　　　　　　　　　→アメリカ東海岸
② 砂州…砂嘴が成長し，湾口を閉じてしまいそうになったもの。天橋立，弓ヶ浜など。
③ 陸繋島…砂州が成長して対岸に連結された島。江の島，函館山，潮岬など。陸繋島をつくる砂州を**トンボロ**（**陸繋砂州**）という。
④ 潟湖（**ラグーン**）…沿岸州（沖合に海岸線とほぼ平行にできる長い州）や砂州が発達して，海岸との間に，海の一部を閉じこめたもの。サロマ湖，小川原湖，八郎潟など。

3 **岩石海岸**　基盤の岩石が露出する海岸。沈水海岸によくみられ，とくに岬になっている部分に多い。また，離水海岸でも，海岸段丘が発達している海岸にみられる。

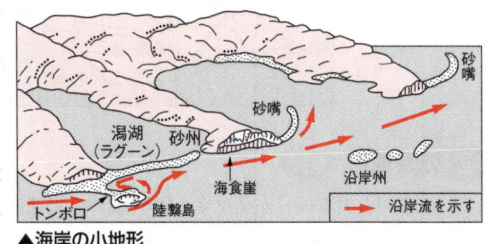

▲海岸の小地形

要点	砂浜海岸の小地形の発達…砂嘴→砂州→**トンボロ**（**陸繋砂州**）
	↳**潟湖**（**ラグーン**）

4 サンゴ礁とその地形

1 サンゴ礁　水温20℃以上の暖かい海に生息する，サンゴなどの造礁生物によってつくられた石灰質の岩礁。

2 **サンゴ礁の地形**　できる位置，形で，**裾礁**（陸に接して形成），**堡礁**（陸との間に海がある），**環礁**（沈水した島をとり囲む）となる。

11 氷河, 乾燥, カルスト, 海底地形

1 氷河地形 重要

1 氷河地形 **氷河**(地球表面の流動する氷体)の侵食(**氷食**)によって形成。

2 山岳氷河の侵食 山頂部にとがった峰の**ホーン**(尖峰)や椀状の凹地の**カール**(圏谷), 山腹に**氷食谷**(U字谷)。谷底には氷食湖や, **モレーン**(氷河が運んだ粘土や砂礫の堆積地形)による堰止湖などの**氷河湖**ができる。

3 大陸氷河の侵食 氷河の末端に堆積された三日月形のターミナルモレーンの丘, 低いまるみをおびた岩山のドラムリン, 細長い堤防状のエスカー, 氷食湖などができる。これらの地形がみられるやせた平地は, **氷食平野**ともいう。

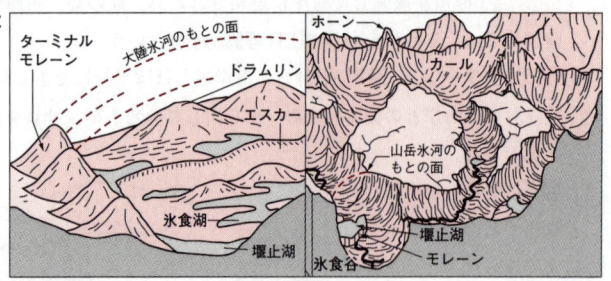

▶さまざまな氷河地形

2 乾燥地形 重要

1 砂漠 広大な砂丘が発達する**砂砂漠**の分布範囲は狭い。大部分は, 礫がごろごろしている**礫砂漠**や, 基盤岩が露出している**岩石砂漠**。

2 砂漠の地形 地下水の湧出している**オアシス**は, 植物が茂り, 集落が発達し, 交通の中継地となる。一時的な降水で, 細くて浅い**ワジ**(涸れ谷)ができる。まわりの降水量の多い地域から流れこむ**外来河川**も, 下流ほど水量が減少し, **末無川**となって消失する例が多い。ナイル川, インダス川などのように海まで流れる外来河川は, ごく少ない。湖は, 蒸発が激しいため, **塩湖**となる。

> **要点**
> 氷河地形…ホーン, カール, 氷食谷, モレーン, 氷河湖, 氷食平野など
> 乾燥地形…砂漠, オアシス, ワジ, 外来河川, 塩湖など

3章 自然環境

3 カルスト地形

1 カルスト地形 石灰岩が二酸化炭素を含む水にとける(溶食)ことで形成される地形。スロベニアのカルスト地方、**秋吉台**や平尾台が有名。次のような地形がある。

2 カレンフェルト 石灰岩が溶食され、岩石が墓石のように地表に林立している地形。

3 ドリーネ、ウバーレ、ポリエ 地表に生じたすり鉢状の凹地が**ドリーネ**。2つ以上のドリーネが1つになったものを**ウバーレ**、さらにドリーネやウバーレが結びついて広い盆地となったものを**ポリエ**という。

4 鍾乳洞 石灰岩を地下水が溶食してつくった地下洞で、天井には**鍾乳石**、下には**石筍**などがつくられる。

> **要点** カルスト地形…石灰岩地帯にみられる**溶食**地形
> - 地表 ➡ **カレンフェルト**の岩石と、**ドリーネ**などの凹地
> - 地下 ➡ **鍾乳洞**(鍾乳石、石筍)

4 海底地形 重要

1 大陸棚 大陸周辺の水深200mくらいまでの、浅くてゆるやかな傾斜の海底。とくに浅い部分を**バンク**(浅堆)という。大陸棚はよい漁場となるほか、海底油田や天然ガスなどの鉱産資源が埋蔵されているところとして、重要になってきている。

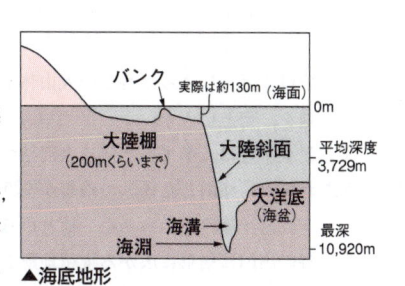

▲海底地形

2 大洋底 水深が4,000〜6,000mの広大な平坦部。ところどころに海底火山や**海嶺**(海底の細長い高地、海底大山脈)、**海溝**(帯状にとくに深くなっている部分)、**海淵**(海溝のさらに深い部分)がある。海溝は、海洋プレートがほかのプレート(→p.21)の下にもぐりこんでいるところに形成される。

> **要点** 海底地形
> - 浅い部分…**大陸棚** ➡ よい漁場、鉱産資源が豊富
> - 深い部分…**大洋底**、**海嶺**、**海溝**、海淵など

要点チェック

↓答えられたらマーク　　　　　　　　　　　　　　　　　　　　　わからなければ →

- [ ] **1** 地球の陸地と海洋の面積比は，何：何か。　p.20 **1** 1)
- [ ] **2** 陸半球の中心は，どこの国の首都付近にあたるか。　p.20 **1** 2)
- [ ] **3** 世界で，2番目に面積の大きい大陸を，何というか。　p.20 **2** 1)
- [ ] **4** 世界で最も面積の大きい島を，何というか。　p.20 **2** 3)
- [ ] **5** 地殻変動や火山活動のように，地球内部から作用する力を，何というか。　p.21 **3** 1)
- [ ] **6** 地表面に外側から作用する力のうち，気温の変化や水分のはたらきなどで，岩石をこわす作用を，何というか。　p.21 **3** 2)
- [ ] **7** プレートが互いに水平に移動することで，大地形の形成の原動力となっているという考え方を，何というか。　p.21 **4** 2)
- [ ] **8** プレートの境界の3つのタイプを，すべて答えよ。　p.21 **4** 3)
- [ ] **9** 次の山脈は，新期造山帯か，古期造山帯か。　p.22 **1** 1)
  ①アパラチア山脈　②アンデス山脈　③ウラル山脈　p.22 **1** 2)
- [ ] **10** 富士山のように，溶岩と軽石が交互に噴出してできた火山を，何というか。　p.23 **3** 2)
- [ ] **11** 陥没や爆発によってもとの火山体上部がなくなってできた凹地を，何というか。　p.23 **3** 2)
- [ ] **12** 侵食平野は，準平原と何に大別されるか。　p.24 **1** 1)
- [ ] **13** わずかに傾斜した硬軟の地層が交互になっている場合に形成される，階段上の地形を，何というか。　p.24 **1** 3)
- [ ] **14** 谷の出口に扇形に広がる堆積地形を，何というか。　p.26 **2** 2)
- [ ] **15** 氾濫原で，洪水により河川の流路にそってできる微高地を，何というか。　p.26 **2** 3)
- [ ] **16** 土砂が河口付近に堆積してできる低平な土地を，何というか。　p.26 **2** 4)

答え

1 3：7　**2** フランス　**3** アフリカ大陸　**4** グリーンランド　**5** 内的営力　**6** 風化　**7** プレートテクトニクス　**8** 広がる境界，狭まる境界，ずれる境界（順不同）　**9** ①古期造山帯　②新期造山帯　③古期造山帯　**10** 成層火山　**11** カルデラ　**12** 構造平野　**13** ケスタ　**14** 扇状地　**15** 自然堤防　**16** 三角州（デルタ）

要点チェック

- [ ] **17** 天竜川や利根川の流域などにみられる，階段状の地形を，何というか。　p.27 **3** **3**
- [ ] **18** 室戸岬などにみられる，階段状の地形を，何というか。　p.27 **3** **4**
- [ ] **19** 遠浅の海岸が離水してできた平野を，何というか。　p.27 **4** **1**
- [ ] **20** 周囲を山で囲まれた凹地形を，何というか。　p.27 **4** **3**
- [ ] **21** 三陸海岸などでみられる，山地が沈水してできた地形を，何というか。　p.28 **1** **2**
- [ ] **22** 河口が沈水してできたラッパ状の海岸を，何というか。　p.28 **1** **3**
- [ ] **23** ノルウェーの大西洋岸などにみられる，氷河の侵食をうけた谷が沈水してできた地形を，何というか。　p.28 **1** **4**
- [ ] **24** 三保半島などのように，海岸から海へ突出した砂礫の長い州を，何というか。　p.29 **3** **2**
- [ ] **25** 江の島などのように，砂州が成長して対岸に連結された島を，何というか。　p.29 **3** **2**
- [ ] **26** サンゴ礁のうち，沈水した島をとり囲むようにできた地形を，何というか。　p.29 **4** **2**
- [ ] **27** 氷河地形のうち，山頂部のとがった峰を，何というか。　p.30 **1** **2**
- [ ] **28** 氷河地形のうち，山頂部の椀状の凹地を，何というか。　p.30 **1** **2**
- [ ] **29** 砂漠地域で，まわりの降水量の多い地域から流れこむ河川を，何というか。　p.30 **2** **2**
- [ ] **30** 石灰岩が二酸化炭素を含む水にとけることで形成される地形を，何というか。　p.31 **3** **1**
- [ ] **31** 30のうち，地表に生じたすり鉢状の凹地で，ウバーレよりも小さい規模のものを，何というか。　p.31 **3** **3**
- [ ] **32** 大陸周辺の水深200mくらいまでの，浅くてゆるやかな傾斜の海底を，何というか。　p.31 **4** **1**
- [ ] **33** 海底地形のうち，帯状にとくに深くなっている部分を，何というか。　p.31 **4** **2**

答え
17 河岸段丘　**18** 海岸段丘　**19** 海岸平野　**20** 盆地　**21** リアス海岸　**22** エスチュアリ(三角江)　**23** フィヨルド(峡湾)　**24** 砂嘴　**25** 陸繋島　**26** 環礁　**27** ホーン(尖峰)　**28** カール(圏谷)　**29** 外来河川　**30** カルスト地形　**31** ドリーネ　**32** 大陸棚　**33** 海溝

12 気候の成り立ち①

1 気象と気候

1 気象 大気の温度(気温),雨や雪の降り方,風の強さなどの大気の状態は,刻々と変化している。このような大気の現象を,**気象**という。

2 気候 大気の状態の変化を,長い年月でみると,その土地での変化は,おおよそ一定している。このように,ある土地での気象の長年の平均的な状態を,**気候**という。

2 気候要素と気候因子 重要

1 気候の特色 気候要素と気候因子の組み合わせで決まる。

2 気候要素 気候を構成し,気候を表現する要素。気温,風,降水を三大要素とし,ほかに日照,気圧,湿度,蒸発量,雲量など。

3 気候因子 気候要素を,それぞれの土地において変化させるもので,気候要素に影響を与える要因のこと。高度,緯度,地形,海流,水陸分布,隔海度(海から隔たっている度合い)などがある。

> **要点**
> 気候…ある土地における気象の長年の平均的な状態
> 気候要素 ➡ 気温,風,降水の三大要素が中心
> 気候因子 ➡ 高度,緯度,地形,海流など

3 気温

1 世界の気温分布

①**緯度による変化**…太陽からの熱をうけて,気温ができる。熱のうけ方は,赤道付近に多く,高緯度地方ほど少ない。このため,世界の年平均気温の等温線のようすをみると,赤道付近が最も高温で,高緯度地方へ行くにつれて低下し,ほぼ緯線に平行している。

	夏	冬
東岸	高温	寒冷
西岸	冷涼	温和

▲大陸の東岸と西岸の気温の比較

②**東岸と西岸**…大陸の東岸と西岸を比べると,風や海流,陸海分布などの影響によって,夏は東岸の方が高温で,冬は西岸の方が温和となる。**東岸気候**と**西岸気候**との違いである。

2 年較差と日較差 重要

① **年較差**…1年間の最高の月平均気温と最低の月平均気温の差。大陸の内部ほど大きく，海岸付近は小さい。夏は暑く冬は寒い**大陸性気候**と，年間を通じて気温の変化が小さい**海洋性気候**の違いである。

② **日較差**…1日の最高気温と最低気温の差。一般に，海洋性気候の地域では小さく，大陸性気候の地域で大きくなる。

3 気温の逓減率 重要

気温は，高度が上昇するごとに低下する（100m上昇するごとに，平均0.55℃低下する）。このため，熱帯地方では，高地が住みよい気候となり，**高山都市**が発達する。（→p.130）

> **要点**
> - 東岸気候……冬は寒冷，乾燥。夏は高温，湿潤
> - 西岸気候……夏は冷涼で，冬は温和
> - 大陸性気候…気温の年較差，日較差が大きい
> - 海洋性気候…気温の年較差，日較差が小さい

4 大気の大循環

1 熱帯収束帯
赤道付近では，強い上昇気流が発生し，激しい降水がある。上昇した気流は，上空で南北に分かれ，中緯度地域に向かう。

▼大気の大循環モデル

（地上0〜2000mの平均的状態）

- ➡ 温暖風　H 高気圧　W 西よりの風　---- 収束帯
- → 寒冷風　L 低気圧　E 東よりの風　━▲ 前線

誇張して表現。左側は省略

2 亜熱帯高圧帯
緯度30度付近では，赤道付近で上昇した気流が再び下降する。下降気流の下では天気が安定し，降水量も少ないので，砂漠形成の要因となる。下降した気流は，低緯度方向には**貿易風**，高緯度方向には**偏西風**になる。

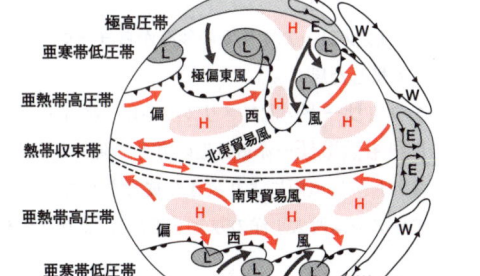

3 亜寒帯低圧帯
緯度60度付近では，偏西風と，極高圧帯からの**極偏東風**が収束する。付近には，寒帯前線が形成されている。

4 極高圧帯
両極付近では，低温のため上昇気流が発生せず，年中安定した高圧帯となっている。

13 気候の成り立ち②

1 風 重要

1 大気の流れ 大気の循環によって気圧の差が生じ,高気圧から低気圧へ向かい大気が流れる。(→p.35)

2 貿易風と偏西風 亜熱帯高圧帯から,熱帯収束帯へは<u>貿易風</u>が,亜寒帯低圧帯へは<u>偏西風</u>が吹く。貿易風は,北半球では北東風,南半球では南東風。

3 <u>極偏東風</u> 極高圧帯から亜寒帯低圧帯に向けて吹く東よりの風。

4 <u>季節風(モンスーン)</u> 夏と冬で風向きが反対となる風。夏は海洋から大陸に風が吹き,冬は大陸から海洋に風が吹く。**東・東南・南アジア**にかけての地域で,最もよく発達し,これらの地域は**モンスーンアジア**ともよばれる。

5 地方風(局地風) 特定の地方にのみ吹く風。特有の性質をもつ。

①**フェーン**…山越えした高温で乾燥した風。フェーンにより山の風下側の気温が上昇する現象を**フェーン現象**といい,日本では,春から夏に日本海側で起こりやすい。

②**シロッコ**…アフリカの砂漠からヨーロッパの地中海沿岸へ吹き出す,高温で乾燥した風。

③**ブリザード**…北アメリカで冬に,吹雪をともなう強風。

6 <u>熱帯低気圧</u>…赤道付近の海上で発生する低気圧。発達しながら中緯度地方へ移動し,暴風雨により大きな被害をもたらす。日本を含む東アジアの<u>台風</u>,南アジアや南西太平洋の<u>サイクロン</u>,カリブ海やメキシコ湾,北東太平洋の<u>ハリケーン</u>など。

> **要点**
> ①<u>貿易風</u>…中緯度から低緯度へ　②<u>偏西風</u>…中緯度から高緯度へ
> ③<u>極偏東風</u>…極から高緯度へ　　④<u>季節風</u>…季節で風向きが変わる
> ⑤<u>地方風</u>…特定の地域のみ　　　⑥<u>熱帯低気圧</u>…暴風雨

2 降 水 重要

1 緯度と降水量 熱帯収束帯付近でひじょうに多く,亜熱帯高圧帯付近で減少し,偏西風帯付近でふたたび増加するが,極に近づくにつれて減少する。

2 **隔海度と降水量** 一般には，海岸で多く，内陸ほど少ない。

3 **地形と降水量** 山地の風上斜面で多く，風下側で少ない。

①**風上斜面**…インドの**アッサム**地方，ギニア湾岸のカメルーン山地，ハワイのカウアイ島北東部など。世界有数の多雨地域。

②**風下側**…アルゼンチン南部の**パタゴニア**地方など。

4 **海流と降水量** 寒流が沿岸を流れる地域では，降水量が少なく，海岸砂漠ができる。ペルー海流による**アタカマ砂漠**，ベンゲラ海流による**ナミブ砂漠**などが典型的。

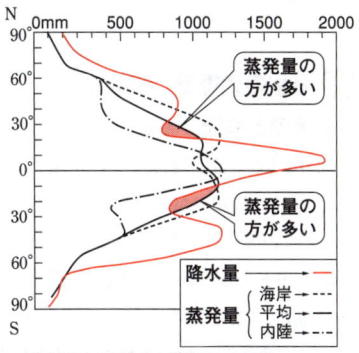

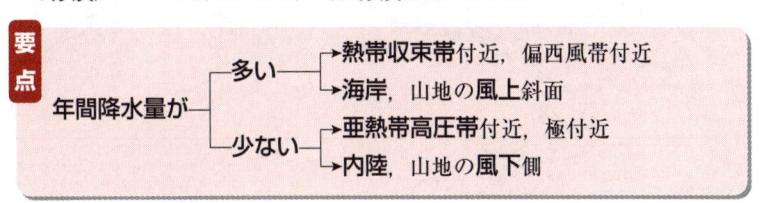

▲緯度による降水と蒸発量の変化

| 要点 | 年間降水量が | 多い | → **熱帯収束帯**付近，**偏西風帯**付近
 → **海岸**，山地の**風上斜面** |
| | | 少ない | → **亜熱帯高圧帯**付近，**極**付近
 → **内陸**，山地の**風下側** |

3 水の分布と循環

1 **水の循環** 地球上の水は，地球(地中，海洋，河川，湖沼など)と大気の間を循環して，地球上の生命を維持している。

2 **水の分布** 水は，おもに**海水**と**陸水**に分けられる。地球上の水の総量は，約14億km³で，このうち約96.5%が海水である。陸水は3.5%にすぎず，そのうちの1.74%は氷河であり，地表水，地下水はわずか1.71%にすぎない。

3 **降水と蒸発** 陸上の降水量は，蒸発する量より多く，この差の分が，河川，湖沼の水や地下水となって，地上の生物を育てる。気候が**温暖化**し，陸水(氷河)が減ると，海水の量が増加し，**海面が上昇**する。

| 要点 | 水の分布…ほとんどが**海水**。陸水はごくわずか
 ➡ **地球温暖化**で，さらに海水は増加，陸水は減少 |

14 気候の成り立ち③

1 海水の大循環（海流）

1 暖流と寒流　海水の表層の流れは，北半球では時計回り，南半球では反時計回り。**暖流**は，周辺海域の水温より高く，低緯度地方から高緯度地方へ流れる。**寒流**は，周辺海域の水温より低く，高緯度地方から低緯度地方へ流れる。

2 潮境（潮目）　暖流と寒流の交わるところ。海底に近い水が上昇するため，海底の栄養分が上がり，**よい漁場**となる。

3 潮流　潮の干満によって起こる海水の動き。ほぼ6時間ごとに反対の方向に流れを変える。狭い海峡では潮流が速く，船の航行に影響を与える。

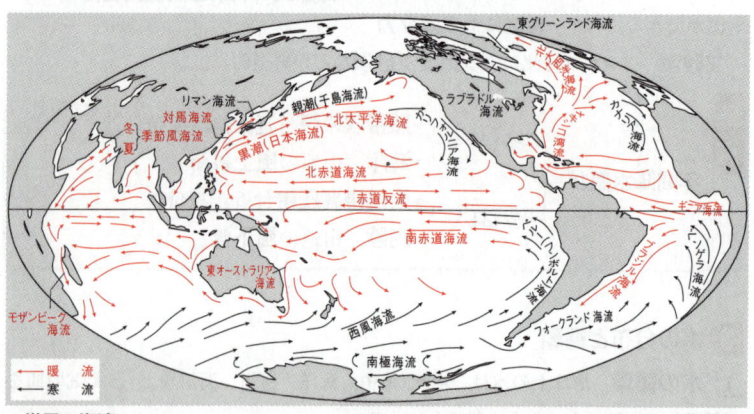

▲世界の海流

要点	海流	暖流…低緯度地方から高緯度地方へ	← 潮境は好漁場
		寒流…高緯度地方から低緯度地方へ	

2 陸　水

1 地表水

①河川水…河川流域の降水量のうち，河川に流出する割合を**流出率**，河川流域の1地点における1年間の最大流量と最小流量の比を**河況係数**という。日本は，どちらも数値が高く，そのため暴れ川が多い→**洪水**が多い。

②**湖沼水**…乾燥地域の湖や海岸の潟湖などをのぞくと、ほとんど淡水である。

```
        ┌ 海　水(96.5%)                  ┌ 河川水
        │             ┌ 地表水(0.07%)──┼ 湖沼水
水 ──┤ 陸　水      │                  └ 土壌水
        │  (3.5%)   ├ 地下水(1.64%)
        │             └ 氷雪原、氷河(1.74%)
        └ 水蒸気(0.001%)
```

　ⓐ**富栄養湖**…栄養分が多く、魚介類の生育に適する。
　ⓑ**貧栄養湖**…栄養分が少なく、魚介類はほとんどいない。透明度が高い。
　ⓒ**酸栄養湖**…強い酸性で、生物がほとんどいない。

2 地下水 重要

①**自由地下水**…地表から最初の不透水層の上にたくわえられた地下水。部分的な不透水層の上にある地下水を、とくに**宙水**という。地下水の水面は、降水や取水量の増減によって上下する。

②**被圧地下水**…2つの不透水層の間の、地表から大きな圧力をうけている地下水。**掘り抜き井戸（鑽井）**は、被圧地下水面が井戸より高い場合は自噴する。

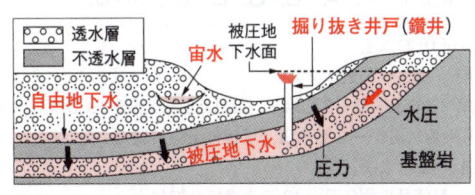

◀地下水の構造

オーストラリアのグレートアーテジアン盆地（大鑽井盆地）では、掘り抜き井戸で被圧地下水を自噴させ、牧羊に利用する。

> **要点**
> 地下水 ┌ **自由地下水**…最初の不透水層の上
> 　　　　└ **被圧地下水**…不透水層の間。地形により自噴

3 都市気候と異常気象 重要

1 都市気候　都市では、舗装道路や冷暖房設備の影響、交通機関や工場などが出す熱が多く、都心部が島状に高温になる**ヒートアイランド現象**が起こる。また、**ゲリラ豪雨**（短時間に局地的、集中的に降る雨）や、**光化学スモッグ**の発生、ビルによる風力や風向の変化などもみられる。

2 エルニーニョ現象、ラニーニャ現象　ペルー沖の太平洋東部海域の水温が長期間高くなる現象を**エルニーニョ現象**、逆に水温が低くなる現象を**ラニーニャ現象**という。地球全体の大気の大循環に大きな影響を与え、世界中に異常気象を発生させる。例えば、エルニーニョ現象が起こると、日本では冷夏や暖冬になりやすいとされる。

15 世界の気候区分①

1 気候区分と記号

1 気候帯 熱帯，乾燥帯，温帯，亜寒帯(冷帯)，寒帯の5つに区分。各気候帯の面積割合は，熱帯→20％，乾燥帯→26％，温帯→16％，亜寒帯→21％，寒帯→17％であり，乾燥帯が約4分の1を占める。

2 ケッペンの気候区分 ドイツの気候学者ケッペンの分類で，気候要素を総合的に反映する植生分布に着目している。農業を中心とした人間生活を調べるのに適しているので，広く利用される。反面，気候型の成因を無視しているという批判もある。

3 気候区分の記号

①**気候帯の記号**…赤道に近い気候帯から，A，B，C，D，Eとつける。

A	熱帯。最寒月平均気温が18℃以上
B	乾燥帯。BW…砂漠気候。BS…ステップ気候
C	温帯。最寒月平均気温が18℃未満で－3℃以上，最暖月平均気温が10℃以上
D	亜寒帯(冷帯)。最寒月平均気温が－3℃未満，最暖月平均気温が10℃以上
E	寒帯。最暖月平均気温が10℃未満 ET…ツンドラ気候。最暖月平均気温が10℃未満で0℃以上 EF…氷雪気候。最暖月平均気温が0℃未満

②**降水の記号**…降水の季節的配分。

f	年中多雨，湿潤で乾季がない
s	夏に乾燥，冬に湿潤
w	冬に乾燥，夏に湿潤
m	fとwの中間

③**気温の記号**…温帯と亜寒帯につける気温の小分類。

a	最暖月平均気温22℃以上
b	最暖月平均気温22℃未満 4か月以上は10℃以上
c	最暖月平均気温22℃未満 4か月未満は10℃以上

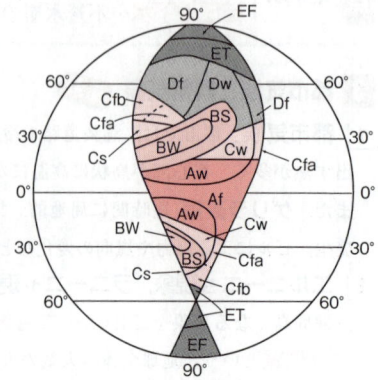

▲模式化した大陸の気候区分

2 熱帯〔A〕 重要

1 熱帯雨林気候〔Af〕

①**特色**…**年中高温多雨**で，午後に**スコール**とよばれる激しい夕立が降る。日射が強く，降水量が多いので，植物がよく茂り，密林となる。密林は，東南アジアでは**ジャングル**，アマゾン川流域では**セルバ**とよぶ。

②**分布**…アマゾン川流域，コンゴ川(アフリカ)流域や，東南アジアの島々。

③**生活**…自給的な焼畑農業(→p.64)のほか，バナナ，天然ゴム，油やしなどのプランテーション(→p.68)が営まれる。近年，開発によって熱帯雨林の伐採が進んでいる。

2 弱い乾季のある熱帯雨林気候〔Am〕

①**特色**…季節風(モンスーン)の影響で**弱い乾季**がある。

②**分布**…インド南西岸，インドシナ半島沿岸部，アマゾン川河口など。

③**生活**…東南アジアでは稲作がさかん。さとうきびやココやしの栽培もさかん。プランテーションもみられる。

3 サバナ気候〔Aw〕

①**特色**…**雨季**と**乾季**が明瞭に分かれる。まばらな林(疎林)と，丈の高い草原が広がり，乾季には落葉する。この熱帯の長草草原を，アフリカではとくに**サバナ(サバンナ)**とよび，野生の動物が多く生息する。

②**分布**…Af気候の周辺に分布。西アフリカから東アフリカ，ブラジル高原など。

③**生活**…狩猟生活や自給的な焼畑農業もみられるが，コーヒー，綿花，さとうきびの栽培がさかん。プランテーションもみられる。

3 乾燥帯〔B〕の砂漠気候〔BW〕 重要

1 特色
年降水量が250mm以下。降水量が極端に少なく，気温の日較差が大。オアシス以外で植物がほとんど育たない。

2 分布
亜熱帯高圧帯下，大山脈の風下側，大陸内部，沿岸に寒流が流れる中緯度の大陸西岸など。

3 生活
人間が生活できるのは，泉のあるオアシスか，ナイル川のような外来河川の沿岸だけ。水を引いて，なつめやし，小麦，綿花などを栽培。(→p.30)

要点
①Af…年中，高温多雨　　②Am…弱い乾季
③Aw…雨季と乾季　　　　④BW…砂漠，オアシス

16 世界の気候区分②

1 乾燥帯〔B〕のステップ気候〔BS〕 **重要**

1. **特色** やや降水量の多い雨季があり、短い草の草原(**ステップ**)が広がる。
2. **分布** 砂漠の周辺。中央アジア、サハラ砂漠の南北の地域、北アメリカのグレートプレーンズ、南アメリカの乾燥パンパなど。(→p.184) (→p.67)
3. **生活** 古くからの遊牧のほかに、大規模な放牧や小麦栽培がさかん。過耕作や過放牧で、**砂漠化**が進行している地域もある。

2 温帯〔C〕 **重要**

1 地中海性気候〔Cs〕
①**特色**…夏は高温で乾燥、冬に温暖湿潤となる。
②**分布**…中緯度の大陸西岸。地中海沿岸やアメリカのカリフォルニア州、チリ中部、南アフリカ南端など。
③**生活**…コルクがしのような耐乾性の樹木が多く、オリーブ、柑橘類、ぶどうなどの果樹と、冬作の小麦、野菜栽培(**地中海式農業**)。

2 温暖冬季少雨気候〔Cw〕
①**特色**…Aw気候の高緯度側につづき、夏は高温多雨、冬は温暖で少雨。**季節風(モンスーン)**の影響が強い。常緑広葉樹が茂る。
②**分布**…中国南部やインド北部、ブラジル南東部など。
③**生活**…稲作(二期作)や綿花、とうもろこしなどの栽培。

3 温暖湿潤気候〔Cfa〕
①**特色**…夏は高温多湿で、冬は低温少雨。四季の変化が明瞭。季節風の影響もある。1年を通じて降水量が多い。**混合林**が広がり、**温帯草原**もみられる。
 →広葉樹と針葉樹 (→p.47)
②**分布**…東アジア、アメリカ東部、南アメリカの湿潤パンパなど。(→p.67)
③**生活**…稲作、畑作とも農業がさかんで、人口が多い。

4 西岸海洋性気候〔Cfb〕
①**特色**…暖流と**偏西風**の影響により温和で、年中平均した降雨がある。ブナやコナラなどの落葉広葉樹が広がる。
②**分布**…やや高緯度の大陸西岸に分布。西ヨーロッパなど。
③**生活**…混合農業や酪農が営まれる。

> **要点**
> ①BS…短草草原(ステップ)　　②Cs…地中海式農業
> ③Cw…季節風(モンスーン)の影響　　④Cfa…四季の変化
> ⑤Cfb…比較的温和

3 亜寒帯(冷帯)〔D〕 重要

1 特色 短い夏と長くて寒い冬がある。南部は針葉樹と落葉広葉樹の混合林であるが、北部は針葉樹林(**タイガ**)が広がっている。南部では、春小麦、じゃがいもなどの栽培や酪農が行われる。北部は、タイガの森林で木材の生産や紙・パルプ工業がさかん。トナカイの遊牧や毛皮獣の狩猟も行われている。

2 亜寒帯湿潤気候〔Df〕 冬は低温で積雪がある。年中一定の降水がある。東ヨーロッパ、シベリア西部、カナダ、アメリカのアラスカ州などに分布。

3 亜寒帯冬季少雨気候〔Dw〕 Df気候より夏は高温、冬は寒冷。中国の東北地域からシベリア東部に分布。シベリア東部のオイミャコンやヴェルホヤンスクは、南極をのぞき、世界で最も低温な地点(**寒極**)。

4 寒帯〔E〕 重要

1 特色 両極地方に分布。夏には太陽が沈まない日(**白夜**)があり、冬には太陽が昇らない日(**極夜**)がある。土壌は**永久凍土**をなす。

2 ツンドラ気候〔ET〕 夏には0℃以上になって、永久凍土の表面がとけ、**ツンドラ**とよばれる湿原(コケ類や地衣類の草原)ができる。北極海沿岸に分布。サーミやイヌイットがトナカイなどの遊牧生活を送っている。
(→p.191)

3 氷雪気候〔EF〕 夏でも0℃未満で、年中、氷と雪におおわれている。南極大陸やグリーンランド内陸部などに分布。ほとんど無住地域。

5 高山気候〔H〕

チベット高原やアンデス山脈などの高地。一般的に気温や気圧が低い。気温の**日較差は大きいが、年較差は小さい**。気温が温帯とほぼ等しい低緯度地方の海抜2,000～3,000mの高地には、**高山都市**が発達する。
(→p.130)

> **要点**
> ①Df…年中一定の降水　　②Dw…気温の年較差大
> ③ET…短い夏にツンドラ　　④EF…年中、氷雪
> ⑤H…気温の日較差大。高山都市

17 世界の気候区分 ③

1 気候区分の地図　重要

下の2図は，p.41〜43の気候区分の内容を地図化したものである。各気候区の分布地域とその特徴をおさえること。

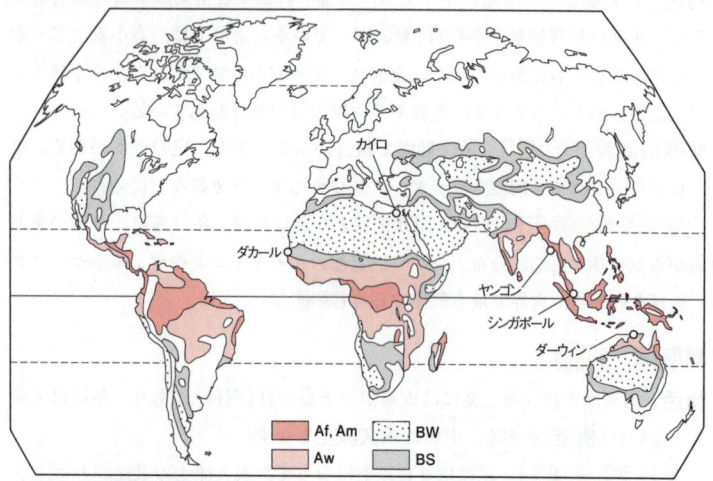

凡例：
- Af, Am
- Aw
- BW
- BS

▲熱帯，乾燥帯の分布

▼温帯，亜寒帯，寒帯の分布

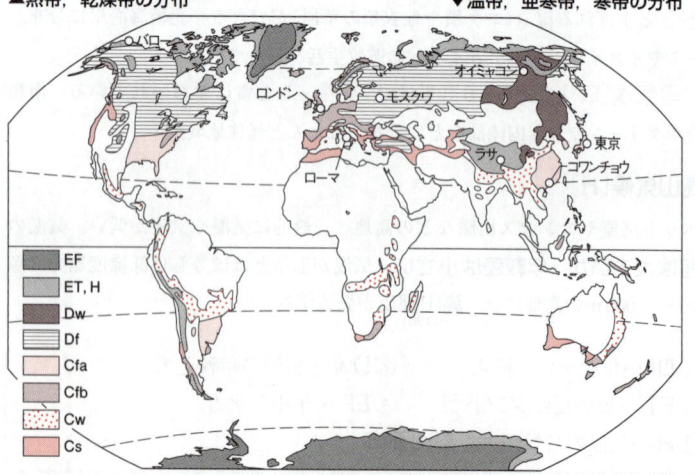

凡例：
- EF
- ET, H
- Dw
- Df
- Cfa
- Cfb
- Cw
- Cs

2 ハイサーグラフ 重要

縦軸は気温，横軸は降水量を目盛る。各気候区の違いがよく分かる。

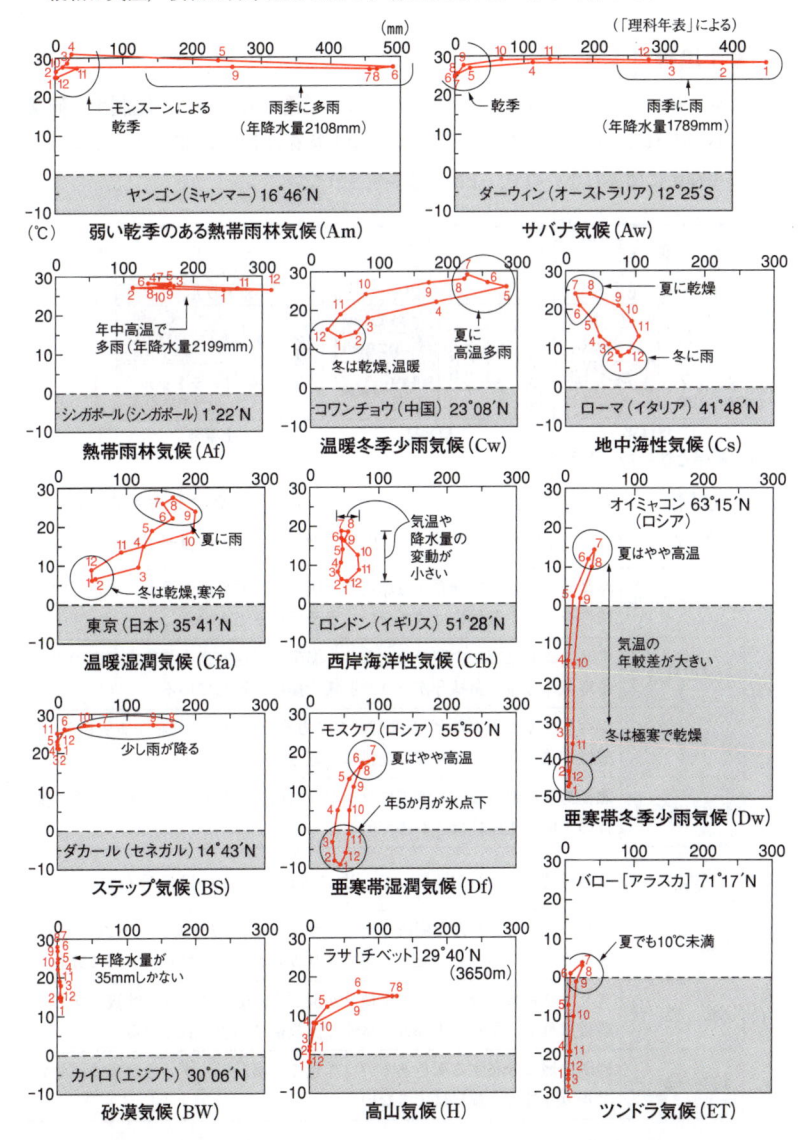

(「理科年表」による)

ヤンゴン（ミャンマー）16°46′N — モンスーンによる乾季／雨季に多雨（年降水量2108mm）
弱い乾季のある熱帯雨林気候（Am）

ダーウィン（オーストラリア）12°25′S — 乾季／雨季に雨（年降水量1789mm）
サバナ気候（Aw）

シンガポール（シンガポール）1°22′N — 年中高温で多雨（年降水量2199mm）
熱帯雨林気候（Af）

コワンチョウ（中国）23°08′N — 冬は乾燥，温暖／夏に高温多雨
温暖冬季少雨気候（Cw）

ローマ（イタリア）41°48′N — 夏に乾燥／冬に雨
地中海性気候（Cs）

東京（日本）35°41′N — 夏に雨／冬は乾燥，寒冷
温暖湿潤気候（Cfa）

ロンドン（イギリス）51°28′N — 気温や降水量の変動が小さい
西岸海洋性気候（Cfb）

オイミャコン（ロシア）63°15′N — 夏はやや高温／気温の年較差が大きい／冬は極寒で乾燥
亜寒帯冬季少雨気候（Dw）

ダカール（セネガル）14°43′N — 少し雨が降る
ステップ気候（BS）

モスクワ（ロシア）55°50′N — 夏はやや高温／年5か月が氷点下
亜寒帯湿潤気候（Df）

バロー［アラスカ］71°17′N — 夏でも10℃未満
ツンドラ気候（ET）

カイロ（エジプト）30°06′N — 年降水量が35mmしかない
砂漠気候（BW）

ラサ［チベット］29°40′N（3650m）
高山気候（H）

18 土壌と植生

1 土壌帯 重要

気候と植生の影響をうけた土壌は帯状に分布→**成帯土壌**といい，**湿潤土**と**乾燥土**に区分される。母岩の性質を反映している地方特有の土壌は，**間帯土壌**というが，気候や植生に関係しないので，下図では表現されない。

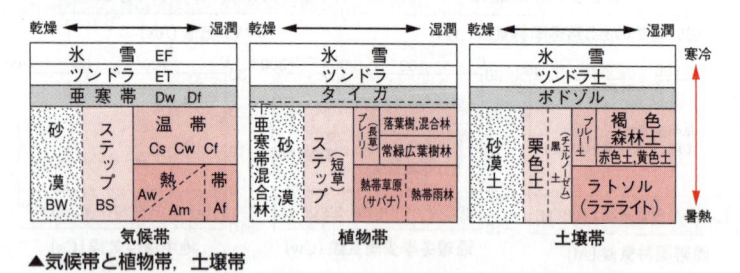

▲気候帯と植物帯，土壌帯

1 湿潤土
熱帯から寒帯に向かって，次の表の①〜④の順に分布する。なお，湿潤土から乾燥土へ移行するあたりに，黒色で肥沃な**プレーリー土**がある。

①ラトソル	熱帯から亜熱帯に分布する赤色の土壌。風化や分解が進み，赤色で強い酸性を示し，農耕には適さない。ラテライトともいう
②褐色森林土	アメリカ北東部や中国の華北など，温帯から亜寒帯の落葉広葉樹の広がる地域に分布。腐植分があり，肥沃で農耕に適している
③ポドゾル	シベリアやカナダなど，亜寒帯のタイガ地帯を中心に分布する灰白色土。酸性が強く，やせていて，農耕には適さない
④ツンドラ土	北極海沿岸地方など，寒帯のツンドラ気候区に分布し，泥炭化した強酸性の土壌。生産性はきわめて低い

2 乾燥土
草原地帯から砂漠に向かって，次の表の①〜③の順に分布。

①黒　土	大量の腐植分を含んだ肥沃な土壌。ウクライナ（**チェルノーゼム**），南アメリカのパンパ（パンパ土），北アメリカのグレートプレーンズに分布
②栗色土	ステップ地域に分布する。腐植分が混ざり，肥沃であり，灌漑をすれば農耕は可能。現在，大部分が草原で，牧畜に利用されている
③砂漠土	砂漠地域に分布する灰色あるいは赤色の土壌。岩くず，砂が多く，強いアルカリ性で，農耕はできない

3章 自然環境

3 | 地方特有の土壌　気候や植生に関係なく，その地方の母岩によって形成。

テラロッサ	湿潤な地方の石灰岩を母岩とした赤褐色の土。**地中海沿岸**に分布
テラローシャ	ブラジル高原の火山岩を母岩とした土。コーヒー栽培に適する
レグール土	デカン高原の火山岩を母岩とした土。綿花栽培に適する
レス（黄土）	華北や，ヨーロッパ平原南部，ミシシッピ川流域などに広がる，砂漠や大陸氷河の末端から風に運ばれて堆積した細砂質の風積土

> **要点　土壌**
> 農耕好適…**褐色森林土**，プレーリー土，栗色土，**黒土**，
> 　　　　　テラロッサ，テラローシャ，レグール土，レス
> 農耕不適…ツンドラ土，**ポドゾル**，**ラトソル**，砂漠土

2 植物帯 重要

1 森林帯

熱帯雨林	樹冠(密集した枝葉)をもつ高い広葉樹と，シダ，フジ，ツタなどが密生。アマゾン川流域のセルバ，東南アジアのジャングルなど
照葉樹林	温帯南部では，シイ，カシ，クスなどの**常緑広葉**の照葉樹が多い
地中海性灌木林	夏の乾燥に耐えるコルクがし，月桂樹などの**硬葉樹**が多い。**地中海性気候**の地域に分布。灌木とは丈の低い木のこと
混合林	温帯北部では，ブナ，ナラ，カエデなどの**落葉広葉樹**と，ヒノキ，マツなどの針葉樹が混ざる
タイガ	亜寒帯地域では，エゾマツ，トドマツ，モミ，ツガ，トウヒなどの針葉樹の**純林→タイガ**が分布。経済的な価値が高くて林業が発達

2 草原帯

サバナ	バオバブ，アカシアなどのまばらな林(疎林)と丈の高い草からなる**熱帯草原**。南アメリカにおいて，オリノコ川流域ではリャノ，ブラジル高原ではカンポ，パラグアイではグランチャコという
ステップ	ステップ気候から温帯にかけて分布する丈の低い草からなる草原。樹木はほとんど生育しない。グレートプレーンズ，乾燥パンパなど
温帯草原	温帯の中で降水量の少ない地域に分布する長草の草原。プレーリー，**湿潤パンパ**，プスタなど
ツンドラ	ツンドラ地域では，コケ類や地衣類(ハナゴケなど)が，湿地帯のできる短い夏の間だけ生育。トナカイの食料となる

19 日本の自然環境と災害

1 日本の位置と地形の特色

1 位置 ユーラシア大陸の東端。大陸東岸の気候で，気温の年較差が大きい。しかし，島国で，海洋により，やや和らげられている。

2 弧状列島 日本列島付近は，大きく4つのプレートが接する**変動帯**となっており，**地震**や**火山**が多い。海洋プレートが大陸プレートにもぐりこむ形で，弧状の島の列（**弧状列島**），深い海溝といった地形が成立している。

3 地形の特色 重要　けわしい山地が多く，火山も多い。国土の約4分の3が山地。河川は一般に短く，急流をなす。平地は規模が小さいが，沖積平野は，耕地として生産力が大きく，人口が集中。海岸は一般に複雑で，リアス海岸もみられる。

4 地体構造 日本列島は，**フォッサマグナ**（大陥没帯）によって，**東北日本**と**西南日本**とに分かれる。さらに，西南日本は，**中央構造線**（メジアンライン）によって**内帯**と**外帯**とに分かれる。

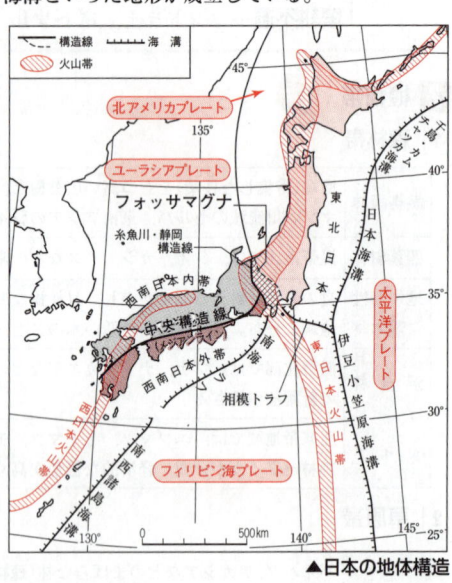

▲日本の地体構造

> **要点** 日本の地形…弧状列島，広くけわしい山地，短く急な河川，狭い平地，複雑な海岸線

2 日本の気候

1 気候の特色 温帯の温和な気候。四季の区別が明らか。**季節風**（モンスーン）や梅雨，台風などで降水量は多い。

2 日本の季節風の特色 重要
夏は太平洋から**南東季節風**が吹き，太平洋側に雨をもたらす。冬は日本海から**北西季節風**が吹き，日本海側に雪をもたらす。季節風の影響の少ない内陸や瀬戸内の地域は，少雨となる。

3 気候区分
① **北海道**…亜寒帯湿潤気候（Df）。
② **本州，四国，九州**…温暖湿潤気候（Cfa）。
　ⓐ **太平洋側**…夏に降水量が多く，冬は乾燥。ただし，**内陸（中央高地）と瀬戸内**は，どちらも年間を通して降水量は少ない。また，内陸は冬低温なのに対して，瀬戸内は冬も比較的温暖という違いもある。
　ⓑ **日本海側**…冬に雪などで降水量が多い。
③ **南西諸島など南日本**…亜熱帯の気候。降水量が多く，冬でも温暖。

> **要点**
> 日本の気候区分
> ｛太平洋側と日本海側 ➡ **冬の降水量**で区別できる
> 　内陸と瀬戸内 ➡ **冬の気温**で区別できる

3 日本の自然災害と防災 重要

1 さまざまな自然災害
日本は世界でも，きわめて自然災害が多い。
① **地形的要因**…不安定な変動帯に位置→**地震，火山**の噴火。けわしい山地，短い河川，軟弱な地盤→**土砂災害，洪水**。複雑な海岸線→**高潮，津波**。
② **気候的要因**…梅雨や台風などの集中豪雨→洪水，高潮。天候不順，異常気象→冷害，干ばつ，大雪，雪崩。
③ **人的要因**…都市開発→ヒートアイランド現象，ゲリラ豪雨，**液状化現象**（地震などで軟弱な地盤が液状化し，地盤沈下などをひき起こす現象）。（→p.39）

2 東日本大震災
2011年3月11日に発生した**東北地方太平洋沖地震**による地震・津波災害。死者・行方不明者は約1.9万人にのぼり，建造物やライフラインなどに甚大な被害が出た。また，重大な原発事故も発生した。

3 防災対策
①高度な気象観測と警報システムの整備，②ダムや堤防などインフラの整備，③建物の免震・耐震化，④**ハザードマップ**（**防災地図**，各種の災害による被害を予測し，危険箇所や避難経路を表現した地図）の作成など。

> **要点**
> 日本の自然災害…地形的・気候的・人的要因により多種多様
> ➡ **防災対策**が必要（インフラ整備，**ハザードマップ**の作成など）

要点チェック

↓答えられたらマーク　　　　　　　　　　　　　　　　　　　　　わからなければ ↻

- [ ] **1** 気候の三大要素を，すべて答えよ。　p.34 **2** 2
- [ ] **2** 1年の最暖月と最寒月の平均気温の差を，何というか。　p.35 **3** 2
- [ ] **3** 気温は，高度が100m上昇するごとに，平均何℃低下するか。　p.35 **3** 3
- [ ] **4** 赤道付近の低圧帯を，何というか。　p.35 **4** 1
- [ ] **5** 緯度30度付近の高圧帯を，何というか。　p.35 **4** 2
- [ ] **6** 5から4へ吹く風を，何というか。　p.36 **1** 2
- [ ] **7** 5から高緯度側へ吹く風を，何というか。　p.36 **1** 2
- [ ] **8** 夏と冬で風向きが反対となる風を，何というか。　p.36 **1** 4
- [ ] **9** 発達した熱帯低気圧を，①日本では，何というか。また，②カリブ海やメキシコ湾の地域では，何というか。　p.36 **1** 6
- [ ] **10** 一般に，降水量が少なくなるのは，海岸，内陸のどちらか。　p.37 **2** 2
- [ ] **11** 一般に，降水量が多くなるのは，山地の風上側，風下側のどちらか。　p.37 **2** 3
- [ ] **12** 周辺海域の水温より高く，低緯度地方から高緯度地方へ流れる海流を，何というか。　p.38 **1** 1
- [ ] **13** 河川流域の1地点における1年間の最大流量と最小流量の比を，何というか。　p.38 **2** 1
- [ ] **14** 地表から最初の不透水層の上にたくわえられた地下水を，何というか。　p.39 **2** 2
- [ ] **15** 2つの不透水層の間の，地表から大きな圧力をうけている地下水を，何というか。　p.39 **2** 2
- [ ] **16** 都心部が島状に高温になる現象を，何というか。　p.39 **3** 1
- [ ] **17** ペルー沖の太平洋東部海域の水温が長期間にわたり高くなる現象を，何というか。　p.39 **3** 2

答え

1 気温，風，降水(順不同)　**2** 年較差　**3** 0.55℃　**4** 熱帯収束帯　**5** 亜熱帯高圧帯
6 貿易風　**7** 偏西風　**8** 季節風(モンスーン)　**9** ①台風　②ハリケーン　**10** 内陸
11 風上側　**12** 暖流　**13** 河況係数　**14** 自由地下水　**15** 被圧地下水　**16** ヒートアイランド現象　**17** エルニーニョ現象

- **18** 最も面積割合が大きい気候帯は，何か。 p.40 **1** 1)
- **19** 次の各文の気候区を，気候区分の記号で答えよ。
  - ①年中高温多雨で，午後にスコールが降る。 p.41 **2** 1)
  - ②熱帯で，雨季と乾季が明瞭で，草原と疎林となっている。 p.41 **2** 3)
  - ③砂漠の外側にみられる気候で，やや降水量の多い雨季があり，丈の短い草原が広がっている。 p.42 **1**
  - ④地中海沿岸にみられる気候で，夏は高温で乾燥する。 p.42 **2** 1)
  - ⑤8の影響が強く，夏は高温多雨，冬は温暖少雨である温帯の気候区。 p.42 **2** 2)
  - ⑥7の影響により，高緯度のわりに比較的温和である。 p.42 **2** 4)
  - ⑦冬は低温で積雪があり，年中一定の降水がある，亜寒帯の気候区。 p.43 **3** 2)
  - ⑧夏は0℃以上10℃未満で，冬は低温である。 p.43 **4** 2)
- **20** 母岩の性質を反映した土壌を，何というか。 p.46 **1**
- **21** 熱帯に分布する赤色の酸性土を，何というか。 p.46 **1** 1)
- **22** ウクライナや北アメリカのグレートプレーンズなどに分布する，肥沃な土壌を，何というか。 p.46 **1** 2)
- **23** 石灰岩を母岩とした，赤褐色の土壌を，何というか。 p.47 **1** 3)
- **24** 亜寒帯地域の針葉樹の純林を，何というか。 p.47 **2** 1)
- **25** 19③の地域でみられる短草草原を，何というか。 p.47 **2** 2)
- **26** 19⑧の地域で夏にみられる草原を，何というか。 p.47 **2** 2)
- **27** 日本で，山地が国土に占める割合は，約何分の何か。 p.48 **1** 3)
- **28** 日本列島を東北と西南に2分する大陥没帯を，何というか。 p.48 **1** 4)
- **29** 地震などで軟弱な地盤が液状化し，地盤沈下などをひき起こす現象を，何というか。 p.49 **3** 1)
- **30** 2011年3月11日に発生した東北地方太平洋沖地震による地震・津波災害の総称を，何というか。 p.49 **3** 2)
- **31** 各種災害の被害予測などを示す地図を，何というか。 p.49 **3** 3)

答え

18 乾燥帯　**19** ①Af　②Aw　③BS　④Cs　⑤Cw　⑥Cfb　⑦Df　⑧ET　**20** 間帯土壌　**21** ラトソル(ラテライト)　**22** 黒土　**23** テラロッサ　**24** タイガ　**25** ステップ　**26** ツンドラ　**27** 約4分の3　**28** フォッサマグナ　**29** 液状化現象　**30** 東日本大震災　**31** ハザードマップ(防災地図)

20 環境と開発，公害

1 環境と人間生活

1. **環境** 環境とは，人間をとりまくすべての背景(条件)をさす。**自然環境**(位置，地形，気候など)と**社会環境**(経済，文化，社会など)に分けられる。
2. **生態系(エコシステム)** 生物が，自然環境の中で，互いに影響しあいながら，全体として均衡を保っているしくみ。
3. **環境可能論** 自然環境が人間生活に種々の可能性を与え，それを具体化するのは社会環境であるという立場。環境決定論に対して唱えられた。

2 世界の地域開発

1. **地域開発** 地域の発展を促進する一方で，環境破壊をもたらす場合も。
2. **アメリカの地域開発** 重要 **テネシー川流域**(**TVA**＝テネシー河谷開発公社による世界初の総合的な地域開発 →1933年開始)，**コロラド川流域**，**コロンビア川流域**の開発など。ダムを建設し，電力や灌漑用水，工業用水を供給。
3. **旧ソ連の地域開発** 「自然改造」とよばれた。外洋と内陸水路を結ぶ**ヴォルガ・ドン運河**，アムダリア川から取水する**カラクーム運河**(現在のトルクメニスタン，灌漑によって塩害の発生や**アラル海**が縮小)の建設など。
4. **発展途上国の地域開発** 重要
   ①中国…長江中流域に世界最大の**サンシヤ(三峡)ダム**を建設→環境破壊。 →2009年完成
   ②エジプト…ナイル川に**アスワンハイダム**を建設し灌漑→塩害が発生。 →1971年完成
   ③ブラジル…パラナ川流域に世界最大級の**イタイプダム**を建設。また，**アマゾン川流域に横断・縦断道路**を建設→熱帯林の破壊。
5. **ヨーロッパの地域開発** イギリスの大ロンドン計画(郊外でニュータウン建設)，オランダの干拓地(**ポルダー**)の造成，イタリアの南部開発など。 (→p.142)
6. **日本の地域開発** 1960年代から5度の**全国総合開発計画**を実施。地方の工業開発が進んだが，過密と過疎の拡大，公害の激化などをまねいた。

> **要点** 地域開発…TVA，カラクーム運河，サンシヤダム，アスワンハイダム，アマゾン横断・縦断道路，全国総合開発計画など

3 日本の公害 重要

1 第二次世界大戦前の公害

①足尾鉱毒事件…明治時代，工業化につれて公害が発生。1877年に本格的に開発が始まった足尾銅山(栃木県)から，多量の鉱毒が渡良瀬川に流れこみ，下流域沿岸の農地が汚染された。田中正造が，解決に力をつくした。

②その他の公害…別子銅山(愛媛県)の煙害，日立銅山(茨城県)の煙害。

2 戦後の公害と四大公害病

①大気汚染…大気中に二酸化窒素などの汚染物質が排出されて起こる公害。呼吸器への障害をもたらし，ぜんそく，気管支炎などの病気にかかりやすい。四大公害病の１つ四日市ぜんそく(三重県)が知られる。大都市では，太陽光によって有害物質が形成される光化学スモッグも発生している。

②水質汚濁，土壌汚染…産業廃棄物や工場廃水のたれ流しによって起こる。八代海沿岸(熊本県，鹿児島県)で化学工場の有機水銀(メチル水銀)が魚介類を通して人体に入り発病した水俣病や，阿賀野川下流で発生した新潟水俣病(第二水俣病)。富山県神通川下流では，鉱山から出たカドミウムが原因で骨がもろくなるイタイイタイ病が発生。近年では，各地のごみ焼却場から猛毒のダイオキシンが発生し，大気や土壌などが汚染された。

③騒音，振動，悪臭…騒音，振動は，工場のほか，交通機関から発生。悪臭は，製紙工場や化学工場から発生することが多い。

④地盤沈下…工業用水としての地下水の採取などによる。

3 公害をなくすために

①四大公害裁判…新潟水俣病，四日市ぜんそく(以上1967年に提訴)，イタイイタイ病(1968年提訴)，水俣病(1969年提訴)の患者らが，企業などの責任を追及して裁判を起こした。いずれも企業の責任を認め，患者側が勝訴。

②環境行政…政府は，1967年に公害対策基本法を制定し，1971年に環境庁を設置した。1993年には，公害対策基本法を廃止し，自然環境保全法を整備して，新たに環境基本法を制定した。2001年には，環境庁を環境省に格上げした。また，1997年には，開発前に影響調査をする環境影響評価法を制定した。

要点 日本の公害
- 戦前…足尾鉱毒事件(田中正造らの運動)
- 戦後…水俣病など四大公害病 ➡ 環境基本法，環境省

21 世界の環境問題①

1 オゾン層の破壊 重要

1│フロンガスとオゾン層　フロンガスは，直接人体に影響はないが，地球をとりまいているオゾン層を破壊する。

①**フロン**…塩素とフッ素からなる化合物。ヘアスプレーなどのガス，エアコンや冷蔵庫の冷却用，機械部品や集積回路などの洗浄用として使用されてきた。**フロンガス**として大気中に放出されると，分解されないまま，上空の成層圏まで達する。

②**オゾン層の破壊**…成層圏にあるオゾン層は，地表に達すると皮膚がんなどを起こす有害な**紫外線**を吸収するはたらきがあるが，フロンガスはこのオゾン層を破壊してしまう。その結果，現在，南極上空で，時期によってはオゾン層に穴(**オゾンホール**)ができている。

2│フロンの規制　1985年の**ウィーン条約**(→オゾン層保護のためのウィーン条約)に基づき，1987年**モントリオール議定書**が採択。オゾン層破壊作用の大きい特定フロンの生産は，1995年に先進国で全廃された。現在では代替フロンの規制が進んでいる。

2 地球温暖化 重要

1│温暖化の原因　地球の大気の温度が，年々上昇していくことを**地球温暖化**という。大気中の**二酸化炭素(CO_2)**などのガスは，地球の熱を発散させないようにする**温室効果**をもっている。そのため，二酸化炭素などの増加が，温暖化の原因とされている。現在，石油や石炭などの化石燃料の使用で，大量の二酸化炭素が発生しているため，温暖化の進行が懸念される。

2│温暖化の影響　地球の気温が上昇すると，極地方の氷がとけ，**海面が上昇**する。その結果，低地は水没したり，洪水の危険が増す。また，**砂漠化**や異常気象の発生，生態系への悪影響などをもたらす。

要点

フロンガスの使用 ➡ **オゾン層の破壊** ➡ 人体の健康被害
　　　　　　　　　　(オゾンホール)　　(皮膚がんなど)

石炭，石油の燃焼 ➡ **地球温暖化** ➡ 海面の上昇など
(CO_2の増加)　　　　　　　　　(極地方の氷がとける)

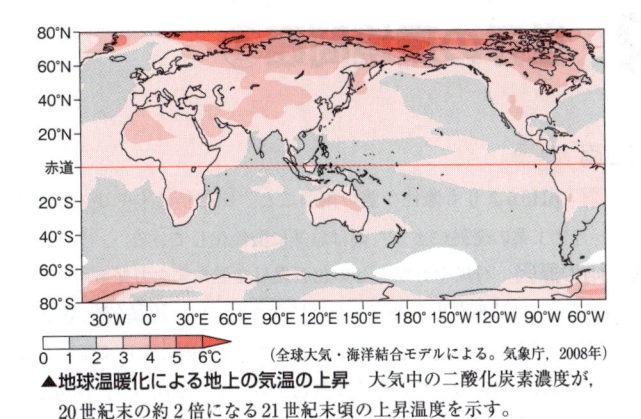

▲**地球温暖化による地上の気温の上昇**　大気中の二酸化炭素濃度が，20世紀末の約2倍になる21世紀末頃の上昇温度を示す。

3 熱帯林の破壊　重要

1│熱帯林の減少　全世界の森林面積の約半分が，**熱帯林**で占められている。

①**アマゾン川**流域の熱帯林…南アメリカのアマゾン川流域には，広大な熱帯林(**セルバ**)がある。しかし，人口急増による**過放牧**や，過度の**焼畑農業**によって，森林の焼失が進んだ。また，1970年代以降の開発による森林の**伐採**によって，熱帯林は急速に減少している。

②**東南アジアの熱帯林**…フィリピン，インドネシア，マレーシアなどでは，木材やパルプ原料のための**伐採**で，熱帯林が急速に減少してきた。近年，油やしなどのプランテーションや都市向けの野菜栽培，輸出向けのえび養殖場などのために，海岸部の**マングローブ**などの森林が失われている。

2│土地の荒廃　森林が伐採された土地は，もともと栄養分の少ない土壌のため地力が衰え，多量の雨により土壌は流出し，土地は荒廃する。

3│森林の破壊の影響　ひとたび破壊された生態系では，森林の回復は不可能に近く，森林に生息する多くの**生物種の絶滅**の心配もある。また，地球全体の酸素の供給が減少し，二酸化炭素の吸収も減り，大気中の二酸化炭素の濃度が高くなり，**地球温暖化**を促進することが懸念される。

> **要点**
> 発展途上国の**人口急増** ➡ 過放牧，焼畑の拡大，燃料の需要
> **開発の進展** ➡ 木材の輸出，鉱山開発，道路やダムの建設
> ➡ **熱帯林の破壊，生物種の絶滅，地球温暖化の促進**

22 世界の環境問題②

1 酸性雨 重要

1 酸性雨 pH5.6よりも酸性の強い雨のこと。1872年にイギリスで初めて観測された。近代工業の発展により、雨は急速に酸性化している。

2 酸性雨の原因 石炭や石油などの化石燃料を燃やす火力発電所や工場が排出する煙やガス、自動車が出す排ガスなどに含まれている**硫黄酸化物**（→SO_x）や**窒素酸化物**（→NO_x）が空気中に多量にただよい、水蒸気にとけこみ、雨となって地上に降る。汚染された大気は、風にのって遠くまで移動するので、酸性雨は、国境をこえた広い範囲に拡大する。

3 酸性雨の被害 ヨーロッパでは、**偏西風**の影響で、被害地域は工業の中心地域よりやや東北にずれている。その他、北アメリカや中国、日本などでも被害が広がっている。

①**スウェーデン**…約85,000もの湖沼のうち約25％が酸性雨の影響をうけ、9,000ほどの湖が魚が生息できない死の湖となっている。

②**ドイツ**…ドイツの南西部にある**シュヴァルツヴァルト**（黒い森）は、トウヒやモミの美しい森で、ドイツ人の憩いの場所として大切にされてきた。しかし、酸性雨により、立枯れの木や倒木などの被害が出ている。

③**日本**… pH4.5前後の酸性雨が観測されている。日本で観測される硫黄酸化物の約半分が中国起源とされている。

④**その他**…ギリシャのパルテノン神殿のように大理石でつくられた建物は溶食され、ウィーンなどにある青銅の像は、腐食が進行している。中国では酸性雨を「**空中鬼**（コンチョンクイ）」とよび、南東部でとくに深刻。

4 酸性雨対策 発電所や工場への排ガス処理装置の取り付けや自動車の排ガス規制、石灰の散布による土壌や湖沼の中和などがあげられる。ヨーロッパでは、1979年に**長距離越境大気汚染条約**（→ジュネーヴ条約）を締結し、汚染物質の削減をめざしている。

要点

硫黄酸化物や窒素酸化物が大気中に増加 ➡ **酸性雨** ➡ 湖沼の酸性化 ➡ 魚類の死滅／森林の枯死／大理石の溶食、青銅の腐食

2 砂漠化 重要

1 砂漠化 肥沃な土地で，農牧業が営まれてきた地域が砂漠になること。とくに1968～73年の大干ばつで，**サハラ砂漠の南のサヘル**地方で多くの被害が出たことから，世界的に注目されるようになった。砂漠と砂漠化地域は，全陸地の約40%を占め，世界総人口の約6分の1が，砂漠化の被害をうけている。

2 砂漠化の原因 砂漠化の原因には，地球的規模での気候の変動もあるが，人口の急増による生態系の破壊という人為的要因も大きい。①人口急増による食料不足から，耕作不適地にまで耕地を拡大したこと(**過耕作**)，②燃料の必要から薪炭用に多くの樹木を伐採したこと(**過伐採**)，③人口増が家畜増となり，**過放牧**によって草木が食いつくされたことなどがあげられる。

3 砂漠化の対策 砂漠化を食い止めるため，1977年，**国連砂漠化防止会議**が開催され，灌漑事業や植林などを進める計画がつくられたが，効果はあがっていない。そのため，1994年には，国際的な**砂漠化対処条約**が採択された。

> **要点** 過耕作，過伐採，過放牧による草地の消滅 ⇒ 生態系の破壊 ⇒ **砂漠化**

▼世界のおもな環境問題

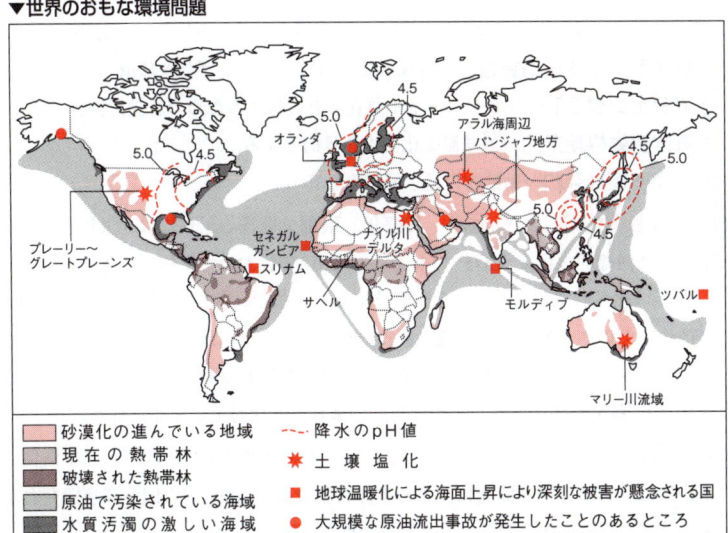

凡例：
- 砂漠化の進んでいる地域
- 現在の熱帯林
- 破壊された熱帯林
- 原油で汚染されている海域
- 水質汚濁の激しい海域
- ---- 降水のpH値
- ✴ 土壌塩化
- ■ 地球温暖化による海面上昇により深刻な被害が懸念される国
- ● 大規模な原油流出事故が発生したことのあるところ

地名：プレーリー～グレートプレーンズ，オランダ，セネガル，ガンビア，スリナム，サヘル，ナイル川デルタ，アラル海周辺，パンジャブ地方，モルディブ，ツバル，マリー川流域

23 環境保全の動き

1 国際的な動き 重要

1 国連人間環境会議 「かけがえのない地球」、「宇宙船地球号」をスローガンに、1972年、スウェーデンの首都**ストックホルム**で開催。世界の国々が、初めて環境問題について討議した。その結果、「**人間環境宣言**」が採択され、会議の合意に基づき、**国連環境計画**(**UNEP**)が設立された。

2 経済協力開発機構(OECD)のルール (→p.157)
  ①**汚染者負担の原則(PPP)**…1972年採択。公正な国際競争のため、公害防止費用は、汚染者負担とするというもの。
  ②**環境アセスメント**(環境影響評価)…1974年、立法化を勧告。開発の環境への影響を事前に調査し、環境悪化を未然に防ごうとする制度のこと。

3 持続可能な開発 国連の環境と開発に関する世界委員会が、1987年に公表した『われら共有の未来』という報告書の中で、開発と保全を調和させながら、社会の発展を持続させる「**持続可能な開発**」という考え方が提唱された。

4 国連環境開発会議(地球サミット) 1992年、ブラジルの**リオデジャネイロ**で開催。地球規模の環境破壊に関する国際協力のあり方について討議。
  ①**リオデジャネイロ宣言**…「持続可能な開発」をかかげた地球憲章。
  ②**アジェンダ21**…リオデジャネイロ宣言を実行するための行動計画。
  ③**気候変動枠組条約**…地球温暖化防止を目的とする。
  ④**生物多様性条約**…動植物の種を絶滅から守る。

5 地球温暖化防止京都会議 1997年、**京都**で開催。正式には「気候変動枠組条約第3回締約国会議(COP3)」。2008～2012年において平均して先進国全体で、1990年に比べ温室効果ガスを5％削減する「**京都議定書**」を採択した。初めて法的拘束力のある削減目標が設定されたが、発展途上国は含まれず、アメリカものちに離脱した。2013年以降の新たな枠組み(**ポスト京都議定書**)として、2015年に**パリ協定**が採択され、2020年以降の地球温暖化対策が定められた。

6 環境開発サミット 2002年、南アフリカ共和国のヨハネスブルグで開催。正式には「持続可能な開発に関する世界首脳会議」。1992年の国連環境開発会議をうけて、持続可能な開発への討議を深めた。

> **要点**
> 国連人間環境会議(1972年)…ストックホルム，**人間環境宣言**
> 国連環境開発会議(1992年)…リオデジャネイロ，**持続可能な開発**
> 地球温暖化防止京都会議(1997年)…京都，**京都議定書→パリ協定**
> (2015年)

2 自然保護や文化財保護

1 ラムサール条約 1971年，イランの**ラムサール**で採択された条約で，正式には「**特に水鳥の生息地として国際的に重要な湿地に関する条約**」。日本は1980年に批准し，北海道の釧路湿原，ウトナイ湖，クッチャロ湖，宮城県の伊豆沼・内沼などを登録し，保全をはかっている。

2 ワシントン条約 「**絶滅のおそれのある野生動植物の種の国際取引に関する条約**」というのが正式名で，1973年に採択。野生動植物の輸出国と輸入国が協力して国際取り引きを規制し，絶滅のおそれのある動植物の保護をはかる。はく製，毛皮，牙などの部分や加工したものも規制される。

3 世界遺産条約 正式には「**世界の文化遺産及び自然遺産の保護に関する条約**」といい，1972年に採択。各国政府は，貴重な文化財や自然をリストアップして，国際的に監視体制をつくり，破壊から守る。日本では，**文化遺産**として法隆寺(奈良県)や姫路城(兵庫県)など，**自然遺産**として屋久島(鹿児島県)，白神山地(秋田県，青森県)，知床(北海道)などが指定。

3 循環型社会の形成

1 循環型社会 重要 　従来の大量生産，大量消費，大量廃棄の社会ではなく，資源を効率的に利用するとともに再生産を行って，循環利用していく社会のこと。

2 3R 重要 　Reduce(リデュース：減らす)，Reuse(リユース：くり返し使う)，Recycle(リサイクル：再生利用する)の頭文字をとった言葉。

3 各種法律の制定 日本では，循環型社会の形成を目的として，2000年に**循環型社会形成推進基本法**が成立し，家電や食品，自動車などの個別のリサイクル法も制定された。

> **要点**
> ①廃棄物を減らす＝Reduce
> ②資源をくり返し使う＝Reuse 　　**3R ➡ 循環型社会**
> ③廃棄物を再生利用する＝Recycle

要点チェック

↓答えられたらマーク　　　　　　　　　　　　　　　　　　わからなければ⤵

- **1** 生物が、自然環境の中で、互いに影響しあいながら、全体として均衡を保っているしくみを、何というか。　p.52 **1**2
- **2** アメリカのテネシー川流域で世界初の総合開発を実施した組織を、アルファベット3文字で何というか。　p.52 **2**2
- **3** 現在のトルクメニスタンに建設された、アムダリア川の水を取水する運河を、何というか。　p.52 **2**3
- **4** 長江中流域に建設された世界最大のダムを、何というか。　p.52 **2**4
- **5** 1971年にナイル川に建設されたダムを、何というか。　p.52 **2**4
- **6** 明治時代、渡良瀬川流域で発生した公害事件を、何というか。　p.53 **3**1
- **7** 神通川下流域で発生した公害病を、何というか。　p.53 **3**2
- **8** 八代海沿岸で発生した公害病を、何というか。　p.53 **3**2
- **9** 阿賀野川下流域で発生した公害病を、何というか。　p.53 **3**2
- **10** 1993年に制定された、公害だけでなく地球環境保全に関する対処も含む法律を、何というか。　p.53 **3**3
- **11** 成層圏にあり、有害な紫外線を吸収するはたらきがある層を、何というか。　p.54 **1**1
- **12** エアコンや冷蔵庫の冷却用などに使用されていた、11を破壊する化学物質を、何というか。　p.54 **1**1
- **13** 南極上空にできる、11の巨大な穴を、何というか。　p.54 **1**1
- **14** 地球の大気の温度が上昇していくことを、何というか。　p.54 **2**1
- **15** 14の最大の原因とされいる温室効果ガスは、何か。　p.54 **2**1
- **16** アマゾン川流域の熱帯林を、何というか。　p.55 **3**1
- **17** 東南アジアでえびの養殖場などのために伐採されている、海岸部の熱帯林を、何というか。　p.55 **3**1

答え

1 生態系（エコシステム）　**2** TVA　**3** カラクーム運河　**4** サンシヤ（三峡）ダム　**5** アスワンハイダム　**6** 足尾鉱毒事件　**7** イタイイタイ病　**8** 水俣病　**9** 新潟水俣病（第二水俣病）　**10** 環境基本法　**11** オゾン層　**12** フロン　**13** オゾンホール　**14** （地球）温暖化　**15** 二酸化炭素（CO_2）　**16** セルバ　**17** マングローブ

要点チェック

- **18** pH値5.6以下の雨のことを，何というか。 p.56
- **19** 18による被害が大きい，「黒い森」とよばれるドイツ南西部の森林を，何というか。 p.56
- **20** 中国では，18のことを，何というか。 p.56
- **21** 1979年にヨーロッパで締結された，18の原因となる汚染物質の削減をめざした条約を，何というか。 p.56
- **22** 肥沃な土地で，農牧業が営まれてきた地域が砂漠になることを，何というか。 p.57
- **23** アフリカのサハラ砂漠の南で，22の激しい地域を，何というか。 p.57
- **24** 22の要因の1つで，耕作不適地にまで耕地を過度に拡大することを，何というか。 p.57
- **25** 1972年，ストックホルムで開催された，環境問題に関する会議を，何というか。 p.58
- **26** 環境影響評価のことを，別名何というか。 p.58
- **27** 1992年，ブラジルのリオデジャネイロで開催された，環境問題に関する会議を，何というか。 p.58
- **28** 27で採択されたリオデジャネイロ宣言を実行するための行動計画を，何というか。 p.58
- **29** 1997年，気候変動枠組条約第3回締約国会議が開催された都市は，どこか。 p.58
- **30** 「特に水鳥の生息地として国際的に重要な湿地に関する条約」を，別名何というか。 p.59
- **31** 「絶滅のおそれのある野生動植物の種の国際取引に関する条約」を，別名何というか。 p.59
- **32** 資源を効率的に利用するとともに再生産を行って，循環利用していく社会のことを，何というか。 p.59
- **33** Reduce, Reuse, Recycleをまとめて，何というか。 p.59

答え

18 酸性雨　**19** シュヴァルツヴァルト　**20** 空中鬼(コンチョンクイ)　**21** 長距離越境大気汚染条約(ジュネーヴ条約)　**22** 砂漠化　**23** サヘル　**24** 過耕作　**25** 国連人間環境会議　**26** 環境アセスメント　**27** 国連環境開発会議(地球サミット)　**28** アジェンダ21　**29** 京都　**30** ラムサール条約　**31** ワシントン条約　**32** 循環型社会　**33** 3R

24 農業とその課題

1 農業の立地条件

1│自然条件
農作物は,気候,地形,土壌などの自然条件の制限をうけ,栽培可能な範囲が限られる。これを**栽培限界**という。

①**気候条件**…一般に,発芽には0～10℃以上,その後の生育には10℃以上の気温が必要。また,一般に,農業では年降水量500 mm以上,牧畜には250 mm以上が必要(これを**乾燥限界**という)。

②**地形条件**…一般に,平坦な沖積平野では稲作,台地では畑作が適する。また,標高の制約もうける(これを**高距限界**という)。

③**土壌条件**…例えば,レグール土は綿花に,テラローシャはコーヒーに適する。(→p.47)

④**自然条件の克服**…品種改良や土地改良,灌漑など。

2│社会条件

①**市場との距離**…チューネンは著書『孤立国』の中で,市場との距離(農作物の輸送費)が,農業配置を決定するとした。
  └ドイツの農業経済学者

②**その他**…資本・技術・労働力や,食生活,宗教による食物禁忌(タブー)などの文化も,農業の形態に反映する。

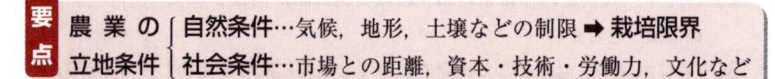

> **要点** 農業の立地条件
> 自然条件…気候,地形,土壌などの制限 ➡ 栽培限界
> 社会条件…市場との距離,資本・技術・労働力,文化など

2 さまざまな農業地域 **重要**

1│農業地域の区分
ホイットルセイの区分は,農産物の種類のほか,経営形
  └アメリカの地理学者
態などの社会条件も加味したものとして,とくに有名。

2│4つの類型 くわしくはp.64～68。

①**自給的農業**…焼畑農業,遊牧とオアシス農業,アジアの集約的農業。

②**商業的農業**…地中海式農業,混合農業,酪農,園芸農業。ヨーロッパから発展した。

③**企業的農業**…企業的穀物農業,企業的牧畜業,プランテーション農業。新大陸や熱帯でみられる。

④**集団的農業**…旧ソ連や中国など。近年大きく変化。

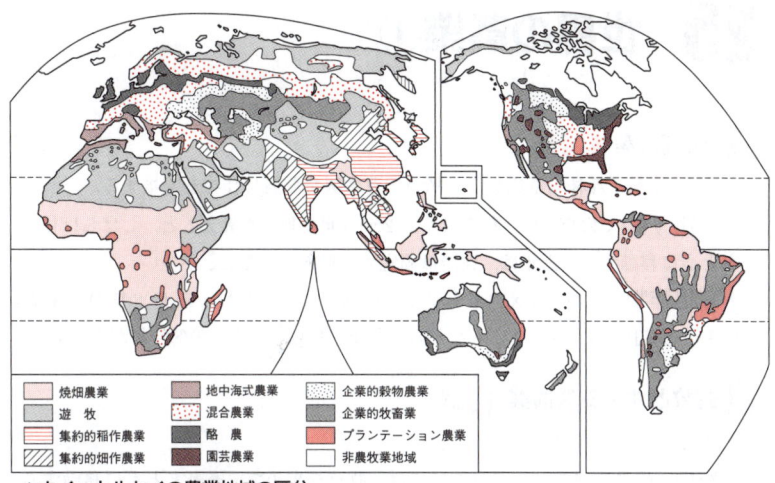

▲ホイットルセイの農業地域の区分

3 現代の農業とその課題

1 農業の近代化と課題

①**農業の近代化**…先進国では，品種改良や化学肥料・農薬の使用，機械化など。発展途上国では，高収量品種の導入を中心とする技術革新＝「緑の革命」。(→p.168)

②**課題**…近代的農法の環境への負荷→**有機農業**(化学肥料・農薬をひかえ，有機肥料を使用)を実施。一方，遺伝子組み換え作物(特別の遺伝子を組み込んで害虫や農薬に対する耐性を強めた作物)など，新技術の安全性の確保も課題。

2 農業の国際化と課題

①**穀物メジャー**…巨大な多国籍企業の穀物商社。アメリカの穀物メジャーなどは，農産物加工，農業機械の製造など農業関連産業(**アグリビジネス**)に進出している。また，世界の穀物の生産，流通，販売にいたる食料供給体系(**フードシステム**)全体を統括し，国際価格の決定に強い影響力をもっている。

②**課題**…農産物の大量輸出入により，各国の伝統的(自給的)な農業形態が変化。日本など農地の狭い先進国では，国内の農業生産力が低下し，多くの発展途上国では，主食となる食料の生産が圧迫されている。

> **要点**
> 農業の近代化…緑の革命，有機農業，遺伝子組み換え作物
> 農業の国際化…穀物メジャーがフードシステムを統括

25 世界の農業①

1 焼畑農業 重要

1] 焼畑農業　森林や草原を焼き払い，草木灰を肥料に作物を栽培する。ハック(木の掘り棒)で穴をあけ，種をまく。2〜3年で地力が衰えると，しばしば住居とともに移動する。近年は，住居は固定する形態をとることが多い。

2] 栽培作物　あわ，ひえ，もろこし，陸稲などの穀物や，**キャッサバ**，**ヤムいも**，**タロいも**，さつまいもなどのいも類，豆類などの自給的作物が主である。

2 遊牧とオアシス農業 重要

1] 遊牧
①**特色**…乾燥地域やツンドラ地域では，牧草を求めて，家畜とともに移動する遊牧がみられる。しかし近年は，定着化の傾向にある。
②**飼育する家畜**…乾燥と粗食に耐えられる**羊**と**ヤギ**は各地で飼育される。**牛**は東アフリカや湿潤な地域。**馬**はモンゴル。**ラクダ**は西アジア。**トナカイ**はツンドラ地域。**ヤク**はチベット高原。**リャマ**と**アルパカ**はアンデス高地。

2] オアシス農業
①**特色**…中央・西アジアから北アフリカにかけての乾燥地域では，オアシスや外来河川，地下水路などの水を利用し，**灌漑農業**(オアシス農業)を行ってきた。(→p.30)　**小麦**，**綿花**，**なつめやし**などを栽培。
②**カナート**…イランの地下水路のこと，山麓の伏流水を地下水路で耕地に導く。北アフリカではフォガラ，南・中央アジアではカレーズとよばれる。

> **要点**
> **焼畑農業**…耕地を移動。穀物，いも類，豆類など
> **遊牧**…乾燥地域やツンドラ地域。羊，ヤギ，ラクダ，トナカイなど
> **オアシス農業**…乾燥地域。小麦，綿花，なつめやしなど

3 アジアの集約的農業 重要

1] 特色　家族労働中心の小規模経営が多いが，水管理などで共同体意識が強い。**土地生産性**(単位面積あたりの収量)は概して高くない。**労働生産性**(単位労働時間あたりの収量)も低い。米や小麦の穀物栽培が中心で，大部分が自給用。

2 集約的稲作農業　低湿な沖積平野では，稲作がさかん。また，傾斜地の棚田でも行われている。しかし，生産性は低く，食料問題をかかえる国もある。

3 集約的畑作農業　水が不十分だったり(インドのデカン高原など)，気温が低めで(中国東北部など)，稲作に適さない地域では，畑作が行われる。

4 米の生産と流通
　①**米の生産**…稲はアジアを原産地とする熱帯性作物で，夏の高温と日照，十分な降水量が必要。そこで，夏に海から吹く季節風の影響で，降水量の多い東・東南・南アジア(モンスーンアジア)の沖積平野が栽培に適している。
　②**米の流通と消費**…モンスーンアジアは，米の大生産地であるとともに，大消費地でもある。**タイ**は，古くからの米の輸出国である。米の流通にあたっては，中国系住民の華人(→p.168)の勢力が強い。

> **要点**
> アジアの集約的農業…小規模経営。大部分が自給用
> ┌ 稲作…東・東南・南アジアの大河川下流の沖積平野
> └ 畑作…デカン高原，中国東北部など稲作に適さない地域

4 ヨーロッパの農業のあゆみ

1 産業革命以前の農業
　①**二圃式農業**…古代，地中海沿岸では，冬の小麦栽培と休閑をくり返した。
　②**三圃式農業**…中世，北西ヨーロッパでは，耕地を，夏作物(大麦，えん麦など)，冬作物(小麦，ライ麦など)，休閑地に3区分して，輪作を行った。
　③**輪栽式混合農業**…近世，従来の三圃式農業における休閑地を，肉牛や豚などの家畜を飼育する牧草地や，家畜の飼料作物の栽培用地に割りふり，夏作物，冬作物と合わせて輪作を行った。

2 産業革命以後の農業　人口増による食料の需要が増大する一方で，農業人口は減少し，またアメリカ大陸の安い穀物が流入した。そのため，輪栽式混合農業は，商業的な**混合農業**，**酪農**，**園芸農業**などに専門分化し，高い土地生産性や労働生産性をもった商業的農業へと変化した。

> **要点**
> 二圃式農業 → **地中海式農業**
> 　　　　　└ 三圃式農業 → 輪栽式混合農業 ┬ → 商業的な**混合農業**
> 　　　　　　　　　　　　　　　　　　　　├ **酪農**
> 　　　　　　　　　　　　　　　　　　　　└ **園芸農業**

26 世界の農業②

1 商業的農業の特色と地域 重要

1 地中海式農業
①**特色**…夏乾燥, 冬多雨の**地中海性気候**(Cs)にあった農業形態。**果樹**(樹木作物)と穀物とを主作物とする。果樹は, 夏の乾燥に耐える**オリーブ**, **柑橘類**, ぶどうなど。穀物は, 冬の雨を利用し, 自給用の**小麦**や大麦。

②**地域**…イタリア中・南部や北アフリカ, **メセタ**(イベリア半島の乾燥した高原)。この他, 大規模な灌漑が行われたアメリカのカリフォルニア州や, チリ中部, 南アフリカの南西部など。

2 混合農業
農作物栽培と家畜飼育の組み合わせ。労働生産性, 土地生産性ともに高い。一般に, 畜産物による所得が中心。西ヨーロッパのほか, アメリカの中央平原などでさかん。

3 酪農
①**特色**…乳牛を飼育し, **牛乳**や**乳製品**を生産する。混合農業から発達した。夏に冷涼で, 年間を通じて雨の降る地域が適している。広い牧場も必要。

②**地域**…ヨーロッパでは, 北海の沿岸でさかん。デンマークは, 模範的酪農王国とよばれる。また, スイスの山岳地帯では, 夏は高地で放牧し, 冬は低地の畜舎で飼育する**移牧**が行われる。

4 園芸農業
都市向けの草花, 果実, 野菜などを出荷する。都市近郊でさかん。一般に, 都市(市場)との距離によって, **近郊農業**と**遠郊農業**とに区分。オランダの干拓地(**ポルダー**)では, 野菜の温室栽培, 草花, 球根栽培がさかん。

> **要点**
> ①**地中海式農業**…果樹と穀物　　②**混合農業**…農作物と畜産物
> ③**酪農**…牛乳と乳製品　　④**園芸農業**…都市向けの草花, 果実, 野菜

2 新大陸の企業的農業

1 企業的農業
利潤を得る目的で, 商品として農産物を大量生産する農業のこと。アメリカ, カナダ, アルゼンチン, オーストラリアなどの「新大陸」では, ヨーロッパ系白人の移住によって, 大規模な企業的農業が発展。

2 特色　経営面積がきわめて広い**大規模な経営**。少ない労働力を機械で補い，粗放的な土地利用による機械化農業。商品作物の生産。地域の自然や社会条件にあった適地適作の農業。土地生産性は低いが，労働生産性はきわめて高い。

3 おもな国の企業的農業

1 アメリカ 重要

① **穀物**…プレーリー西部の**冬小麦**地帯，北部の**春小麦**地帯などで，企業の穀物農業。冬小麦地帯の東では，とうもろこしの栽培もさかん（**コーンベルト**）。

② **牧畜**…グレートプレーンズ西部のステップからロッキー山脈にかけての地域。**肉牛**や羊の企業的牧畜業がさかん。近年は，**フィードロット**という肉牛の大規模肥育場が増加。

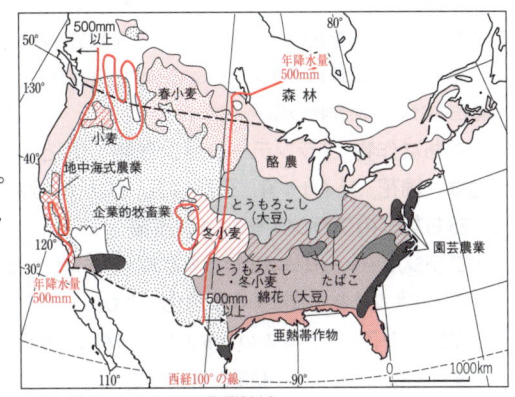

▲アメリカとカナダの農業地域

2 アルゼンチン　農業は**ラプラタ川**下流の広大な平原である**パンパ**が中心。年降水量550mm以上の**湿潤パンパ**では，小麦やとうもろこしなどの企業的穀物農業，肉牛の企業的牧畜業がさかん。年降水量550mm以下の**乾燥パンパ**やパタゴニアでは，牧羊がさかん。

3 オーストラリア 重要

① **小麦**…年降水量500mm前後のマリー川やダーリング川流域に集中。

② **牧畜**…世界最大級の**牧羊**国。牧羊は，年降水量250〜500mmの地域に一致し，**グレートアーテジアン盆地**（**大鑽井盆地**）では，掘り抜き井戸の水を利用。**牧牛**は，雨の多い北部のサバナ地域や東海岸の南部。

> **要点**
> **企業的農業**…アメリカ，アルゼンチン，オーストラリアなど
> 　企業的穀物農業…小麦，とうもろこしなど。**大量に輸出**
> 　企業的牧畜業…肉牛，羊など ➡ 牛肉，羊毛

27 世界の農業③

1 プランテーション農業 重要

1. **特色** 熱帯や亜熱帯にみられる大規模な農園(**プランテーション**)での企業的農業。産業革命後のヨーロッパで,工業原料や嗜好品となる熱帯農作物の需要が高まり,植民地にプランテーションが形成された。現地の安い労働力を使って,輸出向けの商品作物の**単一耕作(モノカルチャー)**を行う。

2. **おもな作物(プランテーション作物)** さとうきび,コーヒー,茶,カカオ,綿花,サイザル麻,天然ゴム,バナナ,油やしなど。

3. **おもな国のプランテーション農業**
   ① **ブラジル**…コーヒー栽培は世界最大。現在は,さとうきび,カカオの栽培など,さまざまな作物を栽培する**多角化**が進む。
   ② **マレーシア**…天然ゴムの世界的生産国だったが,最近は油やしの栽培などで多角化し,パーム油の輸出が増加している。
   ③ **その他**…コートジボワール,ガーナのカカオ,ケニアの茶,コーヒー,サイザル麻,中央アメリカ諸国のバナナなど。多角化の動き。

> **要点** プランテーション農業の変化
> ➡ 単一耕作(モノカルチャー)から多角化へ

2 旧ソ連や中国の集団的農業

1. **集団的農業** 生産手段が公有化され,国家の指導・計画に基づき行われる農業。社会主義国に多くみられた。

2. **旧ソ連** コルホーズ(集団農場)やソフホーズ(国営農場)が農業生産の基盤となっていたが,次第に農民の生産意欲が衰え,ソ連解体により全面的に見直された。現在のロシアでは,企業や個人農などによる生産に変化している。

3. **中国** 1979年に**人民公社**を解体して,**生産責任制**が導入された。これは,農家ごとに生産を請け負わせ,一定量を国に供出すれば,残りは各農家の所有とする制度である。各農家は所有した農作物を自由市場に出荷できるようになり,生産は増大した。農家の中には,かつては万元戸→現在は百万元戸,億元戸とよばれる富農も生まれている。近年,野菜など日本への輸出が急増している。

5章 農林水産業と食料問題

> **要点**
> 集団的農業
> ├ 旧ソ連…コルホーズやソフホーズ
> │　➡ 現在のロシアでは企業や個人農
> └ 中国…人民公社 ➡ **生産責任制**

3 おもな農産物の統計

順位は年により変動するので，上位の国々を大まかに覚えておくこと。

米の生産		小麦の生産		とうもろこしの生産		大豆の生産	
中国	29.3 %	中国	17.7 %	アメリカ	37.4 %	アメリカ	34.6 %
インド	17.9	インド	12.4	中国	21.0	ブラジル	26.2
インドネシア	9.9	アメリカ	9.2	ブラジル	6.6	アルゼンチン	20.1
バングラデシュ	7.3	ロシア	6.4	メキシコ	2.8	中国	5.8
ベトナム	6.0	フランス	5.9	アルゼンチン	2.7	インド	3.8
計…6億7202万トン		計…6億5088万トン		計…8億4441万トン		計…2億6158万トン	

コーヒー豆の生産		カカオ豆の生産		茶の生産		綿花の生産	
ブラジル	34.4 %	コートジボワール	29.4 %	中国	32.5 %	中国	25.4 %
ベトナム	13.2	インドネシア	19.1	インド	21.9	インド	24.2
インドネシア	9.6	ガーナ	14.9	ケニア	8.8	アメリカ	16.8
コロンビア	6.2	ナイジェリア	10.1	スリランカ	6.2	パキスタン	8.3
インド	3.5	カメルーン	6.2	トルコ	5.2	ウズベキスタン	4.8
計…836万トン		計…423万トン		計…452万トン		計…2349万トン	

牛肉の生産		豚肉の生産		鶏卵の生産		羊毛の生産	
アメリカ	19.3 %	中国	47.3 %	中国	37.5 %	中国	18.9 %
ブラジル	11.2	アメリカ	9.3	アメリカ	8.5	オーストラリア	18.7
中国	10.0	ドイツ	5.0	インド	5.4	ニュージーランド	8.1
アルゼンチン	4.2	スペイン	3.1	日本	4.0	イギリス	3.3
オーストラリア	3.4	ブラジル	2.8	メキシコ	3.7	イラン	2.9
計…6233万トン		計…1億922万トン		計…6357万トン		計…123万トン	

さとうきびの生産		バナナの生産		ワインの生産		牛乳の生産	
ブラジル	42.7 %	インド	31.2 %	イタリア	17.5 %	アメリカ	14.6 %
インド	16.5	中国	9.6	フランス	17.3	インド	8.4
中国	6.6	フィリピン	8.9	スペイン	13.8	中国	6.0
タイ	4.1	エクアドル	7.8	アメリカ	8.4	ロシア	5.3
計…16億8545万トン		計…1億212万トン		計…2622万トン		計…5億9944万トン	

米の輸出		米の輸入		小麦の輸出		小麦の輸入	
タイ	27.3 %	フィリピン	7.6 %	アメリカ	17.4 %	エジプト	6.7 %
ベトナム	21.0	ナイジェリア	6.0	フランス	13.7	イタリア	4.7
パキスタン	12.8	サウジアラビア	4.1	カナダ	11.6	ブラジル	4.5
アメリカ	11.5	イラン	3.6	オーストラリア	10.0	オランダ	3.7
計…3277万トン		計…3119万トン		計…1億6105万トン		計…1億5923万トン	

(2010年)(「世界国勢図会」による)

28 世界の林業と水産業

1 林業の立地

1 熱帯林の地域 重要
①**特色**…常緑広葉の加工しにくい硬木が多い。薪や炭にする**薪炭材**(しんたん)のほか、近年、建築材やパルプにする**用材**として利用されるようになり、伐採が進んでいる。

②**地域**…タイやインドの**チーク**(船舶材、家具材)、フィリピンやインドネシアの**ラワン**(建築用材)、カリブ海沿岸の**マホガニー**(家具材)など。

2 温帯林の地域
①**特色**…広葉樹と針葉樹の混合林。古くから開発され、人工林が多い。

②**地域**…ドイツの**シュヴァルツヴァルト**(→p.56)、チューリンゲンヴァルトなど。

3 亜寒帯林の地域 重要
①**特色**…加工しやすい軟木(なんぼく)のため、森林資源として最も広く利用される。

②**地域**…ユーラシアや北アメリカの北部に広がる針葉樹林(**タイガ**)は、樹種がそろっており、建築材やパルプとして利用。

2 原木の生産

1 針葉樹の用材
アメリカ、ロシア、中国、カナダなど。ロシア、カナダは世界最大の木材輸出国。

2 広葉樹の薪炭材
インド、ブラジル、中国、インドネシア、エチオピアなど。

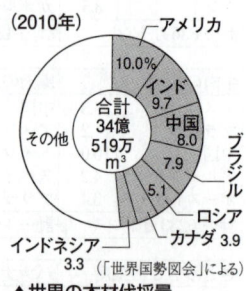

(2010年) 合計 34億519万m³
アメリカ 10.0%／インド 9.7／中国 8.0／ブラジル 7.9／ロシア 5.1／カナダ 3.9／インドネシア 3.3／その他
(「世界国勢図会」による)

▲世界の木材伐採量

> **要点**
> **熱帯林**…広葉樹。**薪炭材**などに利用。伐採が進む
> **温帯林**…広葉樹と針葉樹。開発が古く**人工林**が多い
> **亜寒帯林**…針葉樹の純林(**タイガ**)。**用材**として利用

3 水産業の立地

1 水産業のすがた
①**漁業**…天然の水産資源(魚介類や藻)を採取する。

②**養殖業**…水産資源を人工的に増やす水産業。かき，のりなどの**海面養殖**と，ます，こい，うなぎ，あゆなどの**内水面養殖**がある。日本では，真珠，はまち，ほたて貝などの海面養殖もさかん。

③**水産加工**…水産資源を原料として加工する。かんづめと，肥料や飼料にする**フィッシュミール**(魚粉)の製造→ペルーの**アンチョビ**(かたくちいわし)加工などが中心。

2 漁場の成立条件

①**自然的条件**…プランクトンの多い水域。**潮境**(潮目)や**大陸棚**上の**バンク**(浅堆)は，魚種，漁獲量ともに豊富。

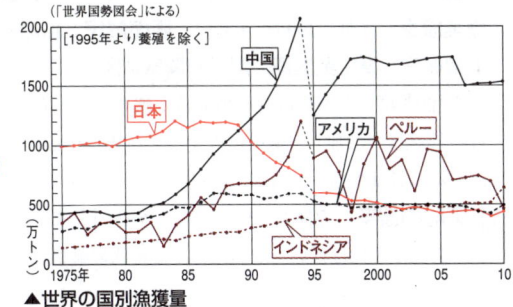

②**社会的条件**…消費地に近いこと。資本，技術，労働力が豊富なこと。

▲世界の国別漁獲量

4 世界の漁場 重要

1 漁場の変化
大規模で効率的な漁業が発展したため，水産資源の枯渇が問題になり，1970年代以降，沿岸国は**200海里**の水域で漁場の主権(**排他的経済水域**)(→p.152)を主張するようになった。その結果，漁場は減少した。

2 世界の三大漁場

①**太平洋北西部漁場**…世界最大の漁場。日本列島の周辺で，暖流の**黒潮**(**日本海流**)と**対馬海流**，寒流の**親潮**(**千島海流**)と**リマン海流**が流れ，東シナ海には大陸棚が広がる。

②**大西洋北東部漁場**…**北海**を中心に大陸棚やバンクがある。寒流の東グリーンランド海流と暖流の北大西洋海流が流れる。

③**大西洋北西部漁場**…**ニューファンドランド島**周辺。暖流のメキシコ湾流と寒流のラブラドル海流が流れる。

3 その他の漁場
太平洋北東部漁場や太平洋南東部漁場など。

> **要点** 漁場 { 寒流と暖流の**潮境**，大陸棚やバンク
> 水産資源の枯渇 ➡ 200海里の**排他的経済水域**の設定

29 日本の農業

1 日本の農業の特色 重要

1. **農家の分類** 以前は、農業だけで生活する**専業農家**と、農業外所得がある**兼業農家**に区分。1995年からは、**販売農家**と**自給的農家**に分け、販売農家を**主業農家**、**準主業農家**、**副業的農家**に区分。
   <small>→農業外所得が中心 →65歳未満の者がいない農家</small>

2. **零細経営** 農家の経営耕地面積が狭い。そのため、自給作物だけを栽培する自給的農家が増加し、販売農家で農業所得が中心の**主業農家**が減少。農業に就労する若者は少なく、農家の**高齢化**が進んでいる。

3. **集約的農業** 労働力と資本の投下が多い農業のこと。土地生産性はやや高いが、労働生産性は低い。そのため、農産物の価格は高くなり、外国の安価な農産物におされている。(→p.64)

4. **稲作中心の農業** **食糧管理制度**のもと、政府が買い入れ価格を保障したので、稲作は安定した。しかし、消費量の減少から生産過剰となり、1969年からは、**生産調整**(作付制限・転作=**減反**)が行われてきた。1995年からは、食糧管理制度が廃止され、米の自由販売が認められ、米の輸入も始められた。近年、稲作をめぐる環境はきびしくなっている。減反政策は2018年に廃止された。

> **要点** 日本の農業
> - 零細経営…主業農家が減少。高齢化
> - 集約的農業…労働生産性が低い ➡ 安い輸入品におされる
> - 稲作中心…流通自由化、輸入増

2 おもな農産物の生産

1. **米** 全国的に栽培。北海道や東北、北陸の各県でとくに生産量が多い。コシヒカリなど味のよい**銘柄米**(ブランド米)の生産に力を入れる農家が多い。

2. **野菜** 戦後、急速に生産量が増加。近年、中国などからの輸入が急増している。高知県、宮崎県などでは、ビニルハウスや温室などの施設園芸が発達し、ピーマン、なすなどの**促成栽培**がさかん。長野県、群馬県の高原などでは、キャベツなどの**抑制栽培**がさかん。大都市近郊でも、野菜の生産がさかん。
   <small>→時期を早めて栽培・出荷する／→時期を遅らせて栽培・出荷する</small>

3. **果実** 和歌山県、愛媛県などでみかん、青森県、長野県などでりんご。輸入自由化により、競争がきびしい。

4 畜産 戦後，急速に生産量が増加。しかし，とうもろこしなどの飼料は大量に輸入。牛肉などの輸入自由化が進み，競争がきびしい。北海道で乳牛，肉牛，鹿児島県，宮崎県で肉牛，豚，肉用若鶏(わかどり)の飼育がさかん。

5 その他 小麦，大豆は輸入におされ，生産量，自給率とも激減した。いも類は，北海道でじゃがいも，鹿児島県でさつまいも。

3 日本の農業の課題 重要

1 現状 農家の減少，高齢化が進み，**食料自給率**は低下。1990年代以降，食中毒事件，**BSE**（←牛海綿状脳症）や**鳥インフルエンザ**など家畜の感染症問題，**遺伝子組み換え作物**の流通，産地偽装表示などの問題が発生し，食の安全性も注目される。(→p.63)

2 対策 会社方式で農業を営む**農業生産法人**の参入や，集落単位で農業を営む**集落営農**などによって，新しい担い手を増やす。日本の農産物は高品質で安全であり，ブランド農産物の輸出が進んでいる。食料自給率の低下には，**地産地消**(地元で生産された農産物を地元で消費)の促進，食の安全性には，**トレーサビリティ**(食品の生産，流通，販売の履歴(りれき)情報を管理)の実施があげられる。

> **要点** 日本の農業の課題
> ①農家の減少 ➡ 農業生産法人，集落営農
> ②食料自給率の低下 ➡ **地産地消**
> ③食の安全性 ➡ **トレーサビリティ**の実施

	日　本	アメリカ	フランス
小　麦	11 %	171 %	157 %
野菜類	83	92	73
果実類	41	68	63
肉　類	58	108	100
牛乳や乳製品	71	99	115

▲各国の食料自給率(2007年，日本は2009年)
(「日本国勢図会」による)

耕地面積	水田250万ha 畑　210万ha	国土面積の12.2%
総農家数		253万戸
販売農家 (163万戸)	主業農家……… 36万戸(22.1 %) 準主業農家… 39万戸(23.9 %) 副業的農家… 88万戸(54.1 %)	
販売農家1戸あたりの耕地面積……2.0ha 経営耕地が1ha未満の農家(都府県)…56 %		

▲日本の耕地と農家(2010年)(「日本国勢図会」による)

▼日本の農産物の輸入(2011年)(「日本国勢図会」による)

小麦		野菜		果実		肉類	
アメリカ	56.1 %	中国	51.5 %	アメリカ	22.3 %	アメリカ	26.7 %
カナダ	23.5	アメリカ	17.6	フィリピン	22.0	オーストラリア	14.9
オーストラリア	20.0	韓国	5.6	中国	18.0	ブラジル	11.3
		タイ	4.4	ニュージーランド	6.0	中国	9.7
計…2158億円		計…3951億円		計…3756億円		計…1兆672億円	

30 日本の林業と水産業

1 日本の林業と森林資源

1 林業地域
①森林帯…温帯林が中心で、シイ、カシ、クスなどの常緑広葉樹(照葉樹)が多い。北海道や中央高地には亜寒帯林、南西諸島には亜熱帯林がある。
②森林所有…森林の約半分が**私有林**で、紀伊山地など西日本で割合が大きい。また、約30％は**国有林**で、北海道と東北に多い。そのほかに公有林がある。

2 森林資源の需給 重要
地形がけわしいこと、零細経営、安い外材の輸入増、戦後に植林した若木の比率が高いこと、労働者の高齢化などから、生産は停滞している。そのため、**世界有数の木材輸入国**である。輸入先は、オーストラリア、カナダ、アメリカなど。

> **要点**
> 日本の林業…けわしい地形で零細経営
> ➡ 安い外材(オーストラリア、カナダ、アメリカなど)におされる

2 日本の水産業の特色と課題 重要

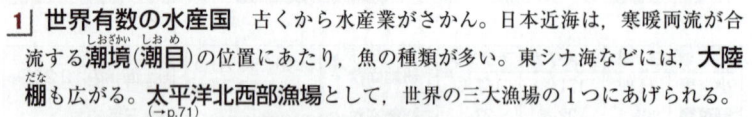

1 世界有数の水産国
古くから水産業がさかん。日本近海は、寒暖両流が合流する**潮境(潮目)**の位置にあたり、魚の種類が多い。東シナ海などには、**大陸棚**も広がる。**太平洋北西部漁場**として、世界の三大漁場の1つにあげられる。

2 多い零細漁家
沿岸漁業に従事する零細漁家が多い。漁師1人あたりの漁獲高はきわめて少なく、兼業漁家が中心。

3 漁獲量の減少
日本の漁獲量は、1980年代半ばをピークに激減している。世界的にも乱獲や水質環境の悪化により、水産業をとりまく状況はきびしい。

4 水産物の輸入
日本は**世界有数の水産物輸入国**で、えび、まぐろ、さけ・ます、かに、いか、たこなど多種におよぶ。輸入相手国は、中国、チリ、タイ、ロシア、アメリカなど。

5 後継者不足
農業、林業と同じく、高齢化による後継者不足も深刻。

6 水産資源の有効利用
養殖業や栽培漁業など「**育てる漁業**」の技術開発、水産資源の有効利用などが求められている。

| 要点 | 日本の水産業 | 世界有数の水産国。**世界最大の水産物輸入国**
零細経営，漁獲量の減少，後継者不足などの問題 |

3 漁業の種類と動向

1] **沿岸漁業** 日帰りできる範囲内で漁をする。漁船数は多いが，小規模な動力船が中心で，半農半漁の形態が多い。沿岸の埋め立て地の増加，海水の汚染(**赤潮**の発生)，乱獲による水産資源の減少などにより，漁場は縮小している。

2] **沖合漁業** 中小の漁業会社や漁家により，1日〜数日間の範囲で操業する。1990年代から漁獲量は激減している。巻き網漁，底引き網漁などがさかん。

3] **遠洋漁業** 大資本の水産会社によるものが主。1970年代，2度にわたる石油危機による燃料費の高騰や，200海里の**排他的経済水域**を設定する国の増加などにより，漁獲量は減少した。オホーツク海，千島列島近海から北太平洋にわたる北洋漁業では，さけ・ます，かになどをとる。南太平洋ではまぐろのはえ縄漁，インド洋から南大西洋では底引き網漁が行われている。

4] **育てる漁業** これまでの「とる漁業」から，養殖業や栽培漁業など「育てる漁業」への転換が進行。しかし，育てる漁業も，漁獲量は横ばいである。

①**養殖業**…稚魚や稚貝をとってきて，人工の生けすなどで育てる漁業。広島湾や松島湾の**かき**，瀬戸内海のはまち，くるまえび，志摩半島沿岸の**真珠**，浜名湖周辺の**うなぎ**，北海道の**こんぶ**，わかめ，ほたて貝など。

②**栽培漁業**…卵をふ化させ，ある程度まで育てた後で，自然の海に放流する。瀬戸内海のくるまえび，たい，北海道のさけ・ますなど。

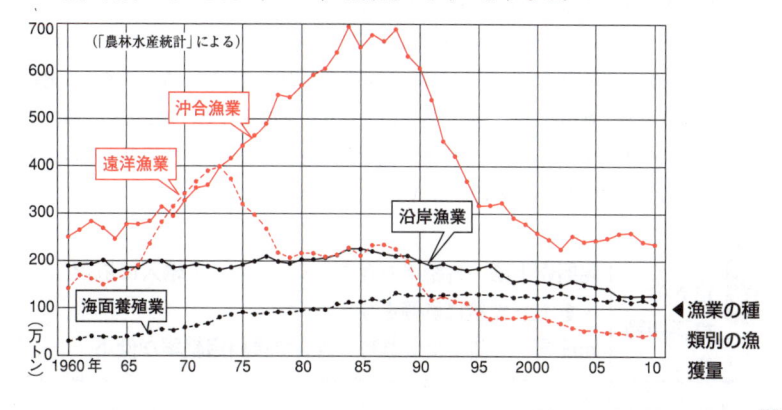

◀漁業の種類別の漁獲量

31 食料問題

1 世界の食料需給と食料問題

1│小麦と米　小麦は世界的に栽培される。米は自給的な色彩が強く，アジアで90％が生産される。生産・輸出・輸入量は，p.69の表参照。

2│嗜好作物　茶，コーヒー，カカオ，さとうきびなど，プランテーション作物がおもである。熱帯の産地から先進国へ輸出される。

3│発展途上国の食料 重要
① **少ない食料生産**…食料生産が人口増加に追いつかず，主食の穀物などを輸入に依存する例が多い。栄養不足，**飢餓**といった食料問題が深刻。
② **食料問題の要因**…アフリカ，南・東南アジアなどでは，プランテーションでの先進国向けの嗜好作物の生産により，自給用の食料生産が圧迫されてきた。また，前近代的な**大土地所有制**が残り，生産性向上の障害になっている。先進国からの農産物の大量輸入によって，国内生産が破壊される例も多い。

4│先進国の食料 重要
① **生産過剰**…先進国では，供給過多による価格暴落を防ぐため，主要農産物について，政府が支持価格を決めている例が多い。しかし，価格が保証されると，生産過剰に陥りやすい。
② **食料自給率の低下**…農業の生産性の低い先進国では，輸入農産物によって国内の農業は圧迫され，食料自給率が低下しやすい。国際的な食料不足による食料危機が発生すると，対応が難しくなる。
③ **オリジナルカロリー**…肉や卵などの畜産物のカロリーを，それらの生産に必要な飼料のもつカロリーで計算したもの。この考え方によると，多くの肉類を消費する先進国は，はるかに多量のカロリーを消費していることになる。その肉類を生産するための飼料作物の生産が，発展途上国の自給用農産物の生産を圧迫し，食料不足につながっているともいえる。

要点　世界の食料問題
発展途上国…自給用の食料生産が少なく，輸入に依存
↑食料需給に影響を与える
先進国…一部で生産過剰，他方で**食料自給率が低下**

2 日本の食料需給と食料問題

1 日本の食料需給

①**日本型食生活**…米を主食として，畜産物，水産物，野菜，果実などの多様な副食を摂取する。和食は，供給熱量に占めるたんぱく質，脂質，炭水化物の栄養バランスが適正である。

②**食生活の変化**…戦後，米の消費量が減少し，油脂類や畜産物の消費が増えた。その結果，栄養バランスは崩れてきている。最近は，食生活の多様化，高級化，個性化が進み，「飽食の時代」といわれる。

③**食料自給率の低下**…日本は世界各国から食料品を大量に輸入している。中でも魚介類の輸入量が最大で，最近は野菜の輸入が増加している。農産物の輸入自由化もあり，食料自給率は低下している。

2 日本の食料問題 重要

農産物の輸入自由化や，食料自給率の低下，遺伝子組み換え作物の流通，食の安全性の問題など(くわしくは，p.73)。その他に，次のような問題もあげられる。

①**食品ロス**…食べられる状態にあるにも関わらず，廃棄される食品のこと。主な原因として，小売店での売れ残りや期限切れ，製造過程で発生する規格外品，飲食店や家庭での食べ残しなどがあげられる。2010年度の日本の食品ロス量は500〜900万トンで，年間の食品廃棄量の約29〜47％に相当する。

②**仮想水(バーチャルウォーター)**…食料などを輸入して消費する国で，仮にその分の食料を生産するとしたら，どれだけの水が必要となるかを算出したもの。例えば，牛肉1キロの生産に20.6トン，豚肉1キロに5.9トン，大豆1キロに2.5トンの水が使われるという。2005年に日本が輸入した仮想水の量は約800億m³で，日本国内で1年間に使用される水の量とほぼ同じである。

③**フードマイレージ**…輸入農産物が環境に与えている負荷を数値化したもの。「食料輸入量×輸送距離(単位：トンキロ)」で算出する。生産地から食卓までの距離が短い食品を食べた方が，輸送にともなう環境負荷が少ないという考えに基づく。2010年の日本のフードマイレージは約8700億トンキロで，国内の年間貨物輸送量を上回り，アメリカの約3倍もある。

> **要点** 日本の食料問題…食品ロス，仮想水，フードマイレージなどの観点から，無駄が多く，海外依存度や環境負荷が高いことがわかる

要点チェック

↓答えられたらマーク　　　　　　　　　　　　　　　　　　わからなければ→

- [ ] **1** 農作物の栽培可能な限界線を，何というか。　　　　　　　p.62 **1** 1)
- [ ] **2** 著書『孤立国』の中で，市場との距離が，農業配置を決定すると論じた人物は，だれか。　　p.62 **1** 2)
- [ ] **3** 化学肥料・農薬の使用をひかえ，有機肥料を使用する農業を，何というか。　　p.63 **3** 1)
- [ ] **4** 特別の遺伝子を組み込んで害虫や農薬に対する耐性を強めた作物を，何というか。　　p.63 **3** 1)
- [ ] **5** 巨大な多国籍企業の穀物商社を，何というか。　　　　　　p.63 **3** 2)
- [ ] **6** 森林や草原を焼き払い，草木灰を肥料に作物を栽培する農業を，何というか。　　p.64 **1** 1)
- [ ] **7** 牧草を求めて家畜とともに移動する牧畜を，何というか。　p.64 **2** 1)
- [ ] **8** 単位面積あたりの収量（生産量）を，何というか。　　　　p.64 **3** 1)
- [ ] **9** 中世ヨーロッパで行われた，耕地を3区分して輪作を行う農業を，何というか。　　p.65 **4** 1)
- [ ] **10** 農作物栽培と家畜飼育を組み合わせる農業を，何というか。　p.66 **1** 2)
- [ ] **11** 都市向けの草花，果実などを出荷する農業を，何というか。　p.66 **1** 4)
- [ ] **12** アメリカでみられる肉牛の大規模肥育場を，何というか。　p.67 **3** 1)
- [ ] **13** アルゼンチンの企業的農業の中心となる平原を，何というか。p.67 **3** 2)
- [ ] **14** 熱帯や亜熱帯にみられる大規模な農園を，何というか。　　p.68 **1** 1)
- [ ] **15** 商品作物の単一耕作のことを，何というか。　　　　　　　p.68 **1** 1)
- [ ] **16** カカオ豆の生産がとてもさかんな西アフリカの国は，ガーナとどこか。　　p.68 **1** 3)
- [ ] **17** 中国で，農家ごとに生産を請け負わせ，一定量を国に供出すれば，残りは各農家の所有とする制度を，何というか。　　p.68 **2** 3)

答え

1 栽培限界　**2** チューネン　**3** 有機農業　**4** 遺伝子組み換え作物　**5** 穀物メジャー　**6** 焼畑農業　**7** 遊牧　**8** 土地生産性　**9** 三圃式農業　**10** 混合農業　**11** 園芸農業　**12** フィードロット　**13** パンパ　**14** プランテーション　**15** モノカルチャー　**16** コートジボワール　**17** 生産責任制

要点チェック

- **18** 建築材やパルプなどにする木材を，何というか。 p.70
- **19** ラワンやチークなどの樹木が生育する気候帯は，何か。 p.70
- **20** 水産資源を人工的に増やす水産業を，何というか。 p.71
- **21** 日本列島周辺の世界最大の漁場を，何というか。 p.71
- **22** 販売農家のうち農業所得が中心の農家を，何というか。 p.72
- **23** 労働力と資本の投下が多い農業のことを，何というか。 p.72
- **24** コシヒカリなど味がよく商標化された米を，何というか。 p.72
- **25** 集落単位で農業を営むことを，何というか。 p.73
- **26** 地元で生産された農産物を地元で消費する取り組みを，何というか。 p.73
- **27** 食品の生産，流通，販売の履歴（りれき）情報を管理することを，何というか。 p.73
- **28** 日本の森林の所有形態で，約半分を占めるのは，私有林と国有林のどちらか。 p.74
- **29** 港から日帰りできる範囲内で魚をとる漁業を，何というか。 p.75
- **30** 港から1日〜数日間の範囲で操業し，日本では1990年代から漁獲量が激減している漁業を，何というか。 p.75
- **31** 20の形態の水産業で，広島湾と松島（まつしま）湾で共通してさかんに育てられる水産物は，何か。 p.75
- **32** 卵をふ化させ，ある程度まで育てた後で，自然の海に放流する漁業を，何というか。 p.75
- **33** アジアで約90％が生産される主食となる穀物は，何か。 p.76
- **34** 肉や卵などの畜産物のカロリーを，それらの生産に必要な飼料のもつカロリーで計算したものを，何というか。 p.76
- **35** 食べられる状態にあるにも関わらず，廃棄される食品のことを，何というか。 p.77
- **36** 「食料輸入量×輸送距離」で計算され，輸入農産物が環境に与えている負荷を数値化したものを，何というか。 p.77

答え
18 用材　**19** 熱帯　**20** 養殖業　**21** 太平洋北西部漁場　**22** 主業農家　**23** 集約的農業　**24** 銘柄米（ブランド米）　**25** 集落営農　**26** 地産地消　**27** トレーサビリティ　**28** 私有林　**29** 沿岸漁業　**30** 沖合漁業　**31** かき　**32** 栽培漁業　**33** 米　**34** オリジナルカロリー　**35** 食品ロス　**36** フードマイレージ

32 エネルギー資源①

1 エネルギー資源

1 エネルギー資源の種類
① **1次エネルギー**…化石エネルギーの石炭, 石油, 天然ガス, 核エネルギーの原子力, 自然エネルギーの水力, 風力など。
② **2次エネルギー**…1次エネルギーから転換したエネルギーで, 電力や木炭(炭)など。

2 エネルギー資源の利用の変遷 重要
①**産業革命以前**…人力, 畜力, 風車や帆などの風力, 水車の水力などに依存。
②**産業革命以後**…蒸気機関の発明により, 石炭がエネルギー資源の主力となった。19世紀末になると, 内燃機関の発達によって, 石油が利用され始め, 発電機の実用化によって, 2次エネルギーである電力の利用が始まった。
③**エネルギー革命**…1960年代になって, それまでの**石炭から石油**に, エネルギーの中心が転換した。

3 今日のエネルギー資源の利用
世界的に, 石油への依存が強い。石油は石炭に比べて, ①価格が安い, ②熱効率が高い, ③大型タンカーにより輸送費が安いなどの利点がある。逆に, ①油田が偏在している(おもに新しい褶曲構造の背斜部にある)(→p.23), ②石油資源の埋蔵量に限界があるなどの短所がある。

> **要点**
> エネルギー資源…1次エネルギーと2次エネルギー
> ➡ 1960年代以降, 石炭から石油へ(**エネルギー革命**)

2 石 炭

1 石炭の分布
世界的に分布し, 埋蔵量が豊かである。おもな炭田は**古期造山帯**に多い。(→p.22)

2 世界のおもな炭田 重要
①**中国**…埋蔵量・生産量とも多い。華北の**タートン炭田**(中国最大), カイロワン炭田, 東北の**フーシュン炭田**など。
②**ロシア**…西シベリアの**クズネツク炭田**, ウラル山脈の**ウラル炭田**など。

③ **ヨーロッパ**…ウクライナの**ドネツ炭田**，ポーランドのシロンスク炭田，ドイツのルール炭田，ザール炭田，イギリスのランカシャー炭田など。
④ **アメリカ**…埋蔵量・生産量とも多い。露天掘りのため，機械化が進み，生産効率も高い。**アパラチア炭田**，中央炭田，ロッキー炭田など。
⑤ **オーストラリア**…東部の**グレートディヴァイディング山脈**山麓にボウエン炭田，ハンター炭田などがあり，輸出量が多い。
⑥ **その他**…インドの**ダモダル炭田**，カザフスタンの**カラガンダ炭田**，南アフリカのトランスヴァール炭田など。

生産		輸出		輸入	
中国	54.2 %	オーストラリア	29.1 %	日本	18.4 %
インド	9.7	インドネシア	23.2	中国	14.1
アメリカ	8.6	ロシア	11.7	韓国	11.1
オーストラリア	5.4	コロンビア	7.4	インド	8.2
インドネシア	4.6	南アフリカ	5.8	ドイツ	4.3
南アフリカ	4.6				
ロシア	3.8				
カザフスタン	1.7				
ポーランド	1.4				
コロンビア	1.3				
計…54億8096万トン		計…8億9877万トン		計…8億9286万トン	

▲石炭のおもな生産，輸出・輸入国(2009年)(「世界国勢図会」による)

> **要点** 石炭…世界的に分布。炭田は**古期造山帯**に多い
> ➡ 中国，インド，アメリカ，オーストラリアなど

3 石油の開発と産油国

1 石油の開発 油田の開発には，高度の技術と巨額の資本が必要なため，先進国の**メジャー**(**国際石油資本**)が，世界の油田を支配し，開発，生産，輸送，販売を独占してきた。産油国は，わずかの利権料をうけとるだけであった。

2 産油国の団結 重要 メジャーに対抗して産油国は，1960年に**石油輸出国機構**(**OPEC**。西アジア，アフリカ，ラテンアメリカの主要産油国が加盟)を結成。**資源ナショナリズム**をかかげ，石油価格の引き上げ，石油産業の国有化などを進めた。西アジアや北アフリカのアラブの産油国は，1968年に**アラブ石油輸出国機構**(**OAPEC**)を結成し，石油戦略により民族的利益をはかるようになった。実際に，1973年の第4次中東戦争の際に産油量を制限し，原油価格の急騰で**石油危機**(**オイルショック**)が起こった。

> **要点** 石油の開発…先進国の**メジャー**が中心
> 産油国の団結…**OPEC**，**OAPEC**などの結成 ➡ 資源ナショナリズム

33 エネルギー資源②

1 石油と天然ガス

1 石油の分布 油田の分布は偏在し,西アジア(**ペルシア湾**沿岸)やロシア,アメリカなどに多い。

2 世界のおもな油田 重要

①**中国**…東北の**ターチン油田**,華北の**ションリー油田**など。世界有数の生産国だが,消費量が多いため輸入量も多い。

②**西アジア**…ペルシア湾沿岸に大規模油田が多い。サウジアラビアの**ガワール油田**(世界最大級),クウェートのブルガン油田,イラクのキルクーク油田など。イラン,アラブ首長国連邦などにも。

③**アフリカ**…リビア,アルジェリアがサハラ砂漠に,ナイジェリアがニジェール川河口に油田をもつ。 ←ハシメサウド油田 ←ポートハーコート油田

④**ロシア**…ヴォルガ・ウラル油田,西シベリアの**チュメニ油田**など。

⑤**アメリカ**…メキシコ湾岸油田,カリフォルニア油田,アラスカ州のプルドーベイ油田など。中国と同じで,世界有数の生産国かつ輸入国。

⑥**その他**…インドネシアのミナス油田,アゼルバイジャンのバクー油田,イギリス,ノルウェーの**北海油田**,メキシコのカンタレル油田,ベネズエラの**マラカイボ油田**など。

3 天然ガス 石油よりクリーンな燃料として重要性が高まっている。低温で液化(**液化天然ガス**)させて輸送する。アメリカ,ロシア,カナダの生産量が多い。 ←LNG

生産(2011年)				輸出(2009年)		輸入(2009年)	
ロシア	14.2 %	カナダ	4.0 %	サウジアラビア	15.7 %	アメリカ	22.6 %
サウジアラビア	12.8	メキシコ	3.5	ロシア	12.5	中国	9.6
アメリカ	7.8	アラブ首長国連邦	3.4	イラン	5.8	日本	8.0
中国	5.6	クウェート	3.4	ナイジェリア	5.2	インド	7.5
イラン	4.9	ベネズエラ	3.4	アラブ首長国連邦	5.0	韓国	5.5
計…42億2257万kL				計…19億8574万トン		計…21億1054万トン	

▲石油のおもな生産,輸出・輸入国(「世界国勢図会」による)

> **要点** 石油…油田の分布は偏在。西アジア(**ペルシア湾**沿岸),ロシア,アメリカ,中国など

2 電力

1 水力発電 発電所が消費地に遠い山間部などに立地するため，送電費，建設費は高いが，長期的な経済性にはすぐれる。ダム建設による環境破壊が問題。

2 火力発電 重要 1960年代から発電の主力。発電所が消費地の近くでも建設できるため，送電費が安く，また建設費も安い。化石燃料を燃やすため，大気汚染，地球温暖化，酸性雨をまねく原因となる。資源の枯渇も問題。

3 原子力発電 重要 1970年代から増加。原料となる**ウラン**の生産・埋蔵は偏在(カザフスタン，カナダ，オーストラリアなど)。発電所は人口密度が低く取水に便利な河川ぞいや海岸部に立地。発電コストは最もすぐれているが，高度な技術と巨額の資本が必要。また，**スリーマイル島**(アメリカ)，**チェルノブイリ**(旧ソ連(現ウクライナ))，**福島**の原子力発電所事故のように，安全性や廃棄物の処理などの問題がある。

4 世界のおもな国の発電 重要
①**火主水従**…火力が中心。アメリカ，中国，日本，ロシア，インド，ドイツなど。
②**水主火従**…水力が中心。カナダ，ブラジル，ノルウェーなど。
③原子力発電の割合の高い国…**フランス**(70％以上)や韓国など。新興国で原発推進の動きがある一方，福島の事故をうけて，脱原発の動きも。

> **要点 電力**
> 水力発電…経済性にすぐれる。高い建設費，環境破壊の問題
> 火力発電…建設費が安い。環境破壊，資源の枯渇の問題
> 原子力発電…発電コストが低い。安全性や廃棄物処理の問題

3 新たなエネルギー資源 重要

1 石油代替エネルギー 石油の埋蔵量には限界があるため，地中深い頁岩層から採取する**シェールガス**や，石油分を含む**オイルシェール**(油母頁岩)，**オイルサンド**(油砂)の開発が進む。日本近海にも大量に埋蔵されている**メタンハイドレート**(メタンガスが低温，高圧の状態で固まったもの)も注目される。

2 再生可能エネルギー 自然環境の中でくり返し起こる現象から取り出すエネルギーの総称。①太陽光，水力，風力，地熱などの自然エネルギー，②**バイオマスエネルギー**(生物由来のエネルギー資源)，③廃棄物発電などのリサイクルエネルギーなど。枯渇の心配がなく，クリーンエネルギー。とうもろこしやさとうきびから製造される**バイオエタノール**は，アメリカやブラジルで自動車燃料として利用されている。

34 鉱産資源

1 世界の鉱業

1 先進国の鉱業 自国の資源だけでなく，発展途上国の資源に多く依存している。そのため，先進国の多国籍企業は，発展途上国の資源を支配し，多くの利益を先進国にもち去ってきた。(→p.112)

2 発展途上国の鉱業 重要 　いくつかの発展途上国は，豊かな資源をもちながら，技術と資本がないため，開発を先進国に許してきた。このような先進国の資源支配に反発し，自国資源の主権を確立し，それに基づく経済発展をめざそうとする動きを**資源ナショナリズム**という。

3 資源カルテル 資源ナショナリズムの動きのあらわれとして，資源などの1次産品の輸出国で，同盟が結成されている。生産量や価格を協定して，資源開発の利益を守ろうとしている。その代表的なものが**OPEC**であり，この影響を(→p.112) (→p.81)うけて結成されたものが多い。銅，鉄鉱石，ボーキサイトなどについても形成され，産出国の利益を守ろうとしている。

> 要点
> 鉱産資源 ┌ 先進国 ←────────┐
> 　　　　　│ 輸出↑↓技術・資本で支配　**資源ナショナリズム**で対抗
> 　　　　　└ 発展途上国

2 さまざまな鉱産資源の分布と開発

1 鉄鉱石 重要

①**アジア・アフリカ**…中国では，東北の**アンシャン鉄山**，華中のターイエ鉄山など。インドのシングブーム鉄山，南アフリカのシセン鉄山など。
　↳ダモダル炭田と結合

②**ヨーロッパ**…ロシアのクルスク鉄山，ウラル鉄山，ウクライナの**クリヴォイログ鉄山**，スウェーデンの**キルナ鉄山**，**マルムベリェト鉄山**など。
　↳ドネツ炭田と結合

③**南北アメリカ**…アメリカの**メサビ鉄山**（五大湖の水運を利用し輸送），ブラジルの**イタビラ鉄山**，**カラジャス鉄山**，カナダのラブラドル鉄山など。
　　　　　　　　　　　　　　↳世界最大級の埋蔵量

④**オーストラリア**…西部の台地が主産地。ピルバラ地区のマウントホエールバック鉄山，マウントトムプライス鉄山など。中国への輸出量が多い。

生産(2010年)				輸出(2009年)		輸入(2009年)	
中国	25.9 %	インド	11.5	オーストラリア	41.2 %	中国	65.3 %
オーストラリア	21.2	ロシア	4.6	ブラジル	28.8	日本	11.0
ブラジル	18.8	ウクライナ	3.4	インド	9.8	韓国	4.4
計…12億8000万トン				計…9億2462万トン		計…9億6198万トン	

▲鉄鉱石のおもな生産, 輸出・輸入国(「世界国勢図会」による)

2 銅 重要 　電気の伝導がよく, 電気事業の発展とともに需要が増大。**チリ**(チュキカマタ銅山), **ペルー**, 中国, アメリカ(ビンガム銅山), ザンビア北部からコンゴ民主共和国の南部にかけての地域(**カッパーベルト**)など。

3 鉛・亜鉛 　中国, オーストラリア, アメリカ, ペルーなど。

4 すず 　ブリキ, ハンダなどの用途。中国, インドネシア, ペルーなど。

5 ボーキサイト 重要 　**アルミニウム**の原料となる。**オーストラリア**(ウェイパ, **ゴヴ**などの鉱山), 中国, ブラジル, インド, ギニア, ジャマイカなど。アルミニウムの生産では, 安価な電力が豊富な中国, ロシア, カナダなど。

6 金 重要 　中国, オーストラリア, アメリカ, ロシア, 南アフリカ(ヨハネスバーグ付近)など。

7 銀 重要 　メキシコ, ペルー, 中国, オーストラリアなど。

8 ダイヤモンド 重要 　ロシア, ボツワナ, コンゴ民主共和国, カナダ, オーストラリア, 南アフリカ, アンゴラなど。

9 レアメタル(希少金属) 重要 　天然の存在量が少ない金属。超伝導材料や特殊合金に利用されるなど, 先端技術産業には欠かせない。ニッケル(ロシア, インドネシア), クロム(南アフリカ), チタン(オーストラリア), タングステン(中国), マンガン(中国, オーストラリア, 南アフリカ), コバルト(コンゴ民主共和国), プラチナ(南アフリカ)など。

10 レアアース 重要 　希土類元素のことで, レアメタルの一部。先端技術産業には欠かせない材料。**中国**での産出が圧倒的。

11 都市鉱山 重要 　携帯電話などの家電製品などには, 貴金属やレアメタルが使われており, これらの有用な物質を再生可能な資源とみなして, それが廃棄されて集まる都市を1つの鉱山とみなそうとする概念。先端技術産業を基幹産業とする日本にとっては, 重要なリサイクル資源である。

要点 さまざまな鉱産資源…鉄鉱石, 銅, 金, 銀, レアメタル, レアアースなど
➡ 都市にねむる鉱産資源(都市鉱山)も重要

35 工業と工業立地

1 工業の発展

1│工業化 工業の発展は，生活物資を豊富にし，雇用機会や所得の増加などで，生活水準を上昇させる。その反面，機械化による労働や生活の単純化，都市への人口集中による弊害，公害の発生など，人間生活に悪い影響もおよぼす。

2│産業革命以前の工業 中世には手工業による家内工業が成立。それが問屋制家内工業→工場制手工業(マニュファクチュア)へと発展した。

3│産業革命 重要　18世紀後半，**イギリス**で始まる。蒸気機関や動力機械の発明などで**工場制機械工業**に移行し，工業生産が急速に拡大。その後，フランス，ドイツ，アメリカ，ロシア，日本へと工業化が広がっていった。

4│近代工業 重要　20世紀にはいると，電気の利用や科学の応用，流れ作業方式の導入による生産時間の短縮，製品の標準化・低価格化が進んだ。第二次世界大戦後は，オートメーション化と大規模化，各種の**技術革新(イノベーション)**が進み，工業生産は飛躍的な発展をとげた。

5│工業の分類 重要

①**軽工業**…比較的軽い消費財を生産する工業。繊維工業，食料品工業，窯業(陶磁器，ガラス，セメントなど)，紙・パルプ工業など。

②**重化学工業**…比較的重い生産財を生産する金属工業と機械工業をあわせて**重工業**という。重工業と化学工業をあわせて，重化学工業という。

③**先端技術(ハイテク)産業**…新素材，バイオテクノロジー，エレクトロニクス，情報技術(IT)などの分野。

> **要点**
> **産業革命**…18世紀後半にイギリスから。**工場制機械工業**へ
> **近代工業**…さまざまな**技術革新(イノベーション)**により発展
> **工業の分類**…軽工業，重化学工業，先端技術産業

2 工業の立地

1│ウェーバーの工業立地論 重要　→ドイツの経済学者　**生産費**が最も安い場所に工業が立地する。生産費の中でも**輸送費**，その次に労働費が大きな影響をもつ。

2│工業の立地条件　立地に影響をおよぼすもの。
①**自然的条件**…地形，気候，水など。
②**社会的条件**…資本・技術，労働力（労働費など），交通（輸送費など），市場，原料や燃料，関連企業の集積，国の政策など。

3│立地による工業の分類【重要】

原料指向型	重量の大きい原料，製品に比べて重い原料を用いる工業は，**原料産地**に立地	セメント，金属，製材・パルプ，陶磁器など
市場指向型	重量の変化は小さく，消費財をつくる工業は，**消費地（大都市）**に立地	印刷，清涼飲料水，ビール，高級衣服など
交通指向型	輸入原料を用い，輸出が多い工業は，臨海地域の港湾に立地	鉄鋼，石油化学など
	軽量で高価な製品を生産する工業は，空港や高速道路の近くに立地	IC（集積回路），半導体などの電子部品など
労働力指向型	単純な労働を多く必要とする工業は，労働力が豊富で安価な地域に立地	縫製品，各種の組み立て工業など
電力指向型	豊富で安価な電力を得られる工業	アルミ精錬，化学肥料など
用水指向型	豊富で安価な用水を得られる工業	紙・パルプ，鉄鋼，染織，酒醸造など

> **要点**　工業の立地…自然的条件，社会的条件。輸送費，労働費が重要
> ➡ **原料指向型，市場指向型，交通指向型，労働力指向型**など

3 工業立地の変化

1│工業の集積と分散　技術，施設の相互補完などの利点がある（**集積の利益**という）場合→工業地域へ集積。用地や用水の不足など，過度の集積による弊害がある（**集積の不利益**という）場合→分散へ。

2│グローバル化　経済のグローバル化の進展にともない，国境をこえて複数の国で経済活動を行う**多国籍企業**が増加している。その結果，工場の海外進出も増加し，国内では**産業の空洞化**が生じるおそれがある。

> **要点**　工業立地の変化
> ・集積の利益，不利益 ➡ 集積や分散
> ・グローバル化 ➡ 海外移転＝産業の空洞化

36 世界の工業地域①

1 西ヨーロッパ諸国の工業 重要

1 特色 産業革命後,近代工業の発祥地。第二次世界大戦後,地位は低下。イギリス南部からドイツ西部,フランス東部をへて北イタリアにいたる地域(**青いバナナ**)が中心。近年,大都市周辺で先端技術産業がさかん。

2 イギリス かつての「世界の工場」。国際的地位は低下。**ロンドン・バーミンガム**(自動車,機械),**グラスゴー**(電機・電子),**ミドルズブラ**(石油化学)。

3 ドイツ ヨーロッパ最大の工業国。ルール炭田の石炭とライン川の水運を利用したルール工業地域。**ドルトムント・エッセン**(鉄鋼),**ミュンヘン**(自動車,電子,ビール),**シュツットガルト・ヴォルフスブルク**(自動車)。

4 フランス **パリ**(自動車,電機),**ダンケルク**(鉄鋼),**リール・リヨン**(繊維),**トゥールーズ**(航空機),**フォス**(石油化学,鉄鋼)。

5 イタリア 北部の**ミラノ**(電機),**トリノ**(自動車),**ジェノヴァ**(造船)の三角地帯が中心。南部は**タラント**(鉄鋼)。北中部で繊維,皮革→**第3のイタリア**。

6 その他 ①**オランダ**…**ロッテルダム**(近郊にユーロポートがある)で石油化学,アイントホーフェンで電機。(↳EU最大の貿易港) ②**ベルギー,ルクセンブルク**…鉄鋼。③**スイス**…ジュネーヴ・ヌーシャテルで時計などの精密機械。④**スペイン**…ビルバオで鉄鋼,バルセロナで化学。⑤**スウェーデン**…紙・パルプ工業のほか,ルレオで鉄鋼,イェーテボリで造船。

2 ロシア,東ヨーロッパ諸国の工業

1 特色 1991年のソ連解体前は,社会主義の経済体制,その後は市場経済を導入し,投資が急増。しかし,**西ヨーロッパ諸国との格差は大きい**。

2 ロシア 重要

①**特色**…豊富な鉱産資源をもとに,ソ連時代,各地で**コンビナート**とよばれる総合工業地域を形成。近年,石油や天然ガスの開発が進み,経済成長をとげた。

②**工業都市**…**サンクトペテルブルク・モスクワ**(機械,食品),**ニジニーノヴゴロド**(自動車),**サマーラ・ペルミ**(化学),**エカテリンブルク**(鉄鋼),オムスク・ノヴォシビルスク・イルクーツク・ハバロフスク(機械),**ウラジオストク・ナホトカ**(造船)。

3 東ヨーロッパ諸国 ①**ポーランド**…ポズナンで電機，グダンスクで造船。②**チェコ**…プラハでガラス，プルゼニュでビール。③**ルーマニア**…プロエシュティで製油。④**ウクライナ**…南東部に**ドニエプル工業地域**。

> **要点**
> **西欧の工業**…イギリス，ドイツ，フランス，イタリアが中心
> ➡ **大都市**周辺で**先端技術産業**，**臨海地域**で**重化学工業**
> **ロシア，東欧の工業**…市場経済を導入。西欧諸国との格差大
>   ➡ ロシアでは，豊富な鉱産資源をもとに，各地に工業都市

3 アメリカの工業 重要

1 特色 20世紀になってめざましく発展。豊かな資源，自由な競争，巨大な資本，大量生産，高度な科学技術などで，工業の生産性や競争力は高く，**世界最大の工業国**。経済を活性化する**ベンチャービジネス**（創造型企業）が多い。

2 工業地域 ニューイングランド〜中部大西洋沿岸〜五大湖沿岸の北東部が，古くから発達した工業地域（**スノーベルト**）。1970年代以降，安い土地や労働力，温和な気候などの条件にめぐまれた北緯37度以南の**サンベルト**が発展。
↳フロストベルトともいう

3 工業都市

①**ニューイングランド**…最も古い工業地域。ボストン（繊維，電子，造船）。

②**中部大西洋沿岸**…臨海地域にあり，大消費地に近い。**ニューヨーク**（総合），フィラデルフィア（非鉄金属），ボルティモア（造船）。

③**五大湖沿岸**…五大湖の水運，アパラチア炭田，メサビ鉄山を結合。**ピッツバーグ・クリーヴランド**（鉄鋼），アクロン（ゴム），**シカゴ**（車両，農業機械），**デトロイト**（自動車），ミルウォーキー（農業機械，ビール）。

④**南部地域**…アトランタ（食品，航空機），ニューオーリンズ・**ヒューストン**（石油化学，宇宙産業），**ダラス**（電子，航空機），オーランド（電子）。

⑤**太平洋岸**…ロサンゼルス・サンディエゴ（航空機，電子，石油化学），サンフランシスコ（食品，造船），**サンノゼ**（電子→周辺地域は**シリコンヴァレー**とよばれる），シアトル（航空機，製材）。

> **要点** アメリカの工業
> **世界最大の工業国**
> 北東部（**スノーベルト**）…早くから発達。鉄鋼，自動車など
> **サンベルト**…新しく発展。電子，石油化学，航空機など

37 世界の工業地域②

1 カナダとオーストラリアの工業

1 カナダ アメリカの資本と，豊かな鉱産資源，森林資源をもとに発展。アメリカ国境に近い五大湖周辺のモントリオールやトロント，南西部太平洋岸のヴァンクーヴァーが中心。各地で紙・パルプ工業が発展。

2 オーストラリア 東部の石炭，西部の鉄鉱石，北部のボーキサイトなど資源は豊富だが，資本や労働力はやや不足。南東部のニューカースル，シドニー，メルボルン，アデレード，南西部のパースが中心。

2 新興工業国の台頭

1 工業化の進展 当初は，これまで輸入していた工業製品を国内で生産する**輸入代替型**の工業化が，1960年代からは，豊富で安価な労働力を利用し，輸出向けの部品生産を行う**輸出指向型**の工業化が進んだ。また，先進国企業の積極的誘致のため，輸出を条件として輸入原料を免税にする**輸出加工区**を設置した。

2 アジアNIEs 重要 1960年代から工業化が進んだ**韓国，シンガポール，ホンコン，台湾**をさす。なお，NIEsは**新興工業地域**の意味。
　　　　　　　　　　　　　　　　　　→Newly Industrializing Economies

3 BRICS 重要 近年，経済成長の著しい**ブラジル，ロシア，インド，中国，南アフリカ**をさす。いずれの国も人口規模が大きく，広大な国土と豊富な資源をもつ。

> **要点**
> **アジアNIEs** …韓国，シンガポール，ホンコン，台湾
> **BRICS** …ブラジル，ロシア，インド，中国，南アフリカ

3 各新興工業国の工業

1 中国 重要

①**特色**… 1978年から，先進国の資本や技術を導入するため，臨海地域に，経済的優遇措置をとった**経済特区**(シェンチェン，チューハイ，スワトウ，アモイ，ハイナン島)や**経済技術開発区**(現在全土に130以上，国内企業にも開放)を設定した。その結果，急激な経済成長を実現し，「**世界の工場**」とよばれる。とくに沿海部の発展が著しく，内陸部との**格差が激しい**。

②**工業都市**…ターチン(石油化学), シェンヤン(電機, 自動車), **ペキン**(電機・電子, 鉄鋼), **テンチン**(自動車, 化学), **シャンハイ**(総合, 中国最大の工業都市), ハンチョウ(電機・電子), **ウーハン・チョンチン**(鉄鋼), **コワンチョウ**(電機・電子, 繊維), **シェンチェン・ホンコン**(電機・電子)。

2 **韓国** 重要 造船, 鉄鋼, 自動車, 電機・電子などで世界的に躍進。ソウル(機械), スウォン(電子), **ポハン**(鉄鋼), **ウルサン**(自動車, 造船)。

3 **シンガポール** 中継貿易でさかえたが, **ジュロン地区**に輸出加工区を設置し, 加工貿易国へと発展。また, 知識集約型の先端技術産業も成長。

4 **台湾** 電機・電子で世界的に躍進。タイペイやカオシュンなど。

5 **ASEAN諸国** マレーシア, インドネシア, タイなどでは, 輸出加工区を設置し, 輸出指向型の工業化が進んでいる。

6 **インド** 重要 伝統的な綿工業のほか, 近年, 重化学工業やIT関連産業などが急成長。**コルカタ・ムンバイ**(繊維, 機械), ジャムシェドプル(鉄鋼), **バンガロール**(IT関連), デリー(自動車, 機械)。
└「インドのシリコンヴァレー」とよばれる

7 **アフリカ** 工業化が進むのは南アフリカ, エジプト, ナイジェリアなど一部の国だけ。インフラの整備, 政治の安定化, 鉱産資源の生産にたよる**モノカルチャー経済**からの脱却が課題。

8 **ラテンアメリカ** ブラジル, メキシコ, アルゼンチン, チリなどで工業が発展。しかし, 累積債務などの問題に苦しむ国が多い。

> **要点**
> 中国…**経済特区, 経済技術開発区**。「世界の工場」。地域格差
> 韓国, 台湾…電機・電子などで国際競争力が高い
> インド…IT関連産業が急成長

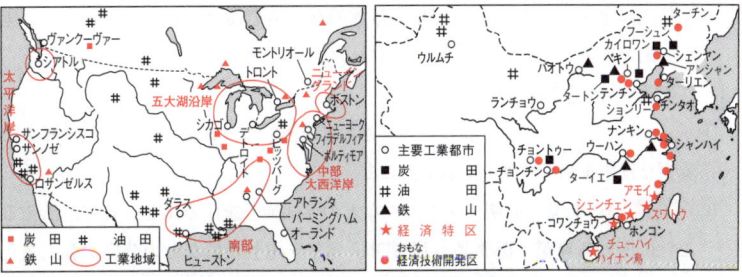

▲北アメリカの鉱工業地域 ▲中国の鉱工業地域

38 現代の工業と生産

1 現代の工業

1｜工業のグローバル化 世界の工業生産は、**多国籍企業**の戦略のもと、世界的な視点で行われている。このため、国境をこえた最適配置が進んでいる。

① **1970年代**…輸出指向型の工業化を進めた発展途上国に、先進国の大企業が進出。繊維や電気機器の組み立てといった、豊富な労働力さえあればできる**労働集約型**の工業化が進み、**アジアNIEs**が形成された。

② **1980年代**…アジアNIEsは、労働集約型から、鉄鋼、石油化学など多額の設備費を必要とする**資本集約型**の工業へ転換。マレーシア、インドネシア、タイなどのASEAN諸国や中国に、労働集約型の工業が移った。

③ **1990年代以降**…グローバル化がますます進んでいる。多国籍企業は、研究開発(R&D)や生産工場などを、それぞれ世界各国の最適な場所に配置し、世界的な活動で利潤を追求している。アジアNIEsや中国、ASEAN諸国は、電子・電気機器など高度な技術力を必要とする**知識集約型**の工業を育成し、発展している。

2｜国際分業の進展 重要

① **これまでの国際分業**…先進国が工業生産を独占し、原材料や燃料を供給する発展途上国と**垂直分業**が行われた。第二次世界大戦後は、先進国の間で、それぞれ有利な工業製品を輸出入する**水平分業**が拡大した。

② **現代の国際分業**…①先進国は、先端技術製品や高級なアパレル(縫製)製品などの生産で、高い利潤を獲得し、強い競争力をもつ。②アジアNIEsや中国、ASEAN諸国など新興工業国は、標準的な工業製品の生産の中心となり、国際分業が拡大している。現在、中国は「世界の工場」とよばれている。

3｜これからの工業と社会

① **脱工業化社会**…工業中心の社会がさらに発展して、知識・情報・サービスが重要な役割を果たす新しい社会のこと。

② **知識産業**…発見や発明、ノウハウなどの「知識」を生み出し、育て、伝えることに関わる産業。医薬品やIT関連、電子・電気機器などの分野。脱工業化社会をめざす中で注目される。

6章　エネルギー資源と鉱工業

> **要点**
> 多国籍企業の増加 ➡ 工業のグローバル化，国際分業の進展
> - 先進国…先端技術製品の生産や研究開発部門が中心
> - 新興工業国…労働集約型 ➡ 資本集約型 ➡ 知識集約型の順に，工業生産の中心が移る

2 おもな工業製品の統計

順位は年により変化するので，上位の国，地域を大まかに覚えておくこと。

粗鋼の生産(2011年)		船舶竣工量(2011年)		自動車の生産(2011年)		自動車の輸出(2010年)	
中国	45.1 %	中国	38.9 %	中国	52.2 %	日本	4,841
日本	7.1	韓国	35.2	アメリカ	10.8	フランス	4,786
アメリカ	5.7	日本	19.0	日本	10.5	ドイツ	4,481
インド	4.7	フィリピン	1.6	ドイツ	7.9	韓国	2,772
ロシア	4.5	台湾	0.8	韓国	5.8	スペイン	2,080
計…15億1790万トン		計…1億185万総トン		計…8009万台		単位：千台	

工作機械の生産(2011年)		テレビの生産(2010年)		パソコンの生産(2010年)		録画再生機の生産(2010年)	
中国	30.1 %	中国	40.3 %	中国	98.0 %	中国	57.8 %
日本	19.6	日本	5.4	日本	1.6	タイ	11.9
ドイツ	14.4	マレーシア	5.3	韓国	0.4	インドネシア	11.9
イタリア	6.6					マレーシア	8.5
計…938億1500万ドル		計…2億4828万台		計…3億2497万台		計…9912万台	

携帯電話の生産(2010年)		集積回路等の輸出(2010年)		プラスチックの生産(2010年)		化学繊維の生産(2010年)	
中国	51.5 %	シンガポール	17.9 %	中国	19.8 %	中国	62.9 %
韓国	15.2	ホンコン	13.3	アメリカ	16.8	インド	7.3
インド	12.6	中国	13.0	韓国	5.9	台湾	4.8
台湾	2.5	アメリカ	9.9	日本	4.6	アメリカ	3.9
日本	1.9	日本	9.8	インド	4.0	韓国	3.3
計…12億7610万台		計…4826億ドル		計…1億7589万トン		計…4782万トン	

セメントの生産(2010年)		合成ゴムの生産(2011年)		塩化ビニルの生産(2008年)		パルプの生産(2010年)	
中国	55.3 %	中国	23.1 %	中国	25.8 %	アメリカ	26.5 %
インド	6.7	アメリカ	16.5	アメリカ	18.9	中国	11.9
アメリカ	2.0	日本	10.7	日本	5.3	カナダ	10.0
トルコ	1.9	ロシア	9.7	台湾	4.1	ブラジル	7.6
計…32億9000万トン		計…1512万トン		計…3387万トン		計…1億8552万トン	

紙の生産(2010年)		綿織物の生産(2011年)		ビールの生産(2010年)	
中国	23.5 %	中国	41.4 %	中国	24.2 %
アメリカ	19.3	インド	22.3	アメリカ	12.3
日本	6.9	パキスタン	16.8	ブラジル	6.8
ドイツ	5.9	ブラジル	4.2	ロシア	5.5
計…3億9390万トン		計…1888万トン		計…1億8562万kL	

(「世界国勢図会」による)

39 日本のエネルギー資源と鉱工業①

1 日本のエネルギー資源と鉱産資源 重要

1 エネルギー資源 日本は，石炭，石油ともほぼ100％輸入に依存している。発電量は世界のトップクラスだが，**火主水従**のタイプで，火力発電の燃料は輸入した石油や天然ガスが中心。これらの資源の枯渇は避けられない運命にあり，輸入の確保，利用法の検討が課題。また，再生可能エネルギーの開発が急務である。日本近海に大量に埋蔵されている**メタンハイドレート**も注目される。

2 鉱産資源 日本は地質が複雑で鉱床が小さいため，鉱産資源の種類は多いが，生産量は少ない。このため，日本は「鉱物の標本室」といわれる。外国の安価な鉱石の輸入が増え，国内鉱山の多くは閉山に追いこまれた。国内自給が可能なのは，石灰岩と硫黄ぐらいである。

> **要点**
> - エネルギー資源…火主水従，輸入に依存
> - 鉱産資源…種類は多いが生産量は少なく，輸入に依存

2 日本の工業の発達と特色

1 工業の発達 政府の厚い保護のもと，19世紀末から20世紀にかけて産業革命を達成し，重工業の基礎がつくられた。第二次世界大戦で壊滅的な打撃をうけたが，朝鮮戦争を契機に復興し，1960年代からは，**高度経済成長**によって，重化学工業が飛躍的に発展し，世界有数の工業国になった。

2 工業の特色 重要

①**臨海部に集中する工場**…原料や資源の多くを海外から輸入するため，とくに太平洋側の**臨海部に工業地域**が形成された。最近，先端技術産業などは，内陸部の高速道路ぞいや空港周辺にも進出している。

②**大企業と中小企業の格差**…日本の企業のほとんどが中小企業だが，政府の政策は大企業中心。下請の中小企業が多く，労働生産性や賃金に格差も。

③**海外市場の強い影響**…加工貿易が主体のため，海外市場の影響をうけやすい。1970年代のアラブ諸国の石油戦略などによる**石油危機**，1980年代の**貿易摩擦**や円高などが例。

6章 エネルギー資源と鉱工業

> **要点** 日本の工業｜臨海部に工業地域。先端技術産業は内陸部へ
> 大企業中心，海外市場の強い影響

3 おもな工業地域(三大工業地帯)

1 三大工業地帯 京浜，中京，阪神，北九州の四大工業地帯を中心に発展してきたが，北九州の地位が低下し，現在は，**太平洋ベルト**(→p.124)の中でも，とくに京浜，中京，阪神の三大工業地帯が核となっている。

2 京浜工業地帯 重要

①**地域**…東京，川崎，横浜が中心。京葉工業地域，北関東工業地域，鹿島臨海
　　　　　　　　　　　　　　　　　↳千葉県　　　↳埼玉,群馬,栃木,茨城県
工業地域など，周辺部に工業地域が拡大している。
↳茨城県

②**特色**…かつては日本最大の工業地域だったが，生産工場の減少(産業の空洞化など)で，地位が低下している。**印刷・出版業**がさかん。

③**おもな工業都市**…**東京**(印刷・出版，機械)，**川崎**(石油化学，電子・電機，鉄鋼)，**横浜**(電機，石油化学，機械)，横須賀(自動車)。

3 中京工業地帯 重要

①**地域**…愛知県と岐阜県南部，三重県の伊勢湾沿岸地域に広がっている。

②**特色**…日本最大の工業地域。豊田の自動車工業をはじめとして，**機械工業**の割合がとくに高い。

③**おもな工業都市**…**名古屋**(自動車，鉄鋼，機械)，一宮・岐阜・大垣(繊維)，**豊田**・田原・鈴鹿(自動車)，刈谷(自動車部品)，瀬戸・多治見(窯業)，各務原(航空機)，**四日市**(石油化学)。

4 阪神工業地帯 重要

①**地域**…大阪，尼崎，神戸が中心。堺など大阪府南部沿岸(堺・泉北臨海工業地域)や加古川，姫路(播磨工業地域)などに工業地域が拡大している。

②**特色**…第二次世界大戦前は日本最大の工業地域。戦後，地位が低下。金属工業の割合が高い。**中小工場が多い。**

③**おもな工業都市**…**大阪**(鉄鋼，化学，機械)，尼崎(鉄鋼，化学)，**神戸**(化学，造船，酒造)，**堺・姫路**・和歌山(鉄鋼，化学)，門真・守口(電機)。

> **要点** ①**京浜**…印刷・出版　②**中京**…日本最大。自動車など機械
> ③**阪神**…戦前日本最大。金属，中小工場多い

40 日本のエネルギー資源と鉱工業②

1 おもな工業地域（北九州工業地帯，新しい工業地域）　重要

1 北九州工業地帯

① **地域**…北九州市を中心に，福岡県と山口県西部を含む。

② **特色**…筑豊炭田の閉山，工業用地や工業用水の不足，背後に大きな市場をもたなかったことなどから，地位は低下した。**鉄鋼**が中心だったが，最近は機械工業もさかん。

③ **おもな工業都市**…北九州（鉄鋼，化学，電機），苅田・宮若（自動車）。

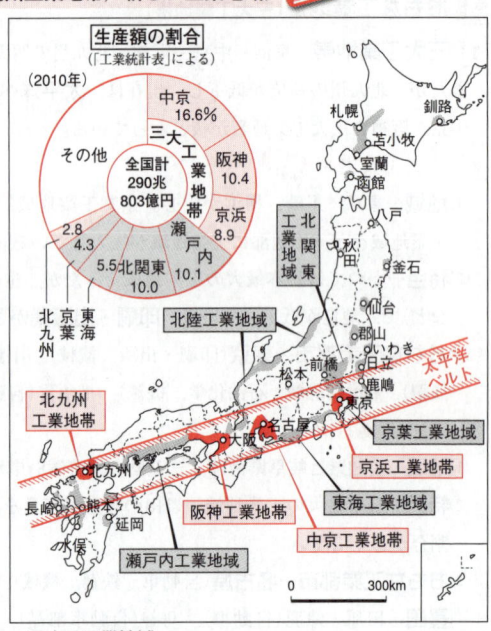

生産額の割合（「工業統計表」による）
2010年
全国計 290兆803億円
中京 16.6%
阪神 10.4
京浜 8.9
瀬戸内 10.1
北関東 10.0
東海 5.5
京葉 4.3
北九州 2.8
その他
三大工業地帯

▲日本の工業地域

2 新しい工業地域

① **東海工業地域**…静岡県南部が中心。富士（製紙），浜松（楽器，オートバイ）。

② **瀬戸内工業地域**…瀬戸内海沿岸。倉敷（石油化学，鉄鋼），福山（鉄鋼），広島（自動車），周南（石油化学），宇部・山陽小野田（セメント），新居浜（化学）。

③ **その他**…太田など機械工業がさかんな**北関東工業地域**。市原など石油化学工業がさかんな**京葉工業地域**。繊維，化学，金属工業がさかんな**北陸工業地域**。その他，札幌（食品），苫小牧（石油化学，製紙），鹿嶋・大分（鉄鋼，石油化学），諏訪（精密機械），久留米（ゴム），長崎・佐世保（造船），延岡（化学）。

要点
① **北九州**…鉄鋼，機械。地位が低下
② **新しい工業地域**…北関東（機械），京葉（化学），北陸，東海，瀬戸内

2 先端技術産業の発達

1│先端技術産業の立地 1980年代から、エレクトロニクスやバイオテクノロジーなど、高度な先端技術をもとにした知識集約型の工業が発展。交通指向型で、内陸部にも立地する。

2│おもな工業地域

①**シリコンアイランド**…九州地方は、工業用地や労働力、きれいな水・空気にめぐまれ、1970年代から臨空港型立地のIC(集積回路)など半導体の工場が増えた。

②**シリコンロード**…東北地方も、九州と同じ条件にめぐまれ、空港や高速道路などの整備とともに、1980年代からIC工場が増えた。

3 日本の工業の諸問題

1│海外移転による空洞化 重要 多くの企業が、安価な労働力や新興国の市場開拓、貿易摩擦、円高など種々の要因から、海外に工場を移し多国籍企業化。この結果、国内工場の閉鎖や失業など、産業の空洞化が進んでいる。

2│過集積 工業地域では工場が過度に集積し、工業用水や用地の不足、大気汚染、水質汚濁、土壌汚染、地盤沈下などの公害の激化などの問題をまねいた。

3│新たな取り組み 従来の加工貿易の形態から、付加価値の高い工業製品をつくる、知識集約型の形態への転換。また、国際競争力のある**コンテンツ産業**(音楽、アニメ、ゲームソフトなどを制作・流通)の推進など。

▲工場の分布

> **要点** 日本の工業の諸問題…工場の海外移転により、産業の空洞化
> ➡ 知識集約型の産業へシフト

要点チェック

↓答えられたらマーク　　　　　　　　　　　　　　　　　　　わからなければ⤴

- **1** 石炭から石油にエネルギーの中心が移ったことを,何というか。　p.80
- **2** 中国最大の炭田を,何というか。　p.80
- **3** 国際石油資本を,別名何というか。　p.81
- **4** 1960年に西アジアなどの主要産油国が結成した組織を,何というか。　p.81
- **5** サウジアラビアにある世界最大級の油田を,何というか。　p.82
- **6** フランスの総発電量の約70％を占める発電方式は,何か。　p.83
- **7** 地中深い頁岩層から採取する天然ガスを,何というか。　p.83
- **8** 自然環境の中でくり返し起こる現象から取り出すエネルギーの総称を,何というか。　p.83
- **9** 自国資源の主権を確立し,それに基づく経済発展をめざそうとする動きを,何というか。　p.84
- **10** 世界最大級の埋蔵量をもつブラジルの鉄山を,何というか。　p.84
- **11** アルミニウムの原料となる鉱産資源を,何というか。　p.85
- **12** 先端技術産業に不可欠で,天然の存在量が少ない金属を,何というか。　p.85
- **13** 12の一部で,希土類元素のことを,何というか。また,その産出が圧倒的な国はどこか。　p.85
- **14** 世界で初めて産業革命が起こった国は,どこか。　p.86
- **15** ウェーバーの工業立地論では,何が最も安い場所に工業が立地するか。　p.86
- **16** 工業の立地分類で,消費地に立地する工業は,何型というか。　p.87
- **17** ヨーロッパ最大の工業国は,どこか。　p.88
- **18** 航空機の製造がさかんなフランスの都市は,どこか。　p.88

答え

1 エネルギー革命　**2** タートン炭田　**3** メジャー　**4** 石油輸出国機構(OPEC)　**5** ガワール油田　**6** 原子力発電　**7** シェールガス　**8** 再生可能エネルギー　**9** 資源ナショナリズム　**10** カラジャス鉄山　**11** ボーキサイト　**12** レアメタル(希少金属)　**13** (順に)レアアース,中国　**14** イギリス　**15** 生産費　**16** 市場指向型　**17** ドイツ　**18** トゥールーズ

要点チェック

- □ **19** イタリアで工業の中心地域を形成する北部の3都市は、トリノ、ジェノヴァと、あとはどこか。 p.88 **1** 5
- □ **20** アメリカで1970年代以降、新しく工業が発展した北緯37度以南の地域を、何というか。 p.89 **3** 2
- □ **21** アメリカで自動車工業が最もさかんな都市は、どこか。 p.89 **3** 3
- □ **22** 電子工業のさかんなサンノゼ周辺は、何とよばれるか。 p.89 **3** 3
- □ **23** 1960年代から工業化が進んだ韓国、シンガポール、ホンコン、台湾をまとめて、何というか。 p.90 **2** 2
- □ **24** 近年、経済成長の著しいブラジル、ロシア、インド、中国、南アフリカをまとめて、何というか。 p.90 **2** 3
- □ **25** 中国で、シェンチェンなど5地域が指定されている、経済的優遇措置をもつ地区を、何というか。 p.90 **3** 1
- □ **26** 中国最大の工業都市は、どこか。 p.91 **3** 1
- □ **27** IT関連産業のさかんなインド南部の都市は、どこか。 p.91 **3** 6
- □ **28** 繊維や電気機器の組み立てといった、豊富な労働力さえあればできる工業の形態を、何型というか。 p.92 **1** 1
- □ **29** 先進国が工業生産を行い、発展途上国がその原材料や燃料を供給する国際分業の型を、何というか。 p.92 **1** 2
- □ **30** 日本近海に大量に埋蔵されている新エネルギー資源は、何か。 p.94 **1** 1
- □ **31** 日本で、印刷・出版業がとてもさかんな工業地域を、何というか。 p.95 **3** 2
- □ **32** 日本最大の工業地域を、何というか。 p.95 **3** 3
- □ **33** 倉敷、福山などの都市が立地する工業地域を、何というか。 p.96 **1** 2
- □ **34** 市原など石油化学工業がさかんな工業地域を、何というか。 p.96 **1** 2
- □ **35** 別名シリコンアイランドとよばれる日本の地方は、どこか。 p.97 **2** 2
- □ **36** 海外に工場が移転し、国内工場の閉鎖や失業などが進行することを、何というか。 p.97 **3** 1
- □ **37** アニメやゲームソフトなどを制作する産業を、何というか。 p.97 **3** 3

答え

19 ミラノ　**20** サンベルト　**21** デトロイト　**22** シリコンヴァレー　**23** アジアNIEs　**24** BRICS　**25** 経済特区　**26** シャンハイ　**27** バンガロール　**28** 労働集約型　**29** 垂直分業　**30** メタンハイドレート　**31** 京浜工業地帯　**32** 中京工業地帯　**33** 瀬戸内工業地域　**34** 京葉工業地域　**35** 九州地方　**36** 産業の空洞化　**37** コンテンツ産業

41 消費生活とその変化

1 行動圏の拡大

1│時間距離の短縮　鉄道，航空機，バスなど，交通機関の高速化で，短時間に遠いところへ移動できるようになり，人々の行動範囲(＝行動圏)は拡大した。

2│モータリゼーション 重要　生活水準の向上により，自家用車が普及。社会生活全般において，自動車の利用が当たり前のように，行動・意識が変化した。このような変化を**モータリゼーション**という。

3│通勤圏の拡大　通勤の手段である交通機関や道路網の発達は，住宅地をより郊外に広げることになり，通勤圏が拡大している。

4│生活意識の変化　生活水準の向上，余暇時間の増加と，行動圏の拡大によって，人々の日常生活の意識は変化→個性化，多様化している。海外への旅行やレジャーなど，非日常的な生活の行動圏も拡大している。

> **要点**　交通機関の発達，**モータリゼーション** ➡ 行動圏の拡大
> ➡ 生活意識の変化(個性化，多様化)

2 第3次産業の発展

1│第3次産業 重要　経済のサービス化や産業の情報化が進んだ現代社会では，**商業**(卸売業，小売業)と**サービス業**(情報通信業，運輸業，金融・保険業など)からなる**第3次産業**が経済活動の中心として発展している。

2│小売業の多様化 重要

①**コンビニエンスストア**…小規模ながら，生活に必要な多種類の商品をあつかい，開店時間が長い小売店。フランチャイズ・チェーン店方式で拡大している。　　　　コンビニエンスとは「便利」の意味。**POSシステム**などを導入し，合理
　↳24時間営業など
的な品ぞろえで多様な消費者のニーズに対応している。

②**ショッピングセンター**…都心近郊の主要道路ぞいに，広い駐車場をそなえたショッピングセンターが急増している。各種小売店や，レストラン，レジャー施設なども併設され，多くの人を引きつけている。

③**スーパーマーケット**…広い売り場面積をもち，セルフサービス方式で，日用品を大量に安売りする大型小売店。近年は，駅前型より郊外型が増加。

④**郊外の大型専門店**…モータリゼーションを前提として，主要な道路ぞいに，日用雑貨，家電，書籍，レジャー用品などの専門店ができている。

⑤**無店舗販売**…放送メディアやインターネットを通じての通信販売や，カタログ販売，訪問販売なども増加している。

⑥**都心商店街の衰退**…以上のような新しい小売店の進出により，古くからの都心商店街は衰退傾向にある。このほかにも都心商店街には，小規模店舗が多く，駐車場のスペースも小さく，経営者の高齢化も進んでいるという構造的な問題もある。一部では，再開発や活性化の試みがみられる。

3 サービス業の変化

①**ファミリーレストラン**…食生活の変化で，外食をする人が増え，郊外型のレストランが急増した。大半はチェーン店方式で，**ファストフード**(ハンバーガー，フライドチキンなどすぐに食べられる食品)の店も多い。

②**宅配便**…少量の荷物や書類を，短い時間で輸送するサービスで，戸口から戸口へ配達してくれる。電話による依頼や，コンビニエンスストアなどの小売店が取りあつかってくれる手軽さにより，急成長している。

3 新しい消費形態

1 消費行動の変化 消費者のニーズの個性化，多様化の一方で，メディアの影響による商品やサービスの画一化が進んだり，地域的特性などが失われる場合もある。使い捨て商品が増え，大量消費の方向へ進んでいる。

2 キャッシュレス決済 電子マネー(ICカードなど事前にお金をチャージする)や**クレジットカード**(買い物後に料金請求)を利用すれば，現金がなくても購入できる便利さがあるが，クレジットカードの場合は，支払い能力以上に購入して，あとで支払い不能になってしまう人も出てくる。

3 まとめ買い かつて食料品などは**最寄り品**といって，近所の商店で毎日購入した。衣料や電気製品などは，吟味，選択するので**買いまわり品**といわれ，専門店で購入した。しかし近年，モータリゼーションにより，ショッピングセンターなどに出かけ，1か所でまとめ買いするようになった。

> **要点**
> 小売業やサービス業の変化…コンビニエンスストアや
>   ショッピングセンター，ファミリーレストラン，宅配便など
> 消費行動の変化…カード利用の購入や，まとめ買い

42 観光・保養産業

1 余暇活動の拡大

1 余暇時間の増大 産業が発達し、生産性が向上すると、労働時間が短縮し、余暇時間が増大する。

2 労働時間の格差 重要　一般に先進国は労働時間が短く、発展途上国は長い。近年、日本の労働時間は欧米並みに短くなっている(年間約1,700時間)が、所定外の労働(残業)時間が長く、有給休暇を取りにくい状況。また、一般的に大企業よりも中小企業の方が、労働時間は長く、労働条件もよくないことが多い。

2 ヨーロッパにおける余暇活動 重要

1 長期滞在型の休暇 夏季や秋季に長期休暇をとって、リゾート地や別荘、キャンプ場などに滞在しながら、ゆっくりと余暇活動を行うことが多い。フランスでは、夏季に4～5週間の長期休暇(**バカンス**)をとる人が多い。

2 グリーンツーリズムやエコツーリズム リゾート滞在型から、自然豊かな農山村地域で、地元の人々や文化との交流を楽しむ**グリーンツーリズム**や、自然環境をよく理解し接していく**エコツーリズム**もさかんになっている。

3 日本の余暇活動 重要

1 短期周遊型 ヨーロッパのように長期休暇がとれないため、観光地をかけ足でめぐる短期周遊型の余暇活動が多い。

2 休暇の集中 休暇がゴールデンウィークやお盆休みなど一時期に集中するため、交通機関や宿泊施設が大混雑となることが多い。

3 余暇活動の多様化 最近は生活意識が変化して、休暇が長期化し、海外旅行やアウトドアの生活を楽しむ人も増え、余暇活動が質的に変化している。

4 外国人観光客の増加 国内の観光需要が伸び悩む中、中国や韓国、アメリカなどから、多くの外国人観光客が訪日している。

要点
労働時間の短縮 ➡ 余暇活動の拡大
- ヨーロッパ…長期滞在型。**グリーンツーリズム**などもさかん
- 日本…短期周遊型、余暇の集中 ➡ 近年多様化

7章 生活と産業

4 リゾートとその種類

1 リゾート 行楽地, 保養地のこと。さまざまな種類がある。

2 リゾートの種類 重要

①**海洋型(ビーチ)リゾート**…年中暖かい海岸地方に多い。南フランスの**コートダジュール**, イタリアの**リヴィエラ**, スペインの**コスタデルソル**, アメリカのフロリダ半島のマイアミ, オーストラリア東部のゴールドコースト。

②**山岳・高原型リゾート**…夏の登山やキャンプ, 冬のスキーが中心。ヨーロッパのアルプス山脈や北アメリカのロッキー山脈, 日本の長野県。

③**温泉型リゾート**…日本では最も一般的な保養・観光地。ただし, 欧米では療養を目的としたものが多い。

④**都市型リゾート**…史跡などの観光地や文化施設をもつ都市で, 奈良や京都, パリやローマなどが代表的。

⑤**テーマパーク**…アメリカで発達した, 1つのテーマに基づいてつくられた大規模な遊園施設のこと。日本では成功している例が少ない。

5 リゾートの開発

1 ヨーロッパのリゾート開発 19世紀ごろから開発が進められた。

①**地中海沿岸**…古くは, 上記のコートダジュールやリヴィエラ, コスタデルソルなど。新しいリゾート地としては, 1960年代にフランス南西部で政府プロジェクトとして開発された**ラングドック・ルシヨン**があり, ホテル, キャンプ地など, 長期滞在型の宿泊施設を建設した。

②**アルプスのリゾート**…アルプスの登山やスキーを目的として早くから開発。フランスのシャモニー, スイスのツェルマット, オーストリアのインスブルックなど。自動車の乗り入れを禁じるなど, 自然環境への配慮も進む。

2 日本のリゾート開発と課題 重要 1980年代以降, リゾートの大衆化が進み, 各地で開発が進んだ。過疎対策や地域の活性化のためにリゾート開発をするケースも多いが, 自然環境の破壊や, 計画・経営破たんによる地元自治体の財政圧迫(はいりょ)などの問題が生じている。

> **要点**
> リゾートの種類…海洋, 山岳・高原, 温泉, 都市, テーマパーク
> リゾートの開発 { ヨーロッパ…地中海沿岸やアルプス
> 　　　　　　　　日本…1980年代以降。環境破壊や財政圧迫の問題

43 時間距離と陸上交通

1 時間距離の短縮 重要

1. **絶対距離** 2地点間の距離。mやkmなどの長さの単位で表す。
2. **時間距離** 2地点間を移動するのに要した時間で表した距離。
3. **交通手段の発達** 徒歩では何日もかかった距離が、鉄道や自動車の発達で、所要時間が短縮された。また、長距離移動も航空機の発達によって容易になった。このような交通手段の発達により、時間距離は短縮されてきた。

> **要点** 時間距離の短縮 { 鉄道、自動車などにより短縮 / 航空機により長距離移動も短縮 }

2 鉄道交通

1. **特色** 重要 ①19世紀には陸上交通の中心。現在、役割が低下しているが、環境にやさしい輸送手段として再び注目されている。②大量輸送が可能。③比較的高速で、天候の制約をうけにくく、定時性、安全性にすぐれる。④遠距離輸送の費用が安い。⑤地形や路線の制約をうけ、多額の建設費用が必要。
2. **大陸横断鉄道** 国土の開発と統一に大きな役割をはたした。ロシアの**シベリア鉄道**やバイカル＝アムール（バム）鉄道、北アメリカの鉄道など。
3. **国際鉄道** **ユーロトンネル**（イギリスとフランス間の海底トンネル）をとおる**ユーロスター**や、アフリカ南部のタンザン鉄道、ベンゲラ鉄道など。
4. **都市間高速鉄道** 重要 航空交通に対抗。日本の新幹線、フランスの**TGV**、ドイツのICE、韓国のKTX、中国のCRH（通称「和諧号」）など。先進国、発展途上国を問わず、世界各国で高速鉄道網の建設が計画されている。
5. **都市圏の鉄道輸送** 大都市とその周辺を放射状に結ぶ通勤用の鉄道のほか、郊外間を結ぶ環状鉄道の役割も重要。
6. **都市内の鉄道輸送** モータリゼーションの普及と人口の増加で、従来の路面電車に代わり、自動車や輸送量の大きな地下鉄への転換が進んできた。また、東京の山手線のような、都心環状鉄道の役割も重要。近年、欧米では、環境面にすぐれ乗り降りも楽な低床式の路面電車（**LRT**、ライトレールトランジット）の導入が進んでいる。

> **要点** 鉄道交通…かつては陸上交通の中心。現在役割が低下
> ➡ **高速性，環境面で注目** ➡ 高速鉄道，LRTなど

3 自動車交通

1｜特色 <mark>重要</mark>　①現在では，陸上交通において，鉄道交通よりも地位が高い。②小資本でも参入できる。③近距離輸送では費用が割安。④地形や路線の制約が少ない。⑤戸口から戸口へ輸送できることから，最終輸送手段として重要。⑥安全性や定時性，エネルギー効率，環境負荷などの面で，他の交通機関より劣る。

2｜自動車交通の発達　道路の整備，とくに自動車専用道路(高速道路)の建設と，自動車の大型化，高速化により，大量，高速，長距離輸送が可能となった。

3｜自動車交通の問題と対策 <mark>重要</mark>　自動車の増加により，公害問題，交通問題，エネルギー問題が深刻化。これに対して，以下のような対策が進む。

①**低公害車の開発**…ガソリンエンジンと電気エネルギーを併用した**ハイブリッドカー**，電気エネルギーのみで走る**電気自動車**，燃料の水素と空気中の酸素の反応でつくりだす電気エネルギーで走る**燃料電池自動車**など。

②**パークアンドライド**…都心への自家用車による乗り入れを規制して，その周縁に駐車場を設置し，そこで路面電車やバスなどの公共交通機関に乗りかえて都心へと向かうしくみ。

③**ロードプライシング**…都市部などの道路のうち，住宅の多い区間や頻繁に渋滞する区間に料金を課して，車の迂回を促すしくみ。

④**モーダルシフト**…乗用車やトラックから，よりエネルギー効率の高い鉄道や船舶へ輸送手段を転換すること。

4｜世界の道路網 <mark>重要</mark>

①**高速道路**…ドイツの**アウトバーン**，イタリアの**アウトストラーダ**(南北を縦断する路線はアウトストラーダ＝デル＝ソーレとよばれる)，アメリカの**インターステート・ハイウェイ**(↳太陽道路)，イギリスのモーターウェイなど。

②**国際道路**…パンアメリカンハイウェイ(南北アメリカ)，**アジアハイウェイ**(東西アジア)，アラスカハイウェイ(アラスカ中部～カナダ西部)など。

> **要点** 自動車交通…陸上輸送の中心。利便性が高い反面，環境・交通問題
> ➡ **低公害車，パークアンドライド，モーダルシフトなど**

44 水上交通

1 海上交通

1 特色 [重要] ①国際貨物輸送の大部分(約90％)を占める。②輸送量が多く,安価に長距離輸送ができる。③大重量・大容量の貨物が輸送できる。④輸送速度が遅く,航行や停泊の制約がある。また,気候条件に左右される。

2 輸送の近代化 最大の欠点は,他の交通機関に比べて遅いことである。その対策として,①船舶の大型化,高速化,②専用船の使用,③荷役作業の省力化などの港湾設備の合理化などが進んでいる。

3 国際海峡 [重要] 沿岸国に関係なく,外国船が自由に航行できる海峡。マラッカ海峡やドーヴァー海峡,ジブラルタル海峡,ホルムズ海峡,津軽海峡など。

4 国際運河 [重要] 条約によって外国船が自由に航行できる運河。**スエズ運河**は1888年以降,**パナマ運河**は1901年以降(運河開通は1914年),北海バルト海(キール)運河は1919年以降開放された。ただし,通行料金は必要。

5 便宜置籍船 [重要] 船舶の登録税や船主の法人税などの税金が安い国に,船の国籍を便宜的に置いている船舶のこと。**パナマ,リベリア,マーシャル諸島**などに籍を置く船会社が多い。

6 船舶の種類 コンテナ船,石油専門の**タンカー**,液化天然ガス専用のLNG専用船,鉱石や穀物などのばら積み貨物船(**バルクキャリア**)など。

7 ハブ港(国際ハブ港湾) [重要] 海運の拠点となる国際的な港。ハブ港まで運ばれた貨物は,そこを拠点として,さらに各地の港に向かって輸送される。日本の港湾も政策としてハブ港をめざしているが,高コストとサービス面で不備なところがあり,中国の**シャンハイ**,**ホンコン**,シェンチェンや,**シンガポール**,韓国の**プサン**などに大きく遅れをとっている。

(「世界国勢図会」による) (2011年末)

パナマ 20.6%
リベリア 11.6
マーシャル諸島 7.3
ホンコン 6.7
シンガポール 5.2
バハマ 5.0
マルタ 4.3
ギリシャ 4.0
中国 3.6
その他 31.7
合計 10億4308万総トン

▶世界の商船保有国,地域

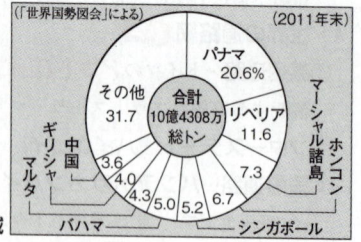

要点 海上交通…国際貨物輸送の中心。大量,安価に輸送
➡ **ハブ港**の形成(シャンハイ,ホンコン,シンガポール,プサンなど)

2 内陸水路交通

1│特色 河川や湖沼，内陸運河を利用した水上交通である。西ヨーロッパやロシア，中国，ブラジルなどで発達。水量が豊かで安定している河川が利用される。輸送時間が自動車や鉄道に比べて遅い。

2│河川交通 重要

①**国際河川**…条約によって外国船が自由に航行できる河川。数か国の国境となっていたり，多くの国を流域にもつ河川に多い。アジアでは**メコン川**，ガンジス川，ヨーロッパでは**ドナウ川**，**ライン川**，エルベ川，アフリカではナイル川，コンゴ川，北アメリカではセントローレンス川，リオグランデ川，南アメリカではアマゾン川，ラプラタ川など。

②**その他の河川**…長江，ヴォルガ川，ミシシッピ川などの大河川は，内陸部まで外洋船が入ることができる。

3│内陸運河

①**ヨーロッパ**…ライン川支流のマイン川とドナウ川を結ぶマイン・ドナウ運河，ライン川とエルベ川を結ぶミッテルラント運河，セーヌ川の支流のマルヌ川とライン川を結ぶマルヌ・ライン運河など。

②**北アメリカ**…五大湖の1つエリー湖とハドソン川を結び，ニューヨークを発展させたニューヨークステートバージ運河，セントローレンス川に建設されたセントローレンス海路など。

▲ヨーロッパの内陸水路

③**その他**…ロシアではヴォルガ川とドン川を結ぶヴォルガ・ドン運河，中国ではペキンから華中のハンチョウを結ぶター(大)運河。

要点 内陸水路交通…①**国際**河川(ドナウ川，ライン川など)，②**大河川**(長江，ヴォルガ川，ミシシッピ川など)，③**内陸運河**

45 航空交通と日本の交通

1 航空交通

1 特色 [重要]
①長距離旅客輸送の中心。②最も高速な交通機関。地形の制約をうけず，2地点間を最短距離で結ぶ。③気象条件に左右される。重量物を大量に輸送できず，輸送コストも高い。空港周辺では，騒音や振動など公害が発生。

2 近年の傾向
①**航空機の大型化と専用機化**…大型化が進み，旅客，貨物とも輸送量が増えている。また，貨物専用機により，IC（集積回路）などの電子部品，コンピュータなどの精密機械，生鮮食料品などの**軽量で高価な品物の輸送が増加**。

②**航空輸送網の体系化**…航空路線が，各地域の大空港どうしを結ぶ長距離幹線と，大空港と地方空港を結ぶ支線に分化している。これを自転車の車輪の形にたとえて，ハブ＆スポーク構造という。

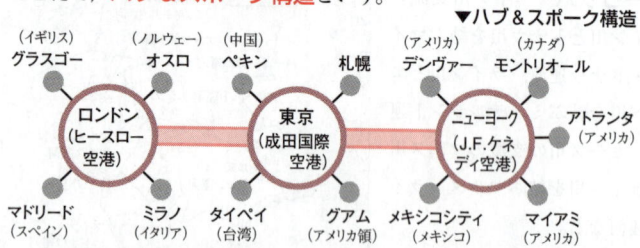

▼ハブ＆スポーク構造

（イギリス）グラスゴー	（ノルウェー）オスロ	（中国）ペキン	札幌	（アメリカ）デンヴァー	（カナダ）モントリオール

ロンドン（ヒースロー空港） ― 東京（成田国際空港） ― ニューヨーク（J.F.ケネディ空港） ― アトランタ（アメリカ）

マドリード（スペイン）	ミラノ（イタリア）	タイペイ（台湾）	グアム（アメリカ領）	メキシコシティ（メキシコ）	マイアミ（アメリカ）

③**ハブ空港の国際的競争**…輸送の拠点となる**ハブ空港**には，ロンドン，パリ，アムステルダム，フランクフルト，成田，ニューヨーク，シカゴ，ロサンゼルスなどがあげられる。とくにアジア地域では，韓国の**インチョン**や中国の**シャンハイ（プートン）**，**ホンコン**，**シンガポール（チャンギ）**などの巨大空港が次々と建設され，国際的な競争が激しくなっている。

④**格安航空会社（LCC，ローコストキャリア）の参入**…機内サービスの有料化，使用料の安い空港の利用などで経費を削減し，低運賃を実現している。LCCの参入で航空業界はきびしい競争にさらされている。

要点
航空交通｜長距離旅客輸送の中心。軽量で高額な商品の輸送が増加
　　　　｜**ハブ空港**をめぐる競争，格安航空会社の参入による競争

2 パイプラインと新しい交通

1 パイプライン 石油や天然ガス専用の輸送機関。油田地帯と原油積み出し港や工業地域を結ぶ。建設コストは高いが，長距離輸送のコストは，最も低い。北アメリカ，ロシア，西アジアなどの油田地帯を中心に発達している。

2 新しい交通 低公害車や，磁力を利用した高速の**リニアモーターカー**の鉄道など(→p.105)。リニアモーターカーは，シャンハイなどで営業運転されており，東京〜名古屋〜大阪間で建設が計画されている。

3 日本の交通 【重要】

1 鉄道 高速の**新幹線**と，大都市圏の通勤輸送が中心。新幹線は，大都市間の旅客輸送で，航空機と競合している。最近は在来線を利用したミニ新幹線(山形新幹線や秋田新幹線)もみられる。

2 自動車 自動車輸送は，かつての鉄道にかわり，旅客，貨物とも日本の陸上交通の中心になっている。連絡橋や海底トンネル，高速道路の建設・拡張，トラックターミナルや流通センターの整備，宅配便や高速(夜行)バスの普及などが背景にある。

3 その他 貨物では船舶，旅客では航空機が，一定の役割をはたしている。日本の貿易港のうちで，貿易額が最も多いのは，**成田国際空港**である。

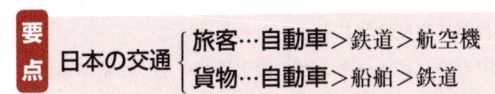

> **要点** 日本の交通
> 旅客…自動車＞鉄道＞航空機
> 貨物…自動車＞船舶＞鉄道

▼おもな国の輸送機関別の輸送構成

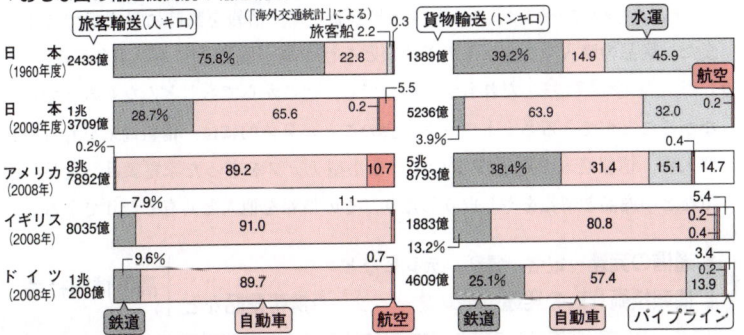

国(年度)	旅客輸送(人キロ) 鉄道	自動車	旅客船	航空	貨物輸送(トンキロ) 鉄道	自動車	水運	航空/パイプライン
日本(1960年度) 2433億	75.8%	22.8	2.2	0.3	1389億 39.2%	14.9	45.9	—
日本(2009年度) 1兆3709億	28.7%	65.6	0.2	5.5	5236億 3.9%	63.9	32.0	0.2
アメリカ(2008年) 8兆7892億	0.2%	89.2	—	10.7	5兆8793億 38.4%	31.4	15.1	14.7/0.4
イギリス(2008年) 8035億	7.9%	91.0	—	1.1	1883億 13.2%	80.8	0.2	5.4/0.4
ドイツ(2008年) 1兆208億	9.6%	89.7	—	0.7	4609億 25.1%	57.4	13.9	3.4/0.2

(「海外交通統計」による)

46 世界の通信

1 通信の発達

1 通信網の発達 19世紀中頃までに郵便制度が各国で普及し始めた。20世紀には、電信(電報など)や電話(固定電話、携帯電話など)といった電気通信が発展。また、ファクシミリ(ファックス)やインターネットの利用も進んだ。

2 通信の国際化 通信衛星や海底に敷設された海底通信ケーブルによって、通信の国際化が進む。海底通信ケーブルは、大容量の通信が可能な**光ファイバー**ケーブルが利用されている。

3 マスメディアの種類と発達 新聞やラジオは、最も古いマスメディア。テレビ放送は、地上波や放送衛星(BS)、通信衛星(CS)、専用ケーブル(ケーブルテレビ、CATV)などがあり、アナログ放送から**デジタル放送**へ移行。

4 オンラインシステム(遠隔即時通信体系) 銀行の入出金や振替、列車や航空機の座席予約などに利用されている。

2 情報技術の発達 重要

1 情報技術(IT) コンピュータを利用した情報処理およびその関連技術。ほぼ同義語として、**情報通信技術(ICT)** も用いられる。インターネットや携帯電話などの通信技術は、現代の世界に高度情報社会をもたらしている。
 ↳Information Technology
 ↳Information and Communication Technology

2 インターネット 世界中のコンピュータなどの端末機器を1つに結ぶ通信ネットワーク。1990年代から急速に普及した。不特定多数による多対多の双方向通信が可能。ホームページや電子メール、電子掲示板(BBS)、ブログ、SNS(ソーシャル・ネットワーキング・サービス)などを通じて、情報を瞬時に送受信できる。また、商品の購入やチケットの予約などを行う**電子商取引**にも利用される。

3 ユビキタス社会 だれもが、いつでも、どこからでも、どんなものとでもつながることができるネットワーク社会のこと。具体的には、情報端末をもった各個人が、情報端末や**電子タグ**のような小型チップをもった家電製品、食品、衣類などの商品と情報をやり取りしたり、その情報を他人と共有したりできる。

> **要点**
> 通信の発達…電信、電話、テレビなど
> 情報技術(IT)の発達…**インターネット**や携帯電話など
> } 高度情報社会

3 情報社会とその問題点

1 情報社会 情報の量が増大し，その質も高度化して，情報が大きな役割をはたす社会。とくに現代社会は，**高度情報社会**である。

2 さまざまな問題点 重要

①**情報操作**…誤った情報，かたよった情報により，世論操作の危険性がある。

②**情報洪水**…さまざまな情報の中から，主体的に必要な情報，正しい情報を取捨選択し活用する技能(**メディアリテラシー**)が求められる。

③**情報犯罪**…とくに，企業や社会インフラに深刻なダメージを与えたり，国の安全保障に関わる悪質な犯罪は，**サイバーテロ**とよばれる。近年急増しているが，国境をまたぐと取り締まりがより難しく，また法整備が不十分。

④**情報格差(デジタル・デバイド)**…地域(先進国と発展途上国，都市部と農村部)や所得，世代，教育環境などによって，パソコンなどの情報機器を使いこなせる者と使いこなせない者の格差が拡大している。

⑤**個人情報(プライバシー)の侵害**…簡単に大量の情報を処理できるため，公開されないはずの個人情報が流出するという事件が発生している。

> **要点** 情報社会の問題…情報操作，情報洪水，情報犯罪，
>   情報格差(**デジタル・デバイド**)，個人情報の侵害など

4 産業の情報化

1 情報社会における産業 情報社会では，情報そのものが商品価値をもち，そのような情報を商品とする情報サービス産業が発達する。これを，**産業の情報化**という。

2 さまざまな情報の利用 流通業や小売業の商品管理においては，バーコードを利用して，売り上げや在庫などの管理を瞬時に行う**POSシステム**(**販売時点情報管理システム**)が普及している。また，全世界に営業拠点をもつ多国籍企業は，各地域の政治，経済，社会，自然に関する情報を収集し活用している。株式市場や外国為替市場では，世界中からあらゆる情報が即時に伝わり，相場の形成に影響を与えている。

> **要点** 産業の情報化
> 流通業や小売業…POSシステムが普及
> 多国籍企業や金融業…最新の情報を活用

47 世界の貿易とその問題①

1 国際分業体制 重要

1 国際分業 1国ですべての商品を生産するのでなく，貿易によって自由に商品移動を行い，互いに有利な商品だけを生産して分業化すること。これにより，貿易に有利な商品は生産がより拡大し，輸出が増加するが，一方で不利な商品は生産が縮小し，輸入が増加する。

2 国際分業の種類
①**水平分業**…おもに先進国の間で，工業製品を互いに生産し，輸出する。
②**垂直分業**…発展途上国が未加工の農林水産物や鉱産物(**1次産品**)を生産，輸出し，先進国が工業製品を生産，輸出する。

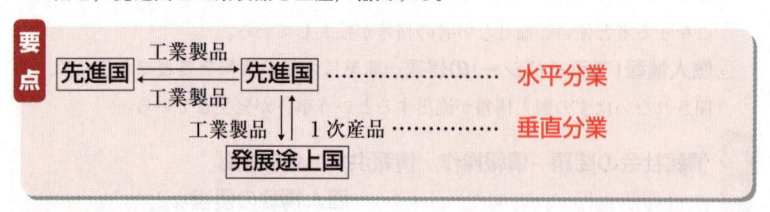

> **要点**
>
> ```
>           工業製品
> 先進国 ←――――――→ 先進国 ……………… 水平分業
>           工業製品
>        工業製品 ↓↑ 1次産品 ……………… 垂直分業
>          発展途上国
> ```

2 企業の国際化

1 多国籍企業 重要　複数の国に生産や営業の拠点をもち，国際的な活動を行う企業。巨大企業になると，1国の国内総生産(GDP)に匹敵する売上高がある。この多国籍企業による分業体制が，国際分業に大きな影響を与えている。

2 多国籍企業の影響 多国籍企業の進出は，雇用や所得の面で，進出先の国の経済発展に寄与する可能性がある。しかし，発展途上国では，多国籍企業の経営動向がその国の政治や経済に影響を与えることもある。また，海外進出がさかんになると，本国では**産業の空洞化**をまねきやすい。
(→p.97)

3 世界貿易の発達と変容

1 第二次世界大戦前 産業革命以後，欧米諸国を中心とした貿易体制がつくられてきたが，1929年に始まった世界恐慌により，主要国が，政府が規制を加えて貿易を統制する**保護貿易**の政策を進め，排他的なブロック経済体制に入った。これが第二次世界大戦の一因となった。

2│第二次世界大戦後 重要　世界経済の復興と資本主義経済体制を守るため、アメリカの圧倒的な経済力を背景とした国際経済体制（**ブレトン゠ウッズ体制**）が構築された。

①**国際通貨基金（IMF）**…通貨の安定のため、アメリカのドルを基軸とする金・ドル本位制をとり、各国の通貨とドルの交換比率を固定する固定為替相場制を採用して、貿易の促進をはかった。

②**国際復興開発銀行（IBRD）**…経済復興や開発援助のために、長期資金を供与する。**世界銀行**ともいう。

③**関税と貿易に関する一般協定（GATT）**…貿易の障害となる関税や通商制限をとりのぞいて、貿易の自由化を進め、世界貿易の拡大をめざす協定。

3│世界経済の転換　1970年代に入ると、アメリカの経済力が衰えはじめた。1971年、アメリカはドルと金の交換を停止した（ドル゠ショック）。世界の通貨は変動為替相場制に移行し、各国経済に悪影響を与えた。また、日本やドイツなどの経済力が伸びて、先進資本主義国の間で**貿易摩擦**が問題となった。

4│新しい世界貿易体制 重要

①**GATTからWTOへ**…GATTは、1993年に合意した新しい多角的な貿易交渉（ウルグアイ゠ラウンド）で、商品だけでなく、サービス貿易や知的所有権など、目に見えない国際取り引きまで協定化した。そして、この新しい貿易協定を運用するため、GATTにかわって、**世界貿易機関（WTO）**が設置され、貿易の自由化をいっそう進めている。

②**FTAやEPAの利用**…WTOによる多角的な貿易交渉は、加盟国の増加もあり交渉が難航している。そのため、WTO交渉を補完するものとして、特定の国や地域による、**自由貿易協定（FTA**、関税などの障壁をなくし、自由貿易を推進する協定）や、**経済連携協定（EPA**、FTAをもとに投資・人の移動・知的財産権のルールづくりなどより幅広い経済関係の強化を目的とする協定）の締結が急速に進んでいる。

要点

第二次世界大戦後…通貨の安定と**貿易の自由化**の推進

- **ブレトン゠ウッズ体制**…IMFやIBRD。GATTで補完
- **GATT**…商品の貿易の自由化を推進
- **WTO**…GATTにかわり、総合的な貿易の自由化を推進
- **FTAやEPA**…特定の国・地域で自由貿易や経済協力

48 世界の貿易とその問題②

1 世界貿易の問題とその対策 重要

1 貿易摩擦 輸出と輸入に極端なかたよりが生じた場合などに起こる,国家・地域間の対立のこと。1980年代以降,輸出が増加した日本・アジアNIEs・中国とアメリカ・EU諸国の間などで深刻化した。アメリカやEU諸国は,輸出国に対して**市場開放**をせまり,**輸入規制**を行った。これに対し,日本の自動車メーカーなどは,**現地生産**を増やすなどの対策を行った。

2 南北問題 おもに北半球の北側に位置する**先進国**と,その南側に位置する**発展途上国**との間の大きな**経済格差**の問題。

①**モノカルチャー経済**…多くの発展途上国でみられる,少数の**1次産品**の生産・輸出にたよる経済。垂直分業においては,発展途上国の1次産品は価格が安く,不安定であるのに対し,先進国の工業製品は価格が高く,生産量の調整も容易である。そのため,発展途上国は貿易上,不利な立場にあり,経済格差が縮まらない。こうして南北問題はますます深刻になっている。

②**国連貿易開発会議**(UNCTAD)…国連の常設機関として,1964年に設置された。先進国,発展途上国双方が南北問題解決への討議を行う。

③**フェアトレード**(**公正貿易**)…発展途上国の生産品を適正・公正な価格で売買すること。弱い立場の発展途上国の生産者・労働者の公正な賃金や労働条件を保証し,生活改善をめざす運動で,南北問題の解消にもつながる。

3 南南問題 発展途上国の間での経済格差の問題。石油輸出でうるおう**産油国**や工業化の進んだNIEs諸国と,貧困が依然として深刻なアフリカや南アジアなどのとくに工業化の進んでいない**後発発展途上国**との格差は大きい。
  └LDC, LLDCともよばれる

4 資源カルテル 資源産出国では,生産量や輸出量を調整して,価格維持を行う資源カルテルを結成している場合があり,自由貿易を阻害する要因となる。**石油輸出国機構**(**OPEC**)は,その代表的なものである。

要点

世界貿易の問題
- **貿易摩擦** ➡ 市場開放や現地生産
- **南北問題** ➡ UNCTADの設立や**フェアトレード**
- その他…**南南問題**,資源カルテル

2 おもな国の貿易構成と貿易相手国

輸出入品目や輸出入相手国(地域も含む)の順位は年により変化するので、上位のものを大まかに覚えておくこと。

	輸出入額 (百万ドル)	主要輸出入品目・相手国と輸出入額に占める割合(%) (上2段…輸出、下2段…輸入)(2010年。「世界国勢図会」による)
韓国	467,730	機械類34.7 自動車11.4 船舶10.1 精密機械7.9 石油製品6.9 中国24.8 アメリカ10.6 日本6.0 ホンコン5.4 シンガポール3.3
	425,094	機械類25.7 原油16.2 鉄鋼5.3 石油製品4.5 液化天然ガス4.0 中国16.8 日本15.1 アメリカ9.5 サウジアラビア6.3 オーストラリア4.8
中国	1,577,764	機械類44.0 衣類8.2 繊維品4.9 金属製品3.4 精密機械3.4 アメリカ18.0 ホンコン13.8 日本7.6 韓国4.4 ドイツ4.3
	1,396,002	機械類34.7 原油9.7 精密機械6.3 鉄鉱石5.7 プラスチック4.3 日本12.6 韓国9.9 アメリカ7.3 ドイツ5.3 オーストラリア4.3
インドネシア	157,779	石炭11.7 機械類9.9 パーム油8.5 液化天然ガス6.7 原油6.6 日本16.3 中国9.9 アメリカ9.1 シンガポール8.7 韓国8.0
	135,663	機械類26.4 石油製品13.3 原油6.3 鉄鋼5.5 自動車5.4 中国15.1 シンガポール14.9 日本12.5 アメリカ6.9 マレーシア6.4
インド	220,408	石油製品17.0 ダイヤモンド10.1 機械類7.9 繊維品5.8 衣類5.1 アラブ首長国13.2 アメリカ10.7 中国7.9 ホンコン4.3 シンガポール4.1
	268,629	原油25.3 機械類15.3 金(非貨幣用)10.5 ダイヤモンド8.2 中国11.6 アラブ首長国7.9 サウジアラビア6.1 スイス5.8 アメリカ5.1
南アフリカ	71,484	白金族13.1 鉄鋼10.8 機械類9.2 自動車9.2 石炭7.6 中国10.3 アメリカ9.2 日本7.6 ドイツ7.0 イギリス5.5
	80,139	機械類25.4 原油14.0 自動車8.6 石油製品4.5 医薬品2.7 中国17.2 ドイツ11.2 アメリカ7.4 サウジアラビア4.9 日本4.7
ドイツ	1,271,096	機械類27.2 自動車15.5 医薬品5.2 精密機械3.6 金属製品3.0 フランス10.0 オランダ6.9 イギリス6.5 イタリア6.4 オーストリア5.9
	1,066,817	機械類23.0 自動車7.0 原油4.9 医薬品4.4 衣類3.1 オランダ13.4 フランス8.0 中国7.9 ベルギー6.7 イタリア5.5
アメリカ	1,277,109	機械類26.8 自動車7.4 石油製品4.8 精密機械4.5 医薬品3.5 カナダ19.4 メキシコ12.8 中国7.2 日本4.7 イギリス3.8
	1,966,497	機械類26.7 原油13.6 自動車9.3 衣類4.2 石油製品3.6 中国19.5 カナダ14.2 メキシコ11.8 日本6.3 ドイツ4.3
ブラジル	197,356	鉄鉱石14.6 機械類8.3 原油8.3 肉類6.7 砂糖6.5 中国15.2 アメリカ9.6 アルゼンチン9.2 オランダ5.1 ドイツ4.0
	180,459	機械類28.2 自動車9.1 石油製品6.8 原油5.6 有機化合物4.4 アメリカ15.2 中国14.1 アルゼンチン7.9 ドイツ6.9 韓国4.6
オーストラリア	206,705	鉄鉱石21.4 石炭18.7 金(非貨幣用)6.3 原油4.5 液化天然ガス4.1 中国25.1 日本18.9 韓国8.9 インド7.1 アメリカ4.0
	188,741	機械類25.7 自動車12.5 原油7.7 石油製品5.0 医薬品4.5 中国18.6 アメリカ11.0 日本8.6 タイ5.2 シンガポール5.0

49 日本の貿易とその問題

1 貿易の変化 重要

1 第二次世界大戦前の貿易
原料，燃料のほか，機械類などの生産財を輸入し，綿織物などの軽工業製品を輸出した。

2 第二次世界大戦後の貿易
1950年代後半以降，原料，燃料を大量に輸入して，自動車，鉄鋼など重化学工業製品を大量に輸出した(**加工貿易**)。

3 現在の貿易
機械類，自動車の輸出が主だが，知識集約的な製品(先端技術産業の製品)の輸出が増え，アジア諸国などから，労働集約的な製品(家電などの機械類，衣類など)や食料品の輸入が増加。日本は世界貿易のなかでも，大きな地位を占める。

4 貿易相手国
アメリカやヨーロッパ諸国から中国やアジアNIEs，ASEAN諸国などアジア諸国への比重が高まった。

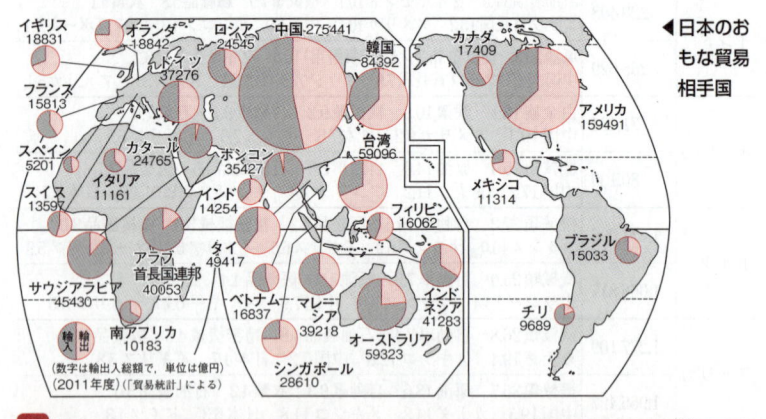

◀日本のおもな貿易相手国

イギリス 18831
オランダ 18842
ロシア 24545
中国 275441
ドイツ 37276
カナダ 17409
韓国 84392
フランス 15813
スペイン 5201
カタール 24765
香港 35427
台湾 59096
アメリカ 159491
イタリア 11161
スイス 13597
インド 14254
フィリピン 16062
メキシコ 11314
アラブ首長国連邦 40053
タイ 49417
ブラジル 15033
サウジアラビア 45430
ベトナム 16837
マレーシア 39218
インドネシア 41283
チリ 9689
南アフリカ 10183
オーストラリア 59323
シンガポール 28610

(数字は輸出入総額で，単位は億円)
(2011年度)(「貿易統計」による)

輸入／輸出

要点

日本の貿易
① 輸出…工業製品中心　② 輸入…機械類や原料，燃料など
③ 相手国…アジア地域が中心

---

2 日本の貿易の問題 重要

1 資源の海外依存
国内資源が乏しく，工業原料や燃料の多くを輸入に依存。食料品の輸入増による食料自給率の低下も問題。

2 貿易摩擦

1970年代以降，自動車，電気機械などの重化学工業製品が，アメリカやEU諸国など先進国に大量に輸出された。1980年代には，その国の産業と競合し，**貿易摩擦**が国際問題となった。

3 輸入の問題

貿易摩擦を機に，日本はアメリカから農産物の**輸入自由化**を迫られた。また，新興工業国からの工業製品が増大しており，国内の製造業が衰退し，**産業の空洞化**が加速することが懸念される。

4 貿易自由化交渉

自由貿易協定(FTA) や **経済連携協定(EPA)** (→p.113)の締結・交渉が進む。関税撤廃によって，輸出企業にとってはメリットが大きいが，安い輸入農産物との競争が懸念事項。TPPなど複数の国と結ぶ協定もある。

▼日本の輸出入品と輸出入相手国

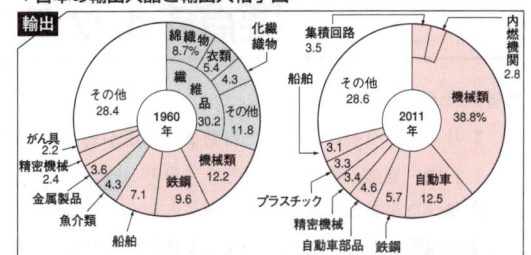

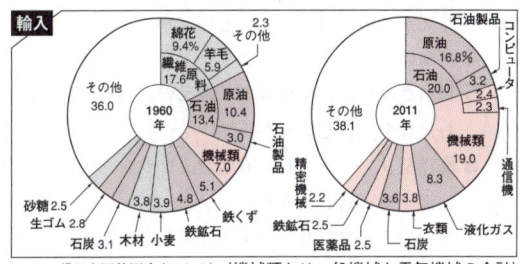

【輸出 1960年】その他 28.4／繊維品 30.2（綿織物 8.7、衣類 5.4、化繊織物 4.3、その他 11.8）／機械類 12.2／鉄鋼 9.6／船舶／魚介類 7.1／金属製品 4.3／精密機械 2.4／がん具 3.6／おもちゃ 2.2

【輸出 2011年】その他 28.6／機械類 38.8%（集積回路 3.5、内燃機関 2.8）／自動車 12.5／自動車部品 5.7／鉄鋼 4.6／精密機械 3.4／プラスチック 3.3／船舶 3.1

【輸入 1960年】その他 36.0／繊維原料 17.6（綿花 9.4、羊毛 5.9、その他 2.3）／原油 10.4／石炭 13.4／石油製品 3.0／機械類 7.0／鉄くず 5.1／鉄鉱石 4.8／小麦 3.9／木材 3.8／石炭 3.1／生ゴム 2.8／砂糖 2.5

【輸入 2011年】その他 38.1／原油 16.8%／石油 20.0／石油製品 3.2／コンピュータ 2.4／通信機 2.3／機械類 19.0／液化ガス 8.3／衣類 3.8／石炭 3.6／医薬品 2.5／鉄鉱石 2.5／精密機械 2.2

（「日本国勢図会」による）（機械類とは一般機械と電気機械の合計）

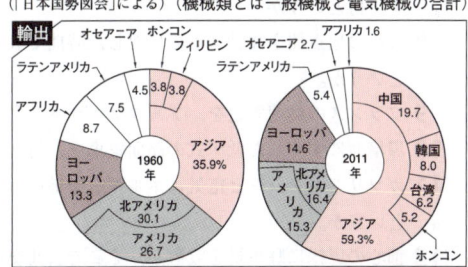

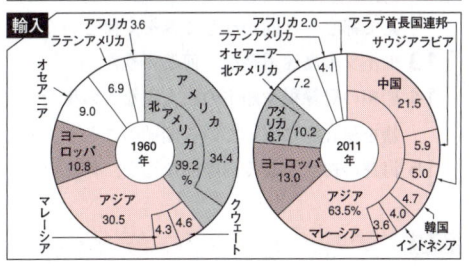

【輸出 1960年】アジア 35.9%／北アメリカ 30.1／アメリカ 26.7／ヨーロッパ 13.3／アフリカ 8.7／ラテンアメリカ 4.5／オセアニア 3.8／フィリピン 3.8

【輸出 2011年】アジア 59.3%／中国 19.7／韓国 8.0／台湾 6.2／ホンコン 5.2／北アメリカ 15.3／アメリカ 16.4／ヨーロッパ 14.6／ラテンアメリカ 5.4／オセアニア 2.7／アフリカ 1.6

【輸入 1960年】アジア 30.5／マレーシア／北アメリカ 39.2%／アメリカ 34.4／クウェート 4.6／ヨーロッパ 10.8／オセアニア 9.0／ラテンアメリカ 6.9／アフリカ 3.6／4.3

【輸入 2011年】アジア 63.5%／中国 21.5／マレーシア 3.6／インドネシア 4.0／韓国 4.7／5.0／5.9／アメリカ 8.7／北アメリカ 10.2／ヨーロッパ 13.0／サウジアラビア 7.2／アラブ首長国連邦 4.1／オセアニア／ラテンアメリカ 2.0／アフリカ 2.0

要点: 日本の貿易の問題…資源・食料の**海外依存**，**貿易摩擦**，輸入増による**産業の空洞化**，貿易自由化交渉をどうするか

要点チェック

↓答えられたらマーク　　　　　　　　　　　　　　　　　わからなければ⤴

- **1** 社会生活全般において，自動車の利用が当たり前のように，行動・意識が変化することを，何というか。　p.100
- **2** 第3次産業は，大別して，商業と何からなるか。　p.100
- **3** 小規模ながら，生活に必要な多種類の商品をあつかい，開店時間が長い小売店を，何というか。　p.100
- **4** 事前に料金を払う形式のカードを，何というか。　p.101
- **5** 自然豊かな農山村地域で，地元の人々や文化との交流を楽しむ旅行を，何というか。　p.102
- **6** 海洋型リゾートとして有名な，フランスのプロヴァンス地方の海岸を，何というか。　p.103
- **7** 1つのテーマに基づいてつくられた大規模な遊園施設のことを，何というか。　p.103
- **8** 2つの地点間を移動するのに要した時間で表した距離を，何というか。　p.104
- **9** フランスの高速鉄道を，アルファベット3文字で何というか。　p.104
- **10** 環境面にすぐれた低床式の路面電車を，何というか。　p.104
- **11** ガソリンエンジンと電気エネルギーを併用した自動車を，何というか。　p.105
- **12** 都心の周縁に駐車場を設置し，そこで公共交通機関に乗りかえて都心へと向かうしくみを，何というか。　p.105
- **13** ドイツの高速道路を，何というか。　p.105
- **14** 船舶の登録税や船主の法人税などの税金が安い国に，船の国籍を便宜的に置いている船舶のことを，何というか。　p.106
- **15** 海運の拠点となる国際的な港を，何というか。　p.106

答え

1 モータリゼーション　**2** サービス業　**3** コンビニエンスストア　**4** プリペイドカード
5 グリーンツーリズム　**6** コートダジュール　**7** テーマパーク　**8** 時間距離　**9** TGV
10 LRT（ライトレールトランジット）　**11** ハイブリッドカー　**12** パークアンドライド
13 アウトバーン　**14** 便宜置籍船　**15** ハブ港（国際ハブ港湾）

- **16** 条約により外国船が自由に航行できる河川を，何というか。 p.107
- **17** 航空路線が，大空港どうしを結ぶ長距離幹線と，大空港と地方空港を結ぶ支線に分化している構造を，何というか。 p.108
- **18** 輸送の拠点となる空港を，何というか。 p.108
- **19** 格安航空会社を，アルファベット3文字で何というか。 p.108
- **20** 日本の旅客・貨物輸送の中心である輸送機関は，何か。 p.109
- **21** コンピュータを利用した情報処理およびその関連技術を，何というか。 p.110
- **22** だれもが，いつでも，どこからでも，どんなものとでもつながることができるネットワーク社会のことを，何というか。 p.110
- **23** さまざまな情報の中から，主体的に必要な情報，正しい情報を取捨選択し活用する技能を，何というか。 p.111
- **24** 情報格差を，別名何というか。 p.111
- **25** おもに先進国の間で，工業製品をたがいに生産し，輸出する国際分業を，何というか。 p.112
- **26** 複数の国に生産や営業の拠点をもち，国際的な活動を行う企業を，何というか。 p.112
- **27** GATTにかわって設置された，貿易の自由化を推進する国際機関を，何というか。 p.113
- **28** 経済連携協定を，アルファベット3文字で何というか。 p.113
- **29** 先進国と発展途上国の間の経済格差の問題を，何というか。 p.114
- **30** 発展途上国の生産品を適正・公正な価格で売買することを，何というか。 p.114
- **31** 発展途上国の間での経済格差の問題を，何というか。 p.114
- **32** 原料，燃料を輸入して，工業製品を輸出する貿易を，何というか。 p.116
- **33** 日本の貿易相手先は，北アメリカやヨーロッパなどから，どの地域に比重が移ったか。 p.116

答え

16 国際河川　**17** ハブ＆スポーク（構造）　**18** ハブ空港　**19** LCC　**20** 自動車　**21** 情報技術（IT）　**22** ユビキタス社会　**23** メディアリテラシー　**24** デジタル・デバイド　**25** 水平分業　**26** 多国籍企業　**27** 世界貿易機関（WTO）　**28** EPA　**29** 南北問題　**30** フェアトレード（公正貿易）　**31** 南南問題　**32** 加工貿易　**33** アジア

50 世界の人口分布と人口増減

1 世界の人口分布

1 エクメーネ 人間が常時居住している地域。全陸地の約90％。

2 アネクメーネ 人間が常時居住していない地域。極,砂漠,高山など。

3 人口の分布 世界の総人口は,2011年で69億7400万人。
2022年で79億7500万人
平均人口密度は,2011年で51.2人/km²。モンスーンアジア
2022年で61.3人/km²
の地域(東・東南・南アジア),地中海地域,西ヨーロッパ,北アメリカ北東部では,とくに人口が多い。

年	人口
1850	11.71億人
1900	16.08
1950	25.16
2000	60.57
2011	69.74
2050	93.06(予測)

▲世界の総人口

(2011年)	人口(百万人)	(%)	人口密度(人/km²)
アジア	4,207	60.3	132.0
アフリカ	1,046	15.0	34.5
ヨーロッパ	739	10.6	32.1
アメリカ	945	13.6	22.3
北中アメリカ	548	7.9	22.4
南アメリカ	397	5.7	22.2
オセアニア	37	0.5	4.3
世界計	6,974	100.0	51.2

▲世界の地域別人口と人口密度(「世界国勢図会」による)

2 世界の人口増加

1 産業革命と人口 古代から産業革命前の17世紀ごろまでは,世界の人口は,ほとんど増加しなかったといわれる。しかし,産業革命が進むと,工業生産が増加し,**人口支持力**(ある地域で人口を扶養する力。生産力に比例し生活水準に反比例する)が強まった。

人口の多い国	人口(千人)	人口密度	人口密度の高い国	人口(千人)	人口密度
中　　　国	1,347,565	140	バングラデシュ	150,494	1,045
イ　ン　ド	1,241,492	378	韓　　　国	48,391	484
アメリカ	313,085	33	オ ラ ン ダ	16,665	446
インドネシア	242,326	127	イ　ン　ド	1,241,492	378
ブラジル	196,655	23	ベルギー	10,754	352
パキスタン	176,745	222	日　　　本	127,799	338
ナイジェリア	162,471	176	スリランカ	21,045	321
バングラデシュ	150,494	1,045	フィリピン	94,852	316
ロ　シ　ア	142,836	8	イギリス	62,417	257
日　　　本	127,799	338	ベトナム	88,792	254

▲世界の国別の人口と人口密度(人/km²)(2011年)(「世界国勢図会」による)
＊2023年にインドが中国を抜いて,人口世界1位になった。

2 人口爆発 重要　第二次世界大戦後，短期間で人口が急激に増加したこと。アジア，アフリカ，ラテンアメリカの**発展途上国**にみられる。その原因は，食料増産や医療の進歩，衛生環境の改善などによって，死亡率が急激に低下したのに対し，出生率が高水準で推移しているためである。

> **要点**
> 人口の分布…モンスーンアジアの地域などで多い
> 食料増産や医療の進歩，衛生環境の改善 ➡ 発展途上国で人口爆発

3 人口の増減と移動 重要

1 人口動態　人口の増減は，人口の**自然増加**と**社会増加**の総和。

2 自然増加

①**自然増加率**…出生率と死亡率の差から求める。

$$出生率\left(\frac{出生数}{総人口}\times1,000\right) - 死亡率\left(\frac{死亡数}{総人口}\times1,000\right) = 自然増加率$$

〔単位は‰＝パーミル〕

(出生数－死亡数)で自然増加の実数が求められる。

②**自然増加の型**…**多産多死型**(出生率，死亡率ともに高い→人口漸増型。後発発展途上国)，**多産少死型**(出生率高く死亡率低い→人口急増型。アジア，アフリカ，ラテンアメリカの発展途上国)，**少産少死型**(出生率，死亡率ともに低い→人口停滞型。先進国)。

③**自然増加の歴史的移行**…多産多死型→多産少死型→少産少死型へと移行。このことを**人口転換**(**人口革命**)という。

3 社会増加　人口移動(流入数－流出数)により地域人口が増減すること。

①**国際的移動**…移民や出稼ぎなど。ヨーロッパ人が新大陸へ。中国人が東南アジアへ(**華僑**)。インド人の移民(**印僑**)。アフリカの黒人が奴隷貿易で新大陸へ。東ヨーロッパやトルコ，アフリカから西ヨーロッパへ。メキシコ，カリブ海からアメリカへ。民族対立，人種差別，内戦などの混乱から逃れるために国外へ移動する人々のことを，**難民**という。

②**国内移動**…開拓(アメリカの西部開拓やロシアのシベリア開拓など)や，農村から都市への出稼ぎ・移住。都市からのUターン，Jターン，Iターン。

> **要点**
> 人口増加＝自然増加＋社会増加
> 自然増加＝出生数－死亡数。自然増加率＝出生率－死亡率
> 社会増加＝流入数－流出数。移民，出稼ぎ，難民など

51 世界の人口構成と人口問題

1 世界の人口構成

1 年齢別人口構成
人口ピラミッドともいわれ，その国や地域の人口変動の推移をまとめて表現している。年少人口(15歳未満)，生産年齢人口(15歳以上65歳未満)，老年人口(65歳以上)の多少などもわかる。

2 人口ピラミッドの型 重要
① 富士山型(ピラミッド型)…出生率が高く，人口が増加傾向を示す。後発発展途上国に多い。(→p.114)
② 釣鐘型(ベル型)…出生率，死亡率ともに低下し，人口停滞の傾向を示す。先進国に多くみられる。
③ つぼ型(紡錘型)…出生率がさらに低下し，死亡率が出生率を上回るようになり，人口が減少傾向を示す。ドイツや日本など一部の先進国にみられる。
④ 星型…生産年齢人口が多い都市部にみられる。
⑤ ひょうたん型…生産年齢人口がとくに少ない農村部にみられる。

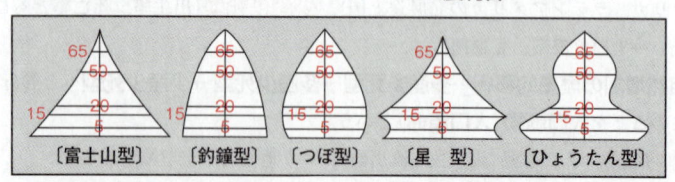

〔富士山型〕　〔釣鐘型〕　〔つぼ型〕　〔星型〕　〔ひょうたん型〕

3 地域別人口構成
地域の属性ごと，例えば，都市人口と農村人口の構成などをみるもの。一般に，工業化にともない都市人口が増加し，農村人口を上回るようになる。都市人口率は，「都市人口÷総人口」で計算。日本では約90％，アメリカでは約80％，中国では約50％。

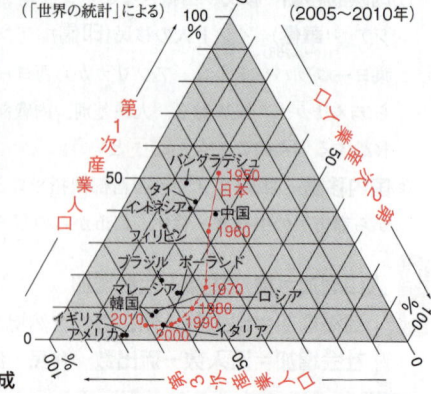

▶おもな国の産業別人口構成

4 産業別人口構成 【重要】

① **産業の分類**…**第1次産業**(農業，林業，水産業)，**第2次産業**(鉱業，工業(製造業)，建設業)，**第3次産業**(卸売業，小売業，情報通信業，運輸業，金融・保険業，不動産業，飲食店，宿泊業，医療・福祉，教育，公務など)。

② **産業構造の高度化**…発展途上国では第1次産業人口が多い。工業化や農業の機械化・省力化が進むと，つまり先進国では，第2次，第3次産業に産業の中心が移る。これを産業構造の高度化という。

> **要点**
> 年齢別人口構成…①**富士山型**(後発発展途上国。人口増加)，
> ②**釣鐘型**(先進国。人口停滞)，③**つぼ型**(一部の先進国。人口減少)
> 産業別人口構成…発展途上国から先進国へ移行する過程で，
> 第1次 ➡ 第2次 ➡ 第3次産業に中心が移る(産業構造の高度化)

2 世界の人口問題 【重要】

1 発展途上国の人口問題 人口爆発によって，①食料不足(飢餓におちいる国もある)や②エネルギー不足，③燃料(薪炭材)の需要増や過放牧，過耕作による森林の破壊，④都市への人口集中とスラムの拡大などの問題が発生している。

2 人口の抑制政策 中国では，1980年代から一人っ子政策が進められ，自然増加率は下がったものの，一人っ子への過保護，男女比のアンバランス，将来の老年人口比の急増などの弊害が出た(2015年廃止)。インドでは，**家族計画**(産児制限)による人口抑制政策を実施したが，国民の反発により中止された。

3 先進国の人口問題 出生率・死亡率の低下と平均寿命の伸びによって少子高齢化が進む。老年人口比率が7％をこえると**高齢化社会**，14％をこえると**高齢社会**とよばれる→将来の**人口減少**，**労働力の不足**。

4 ヨーロッパの人口政策 さまざまな少子化対策，高齢者対策を実施し，社会保障・社会福祉を充実させている。ドイツなどでは，**外国人労働者**の受け入れを行っているが，失業者の増加や古くからの住民との対立などが発生している。

> **要点**
> 発展途上国…人口爆発 ➡ 食料，エネルギー不足，環境破壊，
> 都市への人口集中 ➡ 一人っ子政策，家族計画
> 先進国…出生率・死亡率の低下 ➡ 少子高齢化，労働力不足
> ➡ 福祉の充実，外国人労働者の受け入れ

2編 現代世界の系統地理的考察

52 日本の人口と人口問題

1 日本の人口と人口構成

1 人口の増加 明治時代以後,産業革命をへて,日本の人口は急増した。1900年には,約4385万人だったが,現在は1億2000万人をこえる。

2 将来人口 重要 第二次世界大戦後のベビーブームの後は,次第に出生率・死亡率とも低下し,自然増加率も低下していき,少産少死型になっている。そして,2008年をピークに,人口停滞から**人口減少**の傾向となっている。今後は急速に減少し,2040年代には1億人を下回ると推計される。

3 人口の分布 約38万km²の狭い国土の中で,人口密度は300人/km²をこえ,世界有数の高密度国。とくに,関東南部から東海,近畿,瀬戸内,北九州にいたる**太平洋ベルト**に人口が集中し,過密となっている。一方,人口密度が低く,人口の減少になやむ過疎の地域も広がっている。

4 人口構成

① **年齢別人口構成**…日本の人口ピラミッドは,第二次世界大戦前から戦後しばらくの典型的な富士山型(ピラミッド型)から,釣鐘型(ベル型)をへて,現在は**つぼ型**(紡錘型)となっている。(→p.122)

② **産業別人口構成**…戦後,近代工業の発展によって,第1次産業人口が減少し,第2次,第3次産業人口が増加している。

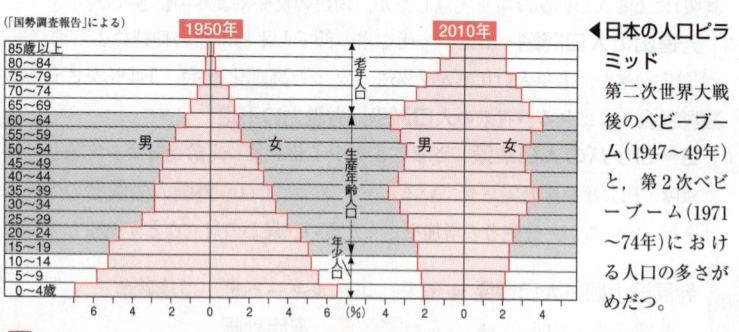

◀**日本の人口ピラミッド**
第二次世界大戦後のベビーブーム(1947〜49年)と,第2次ベビーブーム(1971〜74年)における人口の多さがめだつ。

> **要点** 日本の人口構成…多産多死型→**少産少死型**,富士山型→釣鐘型→つぼ型 ➡ 人口停滞から**人口減少**へ

2 日本の人口問題と人口移動 重要

1│少子高齢化　出生率の急激な低下と平均寿命の伸びによる。日本は，2007年から老年人口比率が21％以上のいわゆる**超高齢社会**に突入。高齢化は，農村部だけでなく，都市部でも進行している。このため，生産年齢人口の減少による労働力不足，年金などの社会保障費の負担問題が懸念（けねん）される。

2│過密　都市に人口が集中しすぎて，住宅不足，土地の値上がり，交通の混雑，公害などが発生し，公園，学校など社会資本の不足がめだつ状態。

3│過疎　農山村や離島などで，人口が流出して，病院，学校，バスなどの社会施設や公共交通機関がなくなり，伝統的な地域社会が衰退，消滅している状態。65歳以上の住民が半数をこえ，社会生活の維持が困難となる限界集落や，すべての人が離村する廃村もみられる。

4│外国人労働者　現在，日本は公式には単純労働の外国人労働者を受け入れていないが，**日系外国人**（→ブラジル人やペルー人など）や外国人研修生の就労は認めている。外国人労働者は年々増加し，国別では中国人が，業種別では製造業が最も多い。一方で，**不法就労者**が多数存在する。

5│さまざまな国内の人口移動　就職や進学，豊かで便利な生活を求めて，**農村部から都市部**への移動が多い。一方で，地方から大都市へ移動した人が再び故郷に戻る**Uターン**や，故郷まで戻らずその近くの中小都市に移動する**Jターン**，都会育ちの人が地方に移住する**Iターン**などの移動もみられる。

> **要点**
> 日本の人口問題…少子高齢化，過密，過疎，外国人労働者など
> 国内の人口移動…**農村部**から**都市部**へ。U・J・Iターンも

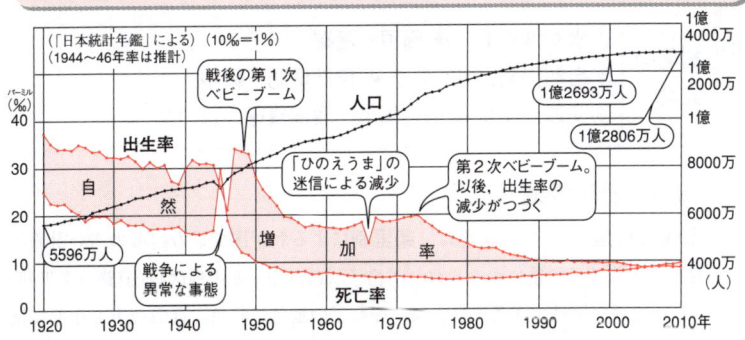

▲日本の人口と出生率，死亡率の推移

53 村落の立地と発達

1 村落の立地条件 【重要】

1│自然条件 水が得やすいことは，村落の立地の第一の条件。地形的には，生活に便利な平地，自然災害に対して安全な場所が選ばれる。

2│社会条件 交通の便利さは重要な立地条件。街道の分岐点，河川の合流点(**落合集落**)，川の渡し場(**渡津集落**)，河川が山地から平野に流れ出る地点(**谷口集落**，関東平野の周縁部に多くみられる)などは，交通の要衝であり，村落が発達しやすい。その他，防衛上の要地，開拓地，資源産地などに村落が立地。

2 村落の立地

1│平地 稲作のさかんな沖積平野では，洪水を避けるため，**自然堤防**に立地。(→p.26) 濃尾平野西部の木曽川，長良川，揖斐川の合流地域には，集落や耕地全体を高い堤防で囲んだ**輪中**がみられる。

2│台地や扇状地 洪積台地や，扇状地の中央部である扇央は，地下水面が深いので，村落の立地は遅れた。扇状地では，水にめぐまれた**扇頂**や**扇端**に村落が立地する。

3│山地 谷間の日当たりのよい緩斜面に立地(**日向集落**)。

4│海岸 岩石海岸では，湾奥の狭い低地に立地。砂浜海岸では，砂丘または浜堤の内側(内陸側)に農村(親村，**岡集落**とよばれる)，外側(海岸側)に漁村(子村，**納屋集落**とよばれる)が立地(千葉県の九十九里浜が有名)。

要点	村落の立地	①水が得やすい ➡ 扇頂や扇端 ②自然災害に対し安全 ➡ 自然堤防，輪中 ③交通が便利 ➡ 落合集落，渡津集落，谷口集落

3 日本の村落の発達 【重要】

1│古代の村落 条里制集落は，条里制によるわが国で最も起源の古い計画的な村落。大化改新の後につくられ，①格子状に直交する土地区画(道路＝条里制)，②30～40戸の**塊村**，③条，里，反，坪などの地名に特色。近畿地方を中心に関東から九州の平野部に分布し，現在でも土地区画のなごりがみられる。

2 中世の村落

① <u>荘園集落</u>…荘園の中に立地した村落。条里制集落より条件の悪い扇状地や氾濫原に立地。本荘、領家、別所、給田（→p.26）などの地名が残る。

② **名田百姓村**…開墾権を与えられた名主（有力農民）が開墾した土地に立地した村落。太郎丸、三郎丸、五郎丸などの地名が残る。

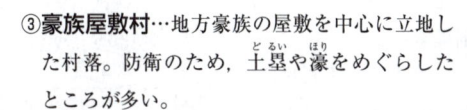

③ **豪族屋敷村**…地方豪族の屋敷を中心に立地した村落。防衛のため、土塁や濠をめぐらしたところが多い。

④ **寺百姓村**…寺社の開墾した土地に立地した村落。

⑤ <u>隠田百姓村</u>（おんでん）…隔絶した山間部に落武者や租税逃れの人々が土着して成立した村落。五家荘（熊本県）、椎葉（宮崎県）、祖谷（徳島県）、十津川郷（奈良県）、白川郷（岐阜県）、三面（新潟県）、檜枝岐（福島県）など。

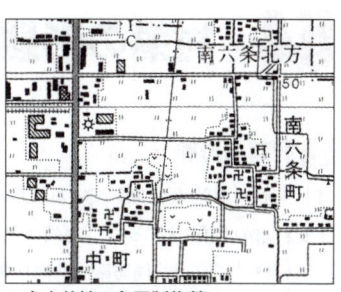

▲奈良盆地の条里制集落
［2万5千分の1地形図「大和郡山」］

▲武蔵野の新田集落
［5万分の1地形図「青梅」］

3 近世の村落

新田集落は、江戸時代に幕府や藩の奨励によって開墾された土地に成立した計画的な村落。洪積台地や干拓地など、立地条件の悪いところが多い。新田、新開、荒居、加納などの地名が残る。武蔵野の例が有名で、短冊型の地割りがみられる。

4 近代の村落

① <u>屯田兵村</u>（とんでんへい）…北海道の警備と開拓、失業士族の救済を目的に、明治政府がつくった計画的な開拓村。地割りは、格子状の土地区画。琴似（札幌）、江別、旭川付近になごりがみられる。

② **その他**…児島湾、有明海、八郎潟などの干拓地、八ヶ岳などの火山山麓、牧ノ原、根釧台地などの台地に、開拓村ができた。

要点 日本の村落
- ①古代…<u>条里制集落</u>（近畿中心）　②中世…<u>荘園集落</u>など
- ③近世…<u>新田集落</u>　④近代…<u>屯田兵村</u>など

54 村落の形態と機能

1 村落の形態 重要

1 集村　住居が密集している村落。成立要因としては、飲料水の共有(オアシス、扇端などの湧水地)、洪水防御(自然堤防)、共同防衛、共同作業など。旧大陸の自然発生的な村落に多い。

①**塊村**…家屋が不規則に密集し、塊状になった村落。農地は分散。日本の**条里制集落**など。(→p.126)

②**路村**…住居が道路にそって、細長く並んだ村落。家屋の密集度は低く、道路への依存度も高くない。短冊型の地割りをもつ日本の**新田集落**やヨーロッパの**林地村**(中世に森林地域に形成された開拓村)など。(→p.127)

③**街村**…街道などの主要道路にそって、住居が連続する村落。家屋の密集度が高く、商店や宿屋など**商業的機能**が強いので、路村よりも道路への依存度が強い。日本の**宿場町**や**市場町**、門前町など。(→p.131)

④**円村(環村)**…中央の広場や池を中心に、住居が円状に密集した村落。**防御機能**が強い。奈良盆地の周囲に濠をめぐらした**環濠集落**や東日本の豪族屋敷村、ドイツやポーランドなどの開拓村など。背後に農地が広がる。

⑤**列村(連村)**…道路以外の要因で、住居が不規則に列状に並んだ村落。山麓や自然堤防上によくみられる。

▲集村の形態

▶**砺波平野の散村**　[2万5千分の1地形図「砺波」]
家屋の横の針葉樹は、冬の北西季節風を防ぐための**屋敷林**である。

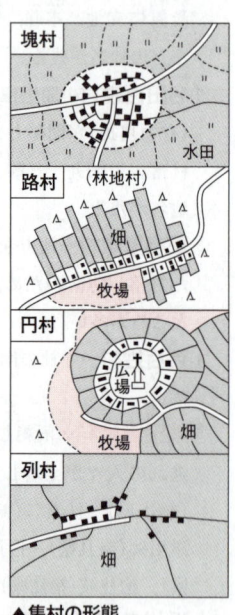

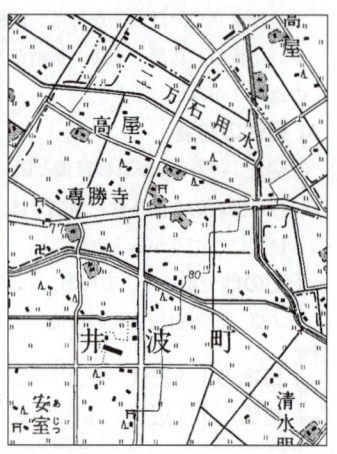

2 散村 住居が1戸ずつ分散している村落。成立要因としては，飲料水が自由に得られること，計画的な土地制度が行われていること，農業の経営面積が広いこと，防衛の必要のないことなど。近世以後に成立したものが多く，一般に人口密度の低い地域や，開発の新しい**開拓村**で広くみられる。

①**世界での分布**…アメリカ，カナダ，アルゼンチン，オーストラリアなどの新大陸の農業地域に多くみられる。とくに，アメリカの**タウンシップ制**(18世紀後半からアメリカ中西部で行われた公有地の地割り制度。格子状に分割し，ホームステッド法で払い下げられた)によって区切られた土地が代表的。

②**日本での分布**…富山県の**砺波平野**が典型的。黒部川扇状地(富山県)，**出雲平野**(島根県)，讃岐平野(香川県)，大井川下流(静岡県)などにも分布。砺波平野では，扇状地ながら地下水が豊富，江戸時代の藩の開拓政策，春先のフェーン現象による火災の延焼防止などの要因で散村が成立した。(→p.36)

> **要点**
> **集村**…住居が密集。飲料水の共有，共同防衛，共同作業で成立。**塊村**，**路村**，**街村**，**円村**など
> **散村**…住居が分散。開発の新しい開拓村に多い。新大陸の農業地域，**砺波平野**，**出雲平野**のものなど

2 村落の機能と住居

1 村落の機能

①**農村**…農業，牧畜を行う。モンスーンアジアの稲作地域では，共同社会的な性格が強い。(→p.36)

②**山村**…世界には，林業だけを行う林業村もあるが，日本では農業をかねる農山村がほとんどである。

③**漁村**…水産業を行う。日本では半農半漁村が多い。

2 世界の住居 熱帯では樹上，水上，杭上(高床)の住居が多い。西アジアや北アフリカの乾燥地域では日干しれんがを多く使用。←アドベ 温帯，亜寒帯では木造の住居が中心。(→p.145)

3 日本の住居 屋根の形は，切妻，寄棟，入母屋が基本形。間取りの基本は田の字型。

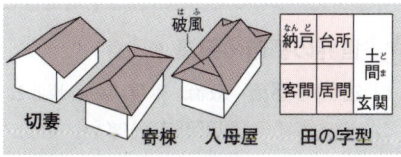

▲伝統的な日本の住居の形態

55 都市の立地と発達

1 都市の立地

1｜立地条件 村落と基本的に同じ。①水や食料，資源が得やすい，②自然災害や外敵に対して安全，③交通が便利など。ふつう，一定の距離をおいて立地。

2｜平野や盆地の中心 生産力の高い後背地(ヒンターランド)の中心に立地。パリ，ベルリン，モスクワ，甲府など。

3｜交通の要地 物資の交易拠点として立地。
- ①湾頭(わんとう)…湾の奥に立地。サンクトペテルブルク，ボルティモア，東京，大阪。
- ②海峡…海峡をはさんで立地。イスタンブール，ジブラルタル，青森と函館(はこだて)。
- ③運河…運河の両端に立地。スエズとポートサイド，パナマシティとコロン。
- ④河口…ニューヨーク，ニューオーリンズ，モンテビデオ。
- ⑤河川の遡航(そこう)の限界点…ロンドン，ハンブルク。 ↳さかのぼって航行
- ⑥河川の合流点…ベオグラード，セントルイス。 ↳アメリカ
- ⑦河川交通の終点…バーゼル，アメリカ大西洋岸のニューヨーク，ワシントンD.C.，リッチモンド，コロンビア，オーガスタなどの**滝線都市**(たきせん)(硬層の台地と軟層の平野の境にならぶ滝や急流を結んだ線上に成立した都市)。
- ⑧渡津(としん)…河川の両岸に立地(**双子都市**)。ケンブリッジ，ブダペスト，セントポールとミネアポリス，金谷(かなや)と島田(しまだ)。 ↳イギリス　↳アメリカ
- ⑨山地と平野の境界…**谷口集落**(たにぐち)(おうめ)(よりい)。青梅，寄居。(→p.126)
- ⑩峠のふもと…トリノ，ミラノ，箱根峠をはさんだ小田原(おだわら)と三島(みしま)。

4｜熱帯の高原 高温多湿の低地を避け，温和な高原に立地する**高山都市**。ラパス，キト，ボゴタ。

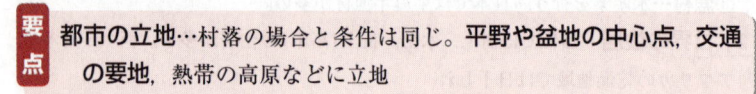

> **要点** 都市の立地…村落の場合と条件は同じ。**平野や盆地の中心点，交通の要地，熱帯の高原**などに立地

2 世界の都市の発達 【重要】

1｜古代の都市 政治，軍事の中心地として，市街地を土塁，城壁(どるい)(ほり)，濠などで囲んだ**城塞都市**(じょうさい)(**囲郭都市**(いかく))が多い。ギリシャの**ポリス**(都市国家，アテネやスパルタ)が有名。その他，地中海沿岸の**植民都市**(カルタゴやアレクサンドリア)。

10章 村落と都市

2 中世の都市 領主の居城や教会を中心とする**封建都市**(パリ)や，自治権を獲得した商業都市である**自治都市**(ヴェネツィア，フィレンツェ)，北海，バルト海ぞいの商業都市で構成された**ハンザ同盟都市**(ハンブルク，ブレーメン)。

3 近世の都市 統一国家の出現や中央集権化により，**首都**(ロンドン，モスクワ)が成長。また，大航海時代以降の貿易港として**商業都市**(リスボン，アムステルダム)も発達し，新大陸やアジアでは，植民地支配の拠点として**植民都市**(マニラ，ムンバイ)が成立。

4 近代の都市 産業革命以降，多くの**工業都市**(マンチェスター，エッセン)が成長。政治，経済の中心として多様な機能をもった**メトロポリス**(巨大都市，ニューヨークやロンドン)が出現。

> **要点** 世界の都市
> ①古代…城塞都市，植民都市　②中世…封建都市，自治都市，ハンザ同盟都市　③近世…首都，商業都市，植民都市　④近代…工業都市，メトロポリス

3 日本の都市の発達 重要

1 古代の都市 格子状の道路網(**条坊制**)を備えた計画都市(**平城京**，**平安京**)。

2 中世の都市 商業，交通の発達で成立。
① **門前町**…有力寺院が中心。高野(金剛峯寺)，長野(善光寺)。
② **鳥居前町**…有力神社が中心。伊勢(伊勢神宮)，琴平(金刀比羅宮)。
③ **寺内町**…浄土真宗の寺院を中心に防御機能をもつ。今井(橿原市)，富田林。
④ **港町**…水上交通の拠点。堺，大津，博多(福岡市)。
⑤ **市場町**…定期市が発展。四日市，八日市(東近江市)，廿日市。

3 近世の都市 大名の城を中心とした**城下町**や，主要な街道ぞいの宿駅に**宿場町**(三島，妻籠(南木曽町))。

4 近代の都市 **工業都市**や**メトロポリス**のほか，メトロポリスの周辺に多くの**衛星都市**(住宅都市が多い，多摩や春日井)。ひとつの大企業を中心とした工業都市を**企業城下町**(豊田，日立，延岡)ともいう。

> **要点** 日本の都市
> ①古代…平城京や平安京(条坊制)　②中世…門前町，鳥居前町，寺内町，港町，市場町　③近世…城下町，宿場町　④近代…工業都市，メトロポリス，衛星都市

56 都市の形態と機能

1 街路による都市形態の分類

1. **直交路型** シーアン，ペキン，ニューヨーク，シカゴ，京都，札幌。
2. **放射直行路型** ワシントンD.C.，ベロオリゾンテ（→ブラジル），旭川，帯広。
3. **放射環状路型** モスクワ，パリ，カールスルーエ（→ドイツ），キャンベラ。
4. **迷路型** 防御が目的。テヘラン，ダマスカス，日本の城下町。

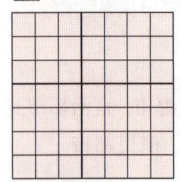

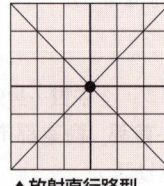

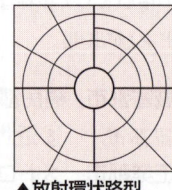

▲直交路型　▲放射直行路型　▲放射環状路型　▲迷路型

2 都市の機能分類 重要

1. **生産都市** 物資の生産をおもな機能とする都市。鉱業都市，工業都市，林産都市，水産都市に分類される。
2. **交易都市** 商業や交通の中心として発達した都市。商業都市（とくに卸売業，小売業，金融・保険業のさかんな都市），交通都市に分類される。
3. **消費都市** 消費をおもな機能とする都市。政治都市，軍事都市，宗教都市，住宅都市，学術都市，観光都市，保養都市に分類される。

3 おもな生産都市

1. **鉱業都市**
   ① 石炭…タートン，カラガンダ，ノヴォクズネック（→ロシア）。
   ② 石油…ターチン，バクー，マラカイボ。
   ③ 鉄鉱石…クリヴォイログ，キルナ，カラジャス。
   ④ その他…銅（チュキカマタ，ビンガム），金（ヨハネスバーグ，カルグーリー（→オーストラリア）），ニッケル（サドバリ（→カナダ））。

2. **工業都市**
   ① 鉄鋼…ウーハン，エッセン，エカテリンブルク，ピッツバーグ，北九州。

②**自動車**…ヴォルフスブルク，デトロイト，豊田。

③**その他**…造船(ウルサン，長崎)，化学(アクロン，延岡)，繊維(ムンバイ，リヨン，福井)。

3 林産都市　アルハンゲリスク(←ロシア)，シトカ(←アメリカ)，新宮，能代。

4 水産都市　ベルゲン(←ノルウェー)，キングストン(←イギリス)，セントジョンズ(←カナダ)，焼津，釧路。

4 おもな交易都市

1 商業都市　シャンハイ，ロンドン，ニューヨーク，大阪。

2 交通都市 重要　①鉄道(ウィニペグ(←カナダ)，米原，鳥栖)，②港(ホンコン，シンガポール，横浜，神戸)，③空港(アンカレジ(←アメリカ)，千歳)。

5 おもな消費都市

1 政治都市　ワシントンD.C.，ブラジリア，キャンベラ。

2 軍事都市　ウラジオストク，ジブラルタル，ポーツマス(←アメリカ、イギリス)，横須賀。

3 宗教都市 重要

①**キリスト教**…エルサレム，バチカン。

②**イスラーム**…メッカ，メディナ，エルサレム。

③**仏教**…ラサ(←チベット仏教)，長野や成田などの門前町。(→p.131)

④**その他**…ヒンドゥー教(ヴァラナシ)，ユダヤ教(エルサレム)，神道(伊勢，出雲などの鳥居前町)。(→p.131)

4 住宅都市　一般的に，大都市の周辺に立地する**衛星都市**(→p.135)。ロンドン周辺(レッチワース，ハーロー)，東京周辺(多摩，船橋)，名古屋周辺(小牧，春日井)，大阪周辺(豊中，芦屋)。

5 学術都市　アカデムゴロドク(←ロシア)，ハイデルベルク(←ドイツ)，ケンブリッジ(←イギリス)，オックスフォード(←イギリス)，ボストン，つくば。

6 観光都市　ペキン，パリ，ローマ，アテネ，京都，奈良。

7 保養都市　①避暑(バギオ(←フィリピン)，バンドン(←インドネシア)，シムラ(←インド)，軽井沢)，②避寒(ヤルタ(←ウクライナ)，ニース，マイアミ(←アメリカ))，③温泉(バーデンバーデン(←ドイツ)，別府，草津)。

要点	都市の機能分類	①生産都市…鉱業，工業，林産，水産 ②交易都市…商業，交通 ③消費都市…政治，軍事，宗教，住宅，学術，観光，保養

57 都市の機能と構造

1 都市の中心地機能

1 中心地機能【重要】
都市内部や周辺地域に対して，行政，文化や厚生，商業やサービス，交通や通信などの各分野で供給される機能。大都市ほど多角的で高度な中心地機能をもつようになり，中小都市とは階層的格差が存在する。

行政面	国家行政機能，広域行政機能
文化，厚生面	各種文化団体事務所，大型集会所，劇場，映画館，博物館，画廊，大学以下の各種学校，新聞社，放送局
商業，サービス面	各種企業の本社(支社)，都市銀行の本店(支店)，卸売市場，高級専門店，大型デパート，地下商店街，高級レストラン，貸ビル，大型ホテル，娯楽センター
交通，通信面	中央郵便局，中枢通信局，地下鉄網，大型バスターミナル，大駐車場，旅行案内所

▲大都市の中心地機能の例

2 クリスタラーの中心地理論
→ドイツの地理学者

都市には中心地機能の種類や量によって階層性があるとともに，その分布は，理論的には大小の正六角形の規則的な組み合わせになる。ただし，現実の都市の分布は，地形などの影響で理論どおりにはならない。

2 都市地域の分化

1 都市地域(都市圏)
中心都市から周辺へ，中心地機能の到達する範囲のこと。とくにメトロポリス(巨大都市)の場合は，**メトロポリタンエリア(大都市圏)**とよばれる。日本では，**東京圏，大阪圏，名古屋圏**を三大都市圏とよび，人口や産業が集中する。

2 都市地域の分化
大都市になるほど，都市地域は拡大し，その内部は分化して，さまざまな地域に分かれる。

3 都心【重要】
中心地機能が集中する地域。

①**中心業務地区(CBD)**…企業の本社や銀行の本店などが立地。ロンドンのシ
→Central Business District
ティ，ニューヨークのウォール街，東京の丸の内，大阪の中之島。

②**官公庁区**…政治・行政機関が集中。東京の霞が関，大阪の大手前。

③**都心商業地区**…専門店や百貨店などが集中。東京の銀座，大阪の梅田。

④**その他の特徴**…地価がひじょうに高いため，高層建築が多い。**昼間人口**は多いが，**夜間(常住)人口**は少なく，昼間と夜間の人口の差が大きい。**インナーシティ**の問題をもつ地区もある。

4 **副都心** 重要　交通の結節点に立地し，都心の機能を一部分担する。東京の新宿，渋谷，池袋，大阪の天王寺，パリのラ・デファンス。

5 **混合地区**　都心に隣接し，住宅・工業・商業地区が混在。

6 **住宅地区**　交通の便や住環境がよい地区ほど高級化。鉄道沿線を中心に郊外へと拡大。人種・民族や社会階層などによって**住み分け**が進むことが多く，都市問題につながりやすい。

7 **工業地区**　地価が安く，敷地にめぐまれ，港湾や郊外など交通の便利な地域に発達。港湾付近は，**ウォーターフロント**(→p.143)として注目されるようになり，再開発が進む。

8 **商業地区**　鉄道の駅前や郊外の幹線道路ぞいに，商業施設や飲食店が集まる。

9 **近郊圏**　大都市への通勤・通学圏で，都市化が進行している地域。**衛星都市**(大都市の周辺にあって，それと有機的なつながりをもちながら発達した中小都市。住宅衛星都市(ベッドタウン)と工業衛星都市がある)が立地。

10 **勢力圏**　近郊圏の外側で，なお中心地機能の到達する地域。

> **要点**
> **都市地域の分化**
> 都心(中心業務地区など)，副都心…都市地域の中枢
> 近郊圏…通勤・通学圏。衛星都市が発達
> 勢力圏…中心地機能が到達する地域

3 都市地域の拡大

1 **コナーベーション(連接都市)**　複数の都市地域が拡大し，連続して一体化した都市地域。大都市が拡大し周辺の市街地と結合する場合(東京，ロンドン，パリなど)と，隣接都市がそれぞれ拡大して市街地が結合する場合(ドイツのルール地方など)がある。

2 **メガロポリス(巨帯都市)** 重要　いくつかのメトロポリスを中心に，多くの都市が連続し，交通や通信によって密接に結合した巨大な帯状の都市地域のこと。アメリカ東海岸のボストン～ニューヨーク～フィラデルフィア～ボルティモア～ワシントンD.C.と連なるアメリカンメガロポリスと，日本の東京圏～静岡県～名古屋圏～大阪圏と連なる**東海道メガロポリス**が代表的。

> **要点**
> コナーベーション…連続した都市地域
> メガロポリス…巨大な帯状の都市地域 ➡ 東海道メガロポリス

要点チェック

↓答えられたらマーク　　　　　　　　　　　　　　　　　　　　　わからなければ ➡

- [ ] **1** 人間が常時居住していない地域を，何というか。　　　　　　　p.120 **1** 2
- [ ] **2** 第二次世界大戦後，おもに発展途上国で短期間に人口が急増したことを，何というか。　　　　　　　　　　　　　　　　　　p.121 **2** 2
- [ ] **3** 人口増加は，自然増加と何の総和か。　　　　　　　　　　　p.121 **3** 1
- [ ] **4** 自然増加の3つの型を，すべて答えよ。　　　　　　　　　　p.121 **3** 2
- [ ] **5** 民族対立，人種差別，内戦などの混乱から逃れるために国外へ移動する人々を，何というか。　　　　　　　　　　　　　　p.121 **3** 3
- [ ] **6** 15歳以上65歳未満の人口を，何というか。　　　　　　　　　p.122 **1** 1
- [ ] **7** 多くの後発発展途上国でみられる人口ピラミッドの型を，何というか。　　　　　　　　　　　　　　　　　　　　　　　　　p.122 **1** 2
- [ ] **8** 一部の先進国でみられる，人口が減少傾向を示す人口ピラミッドの型を，何というか。　　　　　　　　　　　　　　　　　　p.122 **1** 2
- [ ] **9** 第1次産業から，第2次，第3次産業へと産業の中心が移ることを，何というか。　　　　　　　　　　　　　　　　　　　　p.123 **1** 4
- [ ] **10** 中国で行われていた人口抑制政策を，何というか。　　　　　p.123 **2** 2
- [ ] **11** 関東南部から東海，近畿，瀬戸内，北九州にいたる，人口集中地域を，何というか。　　　　　　　　　　　　　　　　　　p.124 **1** 3
- [ ] **12** 人口が流出して，地域社会が衰退する状態を，何というか。　p.125 **2** 3
- [ ] **13** 65歳以上の住民が半数をこえ，社会生活の維持が困難となる集落を，何というか。　　　　　　　　　　　　　　　　　　p.125 **2** 3
- [ ] **14** 地方から大都市へ移動した人が，再び故郷に戻る人口移動のパターンを，何というか。　　　　　　　　　　　　　　　　　p.125 **2** 5
- [ ] **15** 山地と平野の境界に成立する集落を，何というか。　　　　　p.126 **1** 2
- [ ] **16** わが国で最も起源の古い計画的な村落を，何というか。　　　p.126 **3** 1

答え

1 アネクメーネ　**2** 人口爆発　**3** 社会増加　**4** 多産多死型，多産少死型，少産少死型（順不同）　**5** 難民　**6** 生産年齢人口　**7** 富士山型（ピラミッド型）　**8** つぼ型（紡錘型）　**9** 産業構造の高度化　**10** 一人っ子政策　**11** 太平洋ベルト　**12** 過疎　**13** 限界集落　**14** Uターン　**15** 谷口集落　**16** 条里制集落

要点チェック

- ☐ **17** 五家荘など隔絶した山間部に成立した村落を，何というか。 p.127 3 2
- ☐ **18** 江戸時代に成立した計画的な村落を，何というか。 p.127 3 3
- ☐ **19** 明治政府が北海道でつくった計画的な村落を，何というか。 p.127 3 4
- ☐ **20** 家屋が不規則に密集し，塊状になった村落を，何というか。 p.128 1 1
- ☐ **21** 街道などの主要道路にそって住居が連続する，商業的性格の強い村落を，何というか。 p.128 1 1
- ☐ **22** 中央の広場や池を中心に，住居が円状に密集した村落を，何というか。 p.128 1 1
- ☐ **23** 住居が1戸ずつ分散している村落を，何というか。 p.129 1 2
- ☐ **24** アメリカ大西洋岸にみられる，台地と平野の境にある滝や急流を結んだ線上に成立した都市を，何というか。 p.130 1 3
- ☐ **25** 市街地を城壁，濠などで囲んだ古代の都市を，何というか。 p.130 2 1
- ☐ **26** 日本で有力寺院を中心に成立した都市を，何というか。 p.131 3 2
- ☐ **27** 日本で定期市が発展して成立した都市を，何というか。 p.131 3 2
- ☐ **28** 日本で主要街道ぞいの宿駅に成立した都市を，何というか。 p.131 3 3
- ☐ **29** タートン，バクー，キルナなどの生産都市を，何というか。 p.132 3 1
- ☐ **30** ワシントンD.C.，ブラジリア，キャンベラなどの消費都市を，何というか。 p.133 5 1
- ☐ **31** エルサレム，メッカ，伊勢などの消費都市を，何というか。 p.133 5 3
- ☐ **32** ハイデルベルク，つくばなどの消費都市を，何というか。 p.133 5 5
- ☐ **33** 都市内部や周辺地域に対して，行政，商業などの各分野で供給される機能を，何というか。 p.134 1 1
- ☐ **34** 中心業務地区を，アルファベット3文字で何というか。 p.134 2 3
- ☐ **35** 都心の機能を一部分担する地区を，何というか。 p.135 2 4
- ☐ **36** 大都市の周辺にあって，それと有機的なつながりをもちながら発達した中小都市を，何というか。 p.135 2 9
- ☐ **37** 多くの都市が連続し，交通や通信によって密接に結合した巨大な帯状の都市地域のことを，何というか。 p.135 3 2

答え
17 隠田百姓村 **18** 新田集落 **19** 屯田兵村 **20** 塊村 **21** 街村 **22** 円村（環村）
23 散村 **24** 滝線都市 **25** 城塞都市（囲郭都市） **26** 門前町 **27** 市場町 **28** 宿場町
29 鉱業都市 **30** 政治都市 **31** 宗教都市 **32** 学術都市 **33** 中心地機能 **34** CBD
35 副都心 **36** 衛星都市 **37** メガロポリス（巨帯都市）

58 産業と人口の都市集中

1 産業の都市集中

1 都市集中の要因 多くの人々が集まる都市は、各地からさまざまな情報が集まり利用できる場所である。これを求めてさまざまな企業が都市に立地する。企業が**集積**すれば、さらに多くの情報が集積され、産業の都市集中が加速する。

2 先進国の大都市 ニューヨーク、ロンドン、パリ、東京など先進国の大都市は、各国の情報の集積地であるだけでなく、国際的な情報の集中する場所でもある。そこには国際機関や多国籍企業の中心機関が集中する。このような国際情報や世界経済の中心となる大都市を、**グローバルシティ**(世界都市)という。

3 発展途上国の大都市 重要 発展途上国では、首都への集中度は先進国よりも高い。これは、自国の投資や外国からの経済協力などが、政治権力と結びつき、より多くの利益を得ようとして、首都を選択するためである。したがって、発展途上国では、首都など1つの大都市に、産業、情報が集中することとなる。**メキシコシティ**や**バンコク**が代表的で、第2位の都市との格差がひじょうに大きく、**プライメートシティ**(首位都市)という。

> **要点**
> 産業の都市集中…集積が集積をよぶ
> ┌ 先進国…大都市 ➡ グローバルシティ(世界都市)
> └ 発展途上国…首都など ➡ プライメートシティ(首位都市)

2 先進国の都市集中

1 人口の都市集中 産業革命以降、先進国では、都市人口率が急激に増加してきた。現在では、先進国の総人口の75%以上が、都市に居住している。

2 人口集中の要因 産業革命以降、農村では余剰労働力が生まれ、都市の工場では労働力の需要が高まった。こうして、都市が人口を吸収(pull)してきた。

①**工場労働者の増加**…工場が都市に集中したため、工場労働者として、人口が農村から都市へ流入。

国　　　名	2011年
日　　　本	91.3%
オーストラリア	89.2
ブ ラ ジ ル	84.6
ア メ リ カ	82.4
イ ギ リ ス	79.6
ド イ ツ	73.9
中　　　国	50.6
イ ン ド	31.3

▲おもな国の都市人口率
(「世界国勢図会」による)

②**社会的施設の充実**…多くの人口をもつ都市は,教育,文化,娯楽などの施設が集中し,多くの情報を求めたり,文化的な活動を行う場としても,さらに多くの人々をひきつけた。

③**都市地域(都市圏)の拡大**…第2次,第3次産業が集積してくると,都市は周辺の地域へ範囲を拡大する(**都市化**)。さらに成長していくと,**コナーベーション(連接都市)**や**メガロポリス(巨帯都市)**が成立する。(→p.135)

3 発展途上国の都市集中 重要

1│都市人口の急増 先進国の都市人口の増加率と比べて,発展途上国では,都市人口は爆発的に増加している。

2│人口集中の要因 先進国では,都市が農村人口を吸収する型をとったのに対して,発展途上国では,農村が人口を押し出す(**push**)という性質が強い。

①**農村人口の急増**…出生率は依然として高いが,医療の進歩や公衆衛生の向上などにより,死亡率は著しく低下。この結果,農村の人口は急増している(**人口爆発**)。

②**耕地不足**…農村では,人口が急増しても耕地は増えず,就業の機会が少ないため多くの人々が失業し,大量の余剰労働力を生じている。

③**都市への流出**…農村の余剰労働力は,職を求めて都市へ流出する。さらに,都市生活の便利さ,華やかさへのあこがれが,青年層を都市へ向かわせる要因ともなっている。

3│巨大都市の増加 人口1000万人以上の大都市は,1970年代にはニューヨーク,東京,シャンハイ,ロンドンの4都市だけであった。それが,1985年に11都市に増加し,2022年には44都市に増加している。そのうちの36が,発展途上国の都市である。この巨大都市の多くは,プライメートシティである。とくに将来,**デリー,シャンハイ,ムンバイ,メキシコシティ,サンパウロ**(→ブラジル),**ダッカ**(→バングラデシュ),**ペキン,カラチ**(→パキスタン)は2000万〜3000万人をこえる超巨大都市になると予測されている。

要点		
先進国	工業化の進んだ都市が,人口を吸収(**pull**)	
	都市地域が拡大している	
発展途上国	農村から押し出された人口(**push**)が,都市に流出	
	プライメートシティに集中→超巨大都市へ	

59 都市問題

1 先進国の都市問題

1 都市問題の発生
都市に人口や産業が過度に集中(**過密**)すると、そこに居住する人々にとって、さまざまな問題＝**都市問題**が起こる。

2 都市問題の種類
①**都市公害**…産業の集中によるものが多く、騒音、振動、大気汚染、地盤沈下、水質汚濁、地下水汚染、日照侵害などがある。

②**インフラの不足による問題**…**インフラストラクチャー**(道路、上下水道、学校、通信網など、産業や生活の基盤となる公共の**社会資本**)の不足は、都市の機能を低下させ、生活の快適さ(**アメニティ**)を失わせる。日本の都市では、緑地不足も大きな問題。

2 都市地域(都市圏)の発展による問題 【重要】

1 人口の流動化
都市の人口は流動性が高く、転勤や転職も多いうえ、居住環境の変化によって、人口は絶えず流出し、流入する。

2 スプロール現象
都市の近郊地域が急激に都市化する場合、無秩序に農地や森林が破壊され、住宅や工場が虫食い状態(スプロール)に開発されていくこと。都市計画の妨げとなり、居住環境を悪化させることになる。

3 ドーナツ化現象
居住環境の悪化、地価の高騰などにより、都市の中心部で人口が減少し、郊外に流出する現象。都心部の荒廃や交通問題をまねく。

4 インナーシティ
都市化が早く初期に成立した市街地など、都市内部のこと。住宅の老朽化や居住環境の悪化、人口流出、治安の悪化などが進み荒廃する(**インナーシティ問題**)地域が発生→**再開発**が必要。

5 スラムとゲットー
老朽化した不良住宅街を**スラム**という。居住環境の悪化により富裕層は郊外に流出し、低所得者層や失業者が流入する。スラムの中には民族や人種ごとの地区が形成される場合もある。このような地区を**ゲットー**といい、ニューヨークのハーレムが代表的。

> **要点** 先進国の都市問題…都市公害、インフラの不足、**スプロール現象**、**ドーナツ化現象**、**インナーシティ**問題、スラムやゲットー

3 発展途上国の都市問題

1│都市人口の急増による問題 重要 　急激な流入人口の増加により，住宅不足による問題が深刻である。

①**スクオッター(不法占拠地区)**…市街地からあふれた人口が，本来は居住に適さない河川敷，線路ぞい，ごみ捨て場などの空地を，不法に占拠して形成した住宅地。

②**スラム**…スクオッターの大半は，スラム(不良住宅街)であり，水道，電気などの施設が不十分で，居住環境は劣悪である。収入がほとんどない流入人口の多くは，スラムに入っていくため，スラムが拡大し，都市機能をマヒさせるケースも起こってくる。
　　　↳ブラジルではファヴェーラという

③**ホームレス**…スラムにも入れないさらに貧しい人々は，ホームレスとして市街地の路上で寝起きをしている。餓死したり，凍死したりする人も多い。この中には，子どもたちもいて，**ストリートチルドレン**とよばれる。

2│住宅地の階層化 　発展途上国では，一般に都市住民の所得格差が大きい。それぞれの階層によって**住み分け**も進んでいる。高所得者層の居住地区は，公共施設が整っているが，低所得者層の居住地区は，居住環境が劣悪である。

3│都市環境の悪化 　住宅問題は，交通網の未整備や公害の発生とも関わって，都市での生活環境を，著しく悪化させている。

4 発展途上国の雇用問題

1│失業者の増加 　発展途上国の多くは，第2次産業，第3次産業の発展が不十分で，雇用の機会は少ない。人口の都市集中は，失業者の増大を意味し，多数の失業人口をかかえている。

2│インフォーマルセクター 重要 　雇用の機会がなくても，何とか収入を得なければならないので，花売り，露天商，荷物運び，修理業などその日ぐらしの仕事をすることになる。このような不安定・不完全な就労者からなる経済活動を**インフォーマルセクター**という。スラムの居住者の大半は，このような部門に属している。

> **要点　発展途上国の都市問題**
> 　住宅問題…スクオッター，スラムが拡大
> 　雇用問題…失業人口の増加，インフォーマルセクターの広がり

60 都市計画

1 アメニティと都市計画

1 アメニティの重視 従来の都市は，経済性を優先し，効率や機能を重視してきた。しかし，そこに居住する人々の生活の快適さ（アメニティ）も重視されるようになり，緑を多くするとか，歴史的景観を保存するなど，環境や景観などに配慮した都市のあり方が求められるようになった。

2 都市計画 重要 都市問題を解消し，アメニティを向上させることが目的。
① **新都市の建設**…新首都，学術都市，ニュータウン，副都心など。
② **再開発**…インナーシティ（→p.140）の問題を解決するために，都心部の老朽化した施設を改善し，**人口の都心回帰**や観光客の誘致をはかる。
③ **広域計画**…1つの都市だけの問題でなく，近郊を含めた広い地域の交通網や住宅地などを，総合的にみた地域開発計画。首都圏整備計画など。
④ **コンパクトシティ**…環境負荷を減らし生活の利便性を追求して，効率的で小さくまとまった都市を建設するという考え方。都心部に中心地機能を集積させて，生活圏を歩いてゆける範囲に小さく保つことで，コミュニティの再生や住みよいまちづくりをめざす。

> **要点** 都市計画…都市問題の解消，アメニティの重視
> ➡ 新都市の建設，再開発，広域計画，コンパクトシティ

2 ロンドンの都市問題と都市計画 重要

1 都市問題の発生 ロンドンの人口集中は19世紀にはじまり，スプロール現象（→p.140）やスラムの形成，スモッグの発生，上下水道の未整備など，多くの都市問題が発生するようになった。

2 田園都市構想 19世紀末に，ハワードが提唱。職住近接型の田園の環境の都市づくりをしようというもの。この構想をもとに，ロンドン郊外にレッチワースなどの住宅都市がつくられた。

3 大ロンドン計画 ロンドンの過密の解消のために，1944年から開始。
① **グリーンベルト**…ロンドンの市街地が無秩序に拡大するのを抑制するために，市域の外側に設置した緑地帯。森林や農牧地のほか，公園などに利用。

②**ニュータウン**…グリーンベルトの外側に，**職住近接型**の人口数万人の都市を8か所建設。スティーヴニジ，ハーローなど。人口や工場分散の点では成功したが，ロンドン都心部の人口減少と産業の空洞化が進んだ。

4│ニュータウンの見直し　ニュータウン建設が進むと，ロンドンの周辺地域の開発に目が向けられるようになり，1960年代後半より，人口25万人規模で，より大きな機能をもち，地域開発の拠点となる大型ニュータウンの建設がはじまった。ミルトンキーンズが代表的。

5│都心部の再開発　ロンドン都心部の空洞化をおさえるために，1970年代より，再開発が進行。とくに，ロンドン中心部のシティのすぐ東に位置し，かつては世界的な河港としてさかえた地区である**ドックランズ**で，ビジネスセンターや高級住宅，レジャー施設などの建設が進んでいる。

3　その他の都市計画

1│パリの再開発　歴史的な建物などを多く残すパリでは，都心部の機能を郊外に移すために，パリ西郊の**ラ・デファンス**地区を新都心(副都心)として建設。また，近郊にビルヌーベルとよばれるニュータウンも建設。

2│アメリカの諸都市　ニューヨーク，ボストンなどの都市では，都心のスラムをなくして(**スラムクリアランス**)，オフィス街，ショッピングセンター，文化施設につくりかえる再開発が進められている。

3│ジェントリフィケーション 重要　高級化現象ともいう。荒廃したインナーシティが，高級住宅やブティック，芸術・文化施設などの建設によって再開発され，高所得の若年層を中心に人口回帰がみられる現象のこと。ニューヨークのソーホー地区など。地価や家賃が上昇して，古くからの住民が追い出され，従来のコミュニティが失われる例もみられる。

4│ウォーターフロント開発 重要　かつての水辺の港湾や倉庫街などの広大な土地に，住宅やオフィス，ショッピングセンターなどを建設し，再開発すること。各国の都市でみられ，ロンドンのドックランズが典型的。日本では，東京の台場(臨海副都心)や汐留，横浜のみなとみらい21，千葉の幕張新都心など。

> **要点**　都市計画 ➡ ①ロンドン…大ロンドン計画，ドックランズの再開発
> ②パリ…新都心ラ・デファンス　③その他…スラムクリアランス，
> ジェントリフィケーション，ウォーターフロント開発

61 世界の人々の衣食住

1 世界の人々の衣服 重要

1. **世界の衣服** 気候や文化に根ざした独特の衣装がみられるが，欧米諸国のTシャツやジーンズ，スーツなどが，世界中に広まっている→**画一化**。
2. **寒い地域** 防寒のため，毛皮などを着用。イヌイットのアノラックなど。
3. **暑い地域** 麻や綿を素材とした薄い生地が主で，1枚の布を体に巻きつける衣装が多い。マレー半島からインドネシアにかけて，男女ともスカートのような**サロン**を着用。女性の民族衣装にベトナムの**アオザイ**やインドの**サリー**も。
4. **乾燥地域のイスラーム圏** 強い日差しと砂ぼこりから体を守るため，また宗教的慣習から，全身を布でおおうような衣服が多い。女性は，外出時に**チャドル**とよばれる黒い布で頭から全身をおおう。
5. **高地のアンデス地方** 昼と夜の気温差が大きいため，着脱が楽な**ポンチョ**とよばれるマントを着用。日差しを避けるため，帽子もかぶる。
6. **朝鮮半島** 女性の民族衣装は，長いスカートの**チマ**と短い上着の**チョゴリ**。

2 世界の人々の食事 重要

1. **世界の食事** 米，小麦，とうもろこしは，世界の3大主食。**ファストフード**や**インスタント食品**が世界中に広まっている→**画一化**。
2. **米** アジアの多くの地域で主食。普通に炊く・蒸すほか，麺にして食べる。 ↳ベトナムのフォー
3. **小麦** 小麦粉→ヨーロッパでは，**パン**や**パスタ**。インドや西・中央アジアでは，水・塩とでねって焼いた**チャパティ**や，発酵させてから焼く**ナン**。
4. **とうもろこし** メキシコでは，とうもろこしをすりつぶし薄くのばして焼いた**トルティーヤ**や，これに肉や野菜などの具を入れて巻いた**タコス**を食べる。アフリカでは，粉を湯でねって蒸した**ウガリ**が主食である。
5. **いも類** ラテンアメリカの先住民は，乾燥じゃがいも(**チューニョ**)が主食。熱帯の焼畑農業では，**キャッサバ**(マニオク)が広く栽培される。太平洋の島々では，**タロいも**や**ヤムいも**を蒸し焼きにして料理する。
6. **食物禁忌(タブー)** ヒンドゥー教徒は，**牛**を神聖視し牛肉を食べない。ムスリム(イスラーム教徒)は，**豚肉**や決められた作法以外で処理された肉を食べない。イスラームで定められた方法によって調理された食品は，**ハラール**とよばれる。

12章 生活文化と民族，宗教

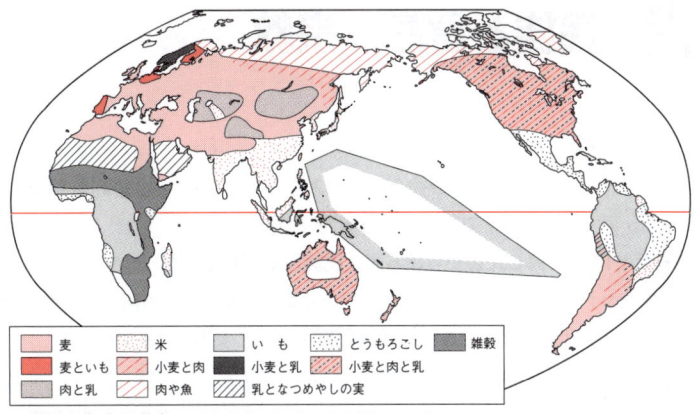

▲世界の主食の分布(石毛直道『地球時代の食文化』による)

3 世界の人々の住居

1. **世界の住居**　世界各地の都市部では，鉄筋コンクリートを用いた高層の建築物が増えている→**画一化**。
2. **さまざまな材料**
   ①**石やれんが**…チベットなど高地は木が少ないので，石造りが多い。西アジアなど乾燥地域では，**アドベ**とよばれる日干しれんがと泥でつくる住居が多い。
   ②**木**…日本や東南アジアでは，木の骨組みの住居が多い。熱帯地域では，**高床**の住居。北ヨーロッパやカナダでは，丸太造りの住居。
   ③**家畜の毛や皮**…モンゴルで**ゲル**，中国で**パオ**とよばれる移動式テントなど。

> **要点**　世界の衣食住…地域の多様性が失われ，**画一化**が進む
> **衣服**…気候や文化に根ざしたもの ➡ ジーンズ，スーツなど
> **食事**…米，小麦，とうもろこしなど ➡ ファストフードなど
> **住居**…石やれんが，木，毛皮など ➡ 鉄筋コンクリートなど

4 日本の衣食住

1. **伝統的な衣食住**　①和服(着物)。②麦や米，魚や豆，みそやしょうゆ，酢などの和食。③住居は木と土でつくり，たたみ，ふすま，しょうじなどの和室。
2. **現在の衣食住**　戦後，高度経済成長期に，欧米型の衣食住が普及。

62 民族と言語，宗教

1 民族と国家

1. **民族** 言語，宗教，習慣や社会のしくみなど，**文化的，社会的な特徴**による分類。同一集団としての自覚と連帯感(**民族意識**)をもつ。
2. **民族と国家** 同じ民族から成る国を**民族国家**(**国民国家**)といい，近代以降，この理念のもと，多くの国家が成立していった。しかし，どの国でも実際には，複数の民族を含んでおり，これが**民族問題**の発生の要因となっている。

2 民族と言語 重要

1. **世界の主要言語** 言語は，最も強く民族を特徴づける。
   ① **中国語**…使用人口が最も多い。中国，シンガポール(華人)などで使用。(→p.168)
   ② **英語**…使用範囲が広く，**国際語**としての性格をもつ。イギリスやイギリスの旧植民地で使われ，**公用語**(その国で公式使用が認められている言語)の1つとして英語を使う国も多い。
   ③ **スペイン語**…スペインやラテンアメリカ諸国で使用。
   ④ **フランス語**…フランスやカナダの一部，アフリカの旧フランス領で使用。
   ⑤ **アラビア語**…西アジアや北アフリカのムスリム(イスラーム教徒)を中心に，広く使用。アラブ人を特徴づける。

2. **言語と国家** これまで国家統一のために，言語の統一が進められてきた。しかし，近年，民族間の対立を和らげるため，複数の言語を公用語としたり，移民や少数民族が，自らの言語(母語)を尊重するように求める**多文化主義**の考えが広まっている。
   ① **インド**…使用者が100万人以上の言語が30以上ある。**ヒンディー語**が連邦公用語，英語が準公用語。その他，21言語が地方公用語とされている。
   ② **スイス**…**ドイツ語，フランス語，イタリア語，ロマンシュ語**の4つが公用語。その上，プロテスタントとカトリックが入り混じっているため，州(カントン)の自治を尊重した連邦国家を形成している。
   ③ **ベルギー**…南東部に多いラテン系の**ワロン語**(フランス語)，北西部に多いゲルマン系の**フラマン語**(オランダ語)，一部で使われているドイツ語の3つが公用語で，言語対立→1993年，立憲君主制のまま連邦国家へ移行。

12章 生活文化と民族，宗教

④**カナダ**…最初はフランスの植民地だったので，**英語**のほかに**フランス語**も公用語とする二言語主義をとるが，フランス系住民の多い**ケベック州**では，分離独立運動が起きている。

> **要点** 複数の公用語…①**インド** ➡ **ヒンディー語**，英語など。②**スイス** ➡ **ドイツ語，フランス語，イタリア語，ロマンシュ語**。③**ベルギー** ➡ **ワロン語，フラマン語，ドイツ語**。④**カナダ** ➡ **英語，フランス語**

3 民族と宗教 重要

1│世界宗教 民族をこえて広く信仰される。

①**キリスト教**…紀元前後，**イエス**により成立。信者数が最も多い。**カトリック**(南ヨーロッパ，ラテンアメリカが中心)や**プロテスタント**(北西ヨーロッパ，北アメリカが中心)，**正教会**(東ヨーロッパ，ロシアが中心)。中南アフリカやオセアニアなど，ヨーロッパ諸国の旧植民地でも信者が多い。

②**イスラーム**(イスラム教)…7世紀，アラビア半島において，預言者**ムハンマド**により成立。**アッラー**を唯一神とし，教典は『**コーラン**』(クルアーン)。**西アジア，北アフリカ**，中央アジア，南アジア，東南アジアなど。**スンナ派**(80％以上を占める多数派)や**シーア派**(イランが中心，少数派)。イスラーム教徒は**ムスリム**という。

③**仏教**…紀元前5世紀，インドで**ガウタマ゠シッダールタ**により成立。**上座仏教**(インドシナ半島やスリランカ)や**大乗仏教**(日本，中国，朝鮮，ベトナム)。

2│民族宗教 インドの**ヒンドゥー教**(多神教，**カースト制**と深い関係)，ユダヤ人の**ユダヤ教**(神ヤハウェの一神教，世界各地)，日本の**神道**(多神教)など。

> **要点** **キリスト教**…ヨーロッパ，南北アメリカ，中南アフリカなど
> **イスラーム**…西アジア，北アフリカ，中央アジアなど
> **仏教**…東アジア，東南アジアなど

4 日本の民族と言語，宗教

1│民族 日本人のほか，中国人や韓国・朝鮮人，ブラジル人など。北海道には，少数民族の**アイヌ**。民族差別の問題。

2│言語と宗教 日本人は日本語。仏教徒が多く，日本古来の神道もある。宗教的に寛容で，さまざまな宗教の行事が，年中行事になっている。

63 民族問題

1 民族問題の発生と現在

ある特定の民族が，政治的・経済的に優位に立ち，ほかの民族を迫害するなどして民族問題が発生する。その他，移民などの人口の国際移動や，民族分布と無関係な**人為的国境**の設定なども原因となる。1990年代以降は，米ソの冷戦構造の崩壊にともない，少数民族の分離独立や自治要求，言語，宗教的な対立に根ざす紛争が，**世界各地で表面化**している。

2 世界のおもな民族紛争 重要

1 北アイルランド紛争（1969～98年）　イギリス系住民（プロテスタント）が多数を占める北アイルランドでは，アイルランド系住民（カトリック）が，アイルランドとの統合を要求。1998年に包括的和平合意ができた。

2 バスク独立運動　ピレネー山麓西端に住む少数民族の**バスク人**が，スペインからの独立をめざして運動。1979年にバスク地方の自治が認められた。

3 ユーゴスラビアの解体（→p.181）　1991年，スロベニアと**クロアチア**（カトリック），**マケドニア**（正教会）（現北マケドニア）が独立。翌年，**セルビアとモンテネグロ**（正教会）が，新国家を建国→2006年に分離。**ボスニア・ヘルツェゴビナ**は，ムスリム人（ボスニア人），セルビア人，クロアチア人で内戦。セルビアの**コソボ自治州**（アルバニア系住民）で内戦→コソボが2008年に独立を宣言。

4 クルド人独立運動（1945年～）　イラン，イラク，トルコにまたがる地域に，約2800万人の**クルド人**が住む。独立を各国政府が弾圧し，多くの難民が発生。

5 チェチェン紛争（1994年～）　チェチェン共和国（イスラーム）が，ロシアからの独立をめざして紛争勃発。ロシアの弾圧に対し，イスラーム武装勢力がテロ攻撃。

6 ナゴルノ・カラバフ紛争（1988年～）　アゼルバイジャン（イスラーム）の**ナゴルノ・カラバフ自治州**に住むアルメニア人（正教会）が，**アルメニア**への編入を求め，両国間の武力抗争に発展。

7 グルジア紛争（2008年～）（現ジョージア）　グルジア領内の**南オセチア**と**アブハジア**で独立紛争。ロシアが侵攻して両地域を支援し，一方的に独立を承認した。

8 キプロス問題（1960年～）　多数派ギリシャ系住民（正教会）と少数派トルコ系住民（イスラーム）との対立。ギリシャとトルコとの対立でもある。

12章 生活文化と民族，宗教

9 パレスチナ問題 パレスチナに建国した**ユダヤ人**の**イスラエル**と，土地を
  ↳1948年~
追われた**アラブ人**と**アラブ諸国**（イスラーム）の対立。中東戦争やテロ。

10 カシミール紛争 **インド**，**パキスタン**，**中国**の間で，帰属をめぐる紛争が
  ↳1947年~
つづいている。

11 スリランカの民族対立 多数派**シンハラ人**（仏教）と，少数派**タミル人**（ヒ
  ↳1983~2009年
ンドゥー教）の対立。2009年に内戦終結。

12 チベット問題 **チベット族**（チベット仏教）は，自治区を形成しているが，
  ↳1951年~
漢民族中心の中国からの独立や高度な自治を求め，暴動が発生。

13 フィリピンのモロ人独立運動 カトリックの多いフィリピンにおける，南
  ↳1960年代~
部ミンダナオ島のモロ人（ムスリムの蔑称）による独立運動。

14 東ティモールの独立運動 東ティモール（カトリック）は，ポルトガル→イ
  ↳1975~2002年
ンドネシア支配下にあったが，1999年の住民投票で独立が決定。2002年に独立。

15 スーダン内戦 アラブ系の政府・住民と非アラブ系住民が内戦。西部の**ダー**
  ↳1983年~
ルフール地方で大量虐殺→大量難民。2011年に**南スーダン**が独立。
  ↳ダールフール紛争

16 ソマリア内戦 部族どうしの対立により，無政府状態。
  ↳1991年~

17 ルワンダ，ブルンジの民族対立 少数派**ツチ族**と多数派**フツ族**が内戦。
  ↳1990~94年
大量虐殺→大量難民。現在は終結。

18 ナイジェリアの民族対立 南東部のイボ族が独立を宣言したことに端を発
する内戦（**ビアフラ戦争**）など。現在も民族間対立がつづく。
  ↳1967~70年

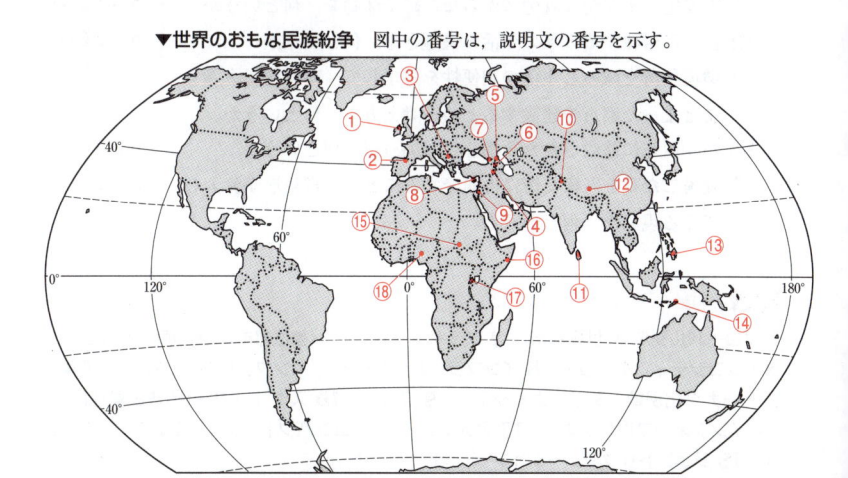

▼**世界のおもな民族紛争** 図中の番号は，説明文の番号を示す。

要点チェック

↓答えられたらマーク　　　　　　　　　　　　　　　　わからなければ ⇒

- [ ] **1** 国際情報や世界経済の中心となる大都市を、何というか。　p.138 **1** 2
- [ ] **2** 国内の第2位の都市との格差がひじょうに大きく、突出して人口や産業が集中している都市を、何というか。　p.138 **1** 3
- [ ] **3** タイとメキシコにおける**2**の都市は、それぞれどこか。　p.138 **1** 3
- [ ] **4** 2025年に人口が3000万人をこえると予測されているインド北部の都市は、どこか。　p.139 **3** 3
- [ ] **5** 産業や生活の基盤となる公共の社会資本を、何というか。　p.140 **1** 2
- [ ] **6** 都市の近郊地域が虫食い状態に開発されていく現象を、何というか。　p.140 **2** 2
- [ ] **7** 都市の中心部で人口が減少し、郊外に流出する現象を、何というか。　p.140 **2** 3
- [ ] **8** 都市化が早く初期に成立した市街地など、都市内部のことを、何というか。　p.140 **2** 4
- [ ] **9** 都市にみられる老朽化した不良住宅街を、何というか。　p.140 **2** 5
- [ ] **10** 本来は居住に適さない空地を、不法に占拠して形成した住宅地を、何というか。　p.141 **3** 1
- [ ] **11** 不安定・不完全な就労者からなる経済活動を、何というか。　p.141 **4** 2
- [ ] **12** 都市に居住する人々の生活の快適さを、何というか。　p.142 **1** 1
- [ ] **13** 環境負荷を減らし生活の利便性を追求して、効率的で小さくまとまった都市を建設するという考え方を、何というか。　p.142 **1** 2
- [ ] **14** パリ西郊に建設された新都心(副都心)を、何というか。　p.143 **3** 1
- [ ] **15** 荒廃した**8**を高級な街に再開発することで、富裕層が流入してくる現象を、何というか。　p.143 **3** 3

答え

1 グローバルシティ(世界都市)　**2** プライメートシティ(首位都市)　**3** (順に)バンコク,メキシコシティ　**4** デリー　**5** インフラストラクチャー(インフラ)　**6** スプロール現象　**7** ドーナツ化現象　**8** インナーシティ　**9** スラム　**10** スクォッター(不法占拠地区)　**11** インフォーマルセクター　**12** アメニティ　**13** コンパクトシティ　**14** ラ・デファンス　**15** ジェントリフィケーション

要点チェック

- ☐ **16** かつての水辺の港湾や倉庫街などの広大な土地を再開発することを,何というか。 　p.143 ③ 4
- ☐ **17** 16が行われたロンドンの地区は,どこか。 　p.143 ③ 4
- ☐ **18** 1枚の布でできたインドの女性の民族衣装を,何というか。 　p.144 ① 3
- ☐ **19** 朝鮮半島の女性の民族衣装で,長いスカートと短い上着を,それぞれ何というか。 　p.144 ① 6
- ☐ **20** 世界の3大主食を,すべて答えよ。 　p.144 ② 1
- ☐ **21** ヒンドゥー教徒が神聖視しその肉を食さない動物は,何か。 　p.144 ② 6
- ☐ **22** 家畜の毛や皮でできた移動式のテントを,モンゴルで何というか。 　p.145 ③ 2
- ☐ **23** 使用人口が世界で最も多い言語は,何か。 　p.146 ② 1
- ☐ **24** インドの連邦公用語は,何か。 　p.146 ② 2
- ☐ **25** スイスの4つの公用語を,すべて答えよ。 　p.146 ② 2
- ☐ **26** ワロン語,フラマン語,ドイツ語が公用語の国は,どこか。 　p.146 ② 2
- ☐ **27** 東ヨーロッパやロシアを中心に信仰されているキリスト教の宗派を,何というか。 　p.147 ③ 1
- ☐ **28** イスラームの教典を,何というか。 　p.147 ③ 1
- ☐ **29** 神ヤハウェを信仰する一神教を,何というか。 　p.147 ③ 2
- ☐ **30** 北海道に住む少数民族を,何というか。 　p.147 ④ 1
- ☐ **31** ピレネー山麓西端に住む少数民族を,何というか。 　p.148 ② 2
- ☐ **32** 2008年にセルビアから独立を宣言したのは,どこか。 　p.148 ② 3
- ☐ **33** チェチェンの人々は,どこの国からの独立を求めているか。 　p.148 ② 5
- ☐ **34** カシミール紛争は,中国およびどことどこの国の対立か。 　p.149 ② 10
- ☐ **35** 大量虐殺,大量難民が発生した,スーダン西部の地域(地方)は,どこか。 　p.149 ② 15
- ☐ **36** 部族どうしの対立により,無政府状態がつづく東アフリカの国は,どこか。 　p.149 ② 16

答え

16 ウォーターフロント開発　**17** ドックランズ　**18** サリー　**19** (順に)チマ,チョゴリ　**20** 米,小麦,とうもろこし(順不同)　**21** 牛　**22** ゲル　**23** 中国語　**24** ヒンディー語　**25** ドイツ語,フランス語,イタリア語,ロマンシュ語(順不同)　**26** ベルギー　**27** 正教会　**28** コーラン(クルアーン)　**29** ユダヤ教　**30** アイヌ　**31** バスク人　**32** コソボ　**33** ロシア　**34** インド,パキスタン(順不同)　**35** ダールフール地方　**36** ソマリア

64 地域区分と国家，国境

1 地域区分

1. **地域区分** 広大な世界を，共通性や関連性をもとにいくつかのまとまりある地域に分けてとらえること。
2. **形式地域** 便宜上区別され設定されている地域。経緯線にそって引かれた国境，都道府県，市町村など。
3. **実質地域** 実質的な意味内容をもった地域。
   ①**等質地域**…同じような地理的特質でもってほかと境界を決定できる地域。扇状地，氾濫原，三角州といった沖積平野の区分や，ケッペンの植生による気候区分(→p.26)，ホイットルセイの農産物や経営形態による農業地域区分(→p.40)などは，さまざまな等質地域に区分していることになる。(→p.62)
   ②**機能地域**…特定の場所に核心(中核)をもち，核心との結合関係によって範囲が決定される地域。都市地域(都市圏)や商圏，通勤・通学圏など。(→p.134)

> **要点** 地域区分により示される地域
> - 形式地域
> - 実質地域…等質地域，機能地域

2 国家の成立と領域 【重要】

1. **独立国** 領域，国民，主権の3要素をもったもの。主権とは，他国の干渉をうけることなく，領域と国民とを統治する権利をいう。
2. **領域** 主権のおよぶ範囲。領土，領海，領空からなる。
   ①**領土**…国家の主権がおよぶ陸地。
   ②**領海**…現在は，沿岸から**12海里**とする国が多い。領海の外側で，沿岸から**200海里**までの水域を**排他的経済水域**といい，すべての資源について沿岸国が権利をもつ→資源開発をめぐる争い。
   └EEZ(Exclusive Economic Zone)
   ③**領空**…領海と領空の上空。宇宙空間(大気圏外)は含まない。

> **要点** 独立国
> - 領域 ─ 領土
> - 国民 ─ 領海(12海里)，排他的経済水域も
> - 主権 ─ 領空

統治の形式	共和国	国民の選出する元首が統治	アメリカ，ロシア，中国
	立憲君主国	君主の地位は名目的。**憲法**が優先	イギリス，タイ，ベルギー
	君主国	君主が主権をもって統治	サウジアラビア，クウェート
国家の組織	単一国家	**中央集権**的な単一の政府をもつ	日本，フランス，イタリア
	連邦国家	自治権をもつ**州**が連邦を形成。中央政府は州から委任された権限を行使	スイス，ロシア，アメリカ，ドイツ，オーストラリア
国民の構成	単族国	単一の民族で構成(**単一民族国家**)	厳密には存在しない
	複族国	複数の民族で構成(**多民族国家**)	ほとんどすべての国

▲国家の分類とおもな国

3 国 境 重要

1 自然的国境
山岳，海洋，河川，湖沼など自然の障壁による。

山岳国境	隔離性は十分だが，交流性に欠ける	**アルプス山脈**(スイス，イタリア，フランスなど)，**ピレネー山脈**(フランス，スペイン)，**アンデス山脈**(チリ，アルゼンチンなど)，**ヒマラヤ山脈**(中国，インド，ネパールなど)，**パトカイ山脈**(ミャンマー，インド)，**スカンディナヴィア山脈**(スウェーデン，ノルウェー)，**カフカス山脈**(ロシア，ジョージア，アゼルバイジャン)
海洋国境	交流性，隔離性にすぐれる	日本，フィリピン，インドネシア，スリランカ，キプロス，マダガスカル，イギリス，アイスランド，キューバ，ニュージーランドなど島国
河川，湖沼国境	河道の変化で紛争(アメリカ，メキシコ間のリオグランデ川など)	**ライン川**(フランス，ドイツ，スイスなど)，**ドナウ川**(オーストリア，スロバキア，ハンガリー，ルーマニア，ブルガリアなど)，**メコン川**(タイ，ラオスなど)，**アムール川**(中国，ロシア)，**コンゴ川**(コンゴ，コンゴ民主)，**オーデル川とナイセ川**(ポーランド，ドイツ)，**五大湖**(アメリカ，カナダ)，**レマン湖**(スイス，フランス)

2 人為的国境
経線，緯線や城壁，文化など，人為的な障壁による。なお，1つの民族や国家を，隣接国や植民地支配国が人為的に分割して定めた国境を**上置国境**という。

数理的国境		経緯度で直線的に決定	アメリカ(本土)とカナダ(北緯49度)，アラスカとカナダ(西経141度)，エジプトとスーダン(北緯22度)，エジプトとリビア(東経25度)，インドネシアとパプアニューギニア(東経141度)
その他	障壁国境………		万里の長城(中国)，古代ローマ帝国の城壁(イギリスのハドリアヌスの長城など)
	文化国境………		インドとパキスタン(言語，宗教の相違で国境)

65 領土問題

1 世界のおもな領土問題

領土問題は国境問題でもある。要因としては，①すでに確定している国境を隣国が侵犯した場合，②国境線が不明確な場合，③確定した国境でもその経緯を当事国が納得していない場合など。

1 イギリス領ジブラルタル 1713年のユトレヒト条約でイギリス領となる。スペインが返還を要求。

2 シャトルアラブ川 イランとイラクの国境線を川の中央にするか，イラン側の川岸にするかで対立。イラン・イラク戦争の一因となった。
（↑イラクの主張／↑イランの主張）

3 カシミール地方 重要　分離独立の際，**インド**，**パキスタン**，**中国**の間で帰属をめぐり対立。現在は休戦ラインで分割されている。

4 中国・インド国境 ヒマラヤ山脈をはさむ東部（**マクマホンライン**）と西部（ラダク地方）で対立。

5 中国・旧ソ連国境 アムール川の中洲やパミール地方などで対立。現在は国境が確定している。

6 南沙群島（ナンサ） 重要　**南シナ海**の多数の島嶼。海底油田の利権がからみ，**中国**，**台湾**，**ベトナム**，**マレーシア**，**フィリピン**，**ブルネイ**の間で対立。

7 オガデン地方 「アフリカの角」地域にあり，エチオピアとソマリアの間で1977年に戦争。エチオピアが勝利。

8 西サハラ スペイン撤退後，モロッコとモーリタニアが分割占領。モーリタニア撤退後，モロッコが全土を占領し，独立を望む現地住民と対立。

9 グアンタナモ キューバ東端に位置する。1903年からアメリカが租借。キューバが返還を要求。

10 ベリーズ 1981年にイギリスから独立したが，1986年までグアテマラが領有権を主張していた。

11 ガイアナ西部 ベネズエラが，ガイアナの国土の3分の2を占めるエキセボ地域の領有権を主張。

12 フォークランド諸島 重要　**イギリスとアルゼンチン**の間で対立。1982年に軍事衝突が発生し，イギリスが勝利。アルゼンチン名ではマルビナス諸島。

13 南極大陸 イギリス，フランス，ノルウェー，アルゼンチン，チリ，オーストラリア，ニュージーランドが領有権を主張。1959年の南極条約採択以来，領有権は凍結状態。

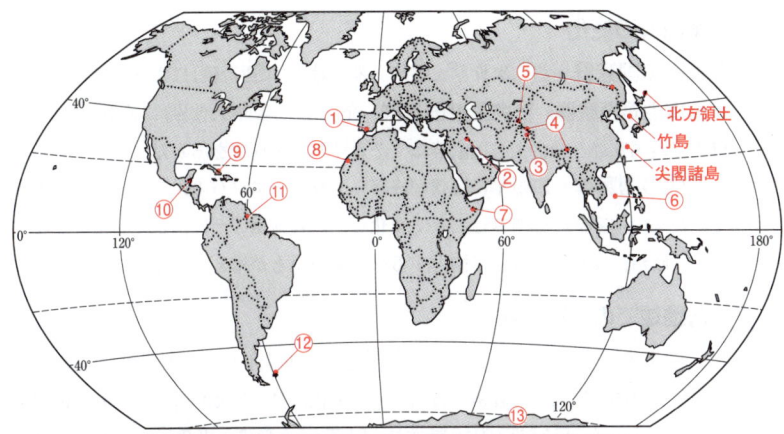

▲世界のおもな領土問題　図中の番号は説明文の番号を示す。

2 日本の領域と領土問題

1 領土と領海　北方領土を含めて，**約38万km²**の面積をもつ。領海は12海里まで。200海里までを，**排他的経済水域**とし，世界第6位の広さがある。（→p.152）

2 日本の端 重要
- ①**東端**…東京都の**南鳥島**(153°59′E，24°17′N)。
- ②**西端**…沖縄県の**与那国島**(122°56′E，24°27′N)。
- ③**南端**…東京都の**沖ノ鳥島**(136°04′E，20°25′N)。小岩のみ→島がくずれて広大な排他的経済水域が失われないよう，ブロックで人工的に補強。
- ④**北端**…北方領土(千島列島)の**択捉島**(148°45′E，45°33′N)。

3 領土問題 重要　千島列島の**国後島，択捉島，歯舞群島，色丹島**は，第二次世界大戦後に，ソ連(現在は**ロシア**)が占領したため，**北方領土**として政府が返還を要求。韓国との間では日本海の**竹島**，中国，台湾との間では東シナ海の**尖閣諸島**をめぐって対立。

要点　日本の領土問題
- **北方領土**(国後島，択捉島，歯舞群島，色丹島) ⟷ ロシア
- **竹島** ⟷ 韓国
- **尖閣諸島** ⟷ 中国，台湾

66 現代の国家群

1 国家群の変化

1 戦後の国家群 第二次世界大戦後,米ソ対立(東西冷戦)により,世界の国家は**資本主義国家群**,**社会主義国家群**,発展途上国(第三世界)に分かれていた。資本主義国家群と社会主義国家群は,それぞれ軍事同盟を結んだ。

2 現代の国家群 1989年に冷戦が終結し,東ヨーロッパの民主化,ソ連の解体で,従来の国家群の枠組みは大きく変化した。各地域ごとに国どうしがまとまり,経済,政治,安全保障の面で協力する形の結びつきが増えている。

2 各地域での結びつき

1 東南アジア諸国連合(ASEAN) 重要 1967年設立。加盟国は10か国。東南アジアの諸国による経済,政治的協力組織。EUやNAFTAなどの自由貿易圏に対抗する**ASEAN自由貿易地域(AFTA)** を形成。事務局はジャカルタ。日本,韓国,中国が参加する**ASEAN+3**の枠組みもある。

2 南アジア地域協力連合(SAARC) 1985年設立。加盟国は8か国。南アジアの経済,社会,文化の発展をめざす。2006年に南アジア自由貿易地域が発足。

3 湾岸協力会議(GCC) 1981年設立。加盟国は6か国。サウジアラビアなどペルシア湾岸の産油国による経済,安全保障面での協力組織。関税同盟を発足させ,安全保障面ではアメリカに協力的。

4 アフリカ連合(AU) 重要 2002年設立。加盟国はモロッコをのぞくアフリカ53か国と西サハラ。経済,安全保障面で協力してアフリカの統合をはかり,また紛争や政治問題の撲滅をめざす。本部はアディスアベバ。
    →エチオピア

5 欧州連合(EU) 重要 (→p.158) 1993年設立。加盟国は27か国。欧州共同体(EC)が発展。加盟国の政治,経済の統合をはかる。本部は**ブリュッセル**。
    →イギリスが2020年に離脱

6 欧州自由貿易連合(EFTA) 1960年設立。加盟国はノルウェー,スイス,アイスランド,リヒテンシュタイン。もともとは,イギリスを中心とした7か国が,欧州経済共同体(EEC)に対抗して設立。1994年に,EUとスイスをのぞくEFTA加盟国で**欧州経済領域(EEA)** をつくり,市場統合を推進。

7 独立国家共同体(CIS) 1991年設立。**旧ソ連諸国**で構成される。経済,安全保障面での協力を目的とするが,結びつきは緩やか。

8 北米自由貿易協定(NAFTA) 重要　1994年設立。加盟国はカナダ，アメリカ，メキシコ。関税を撤廃し，資本，商品，労働力の移動を自由化した。
↳2018年に新NAFTA(USMCA)合意

9 南米南部共同市場(MERCOSUR) 重要　1991年設立。加盟国はブラジル，アルゼンチン，ウルグアイ，パラグアイ，ベネズエラ。このほか，5つの準加盟国。貿易の自由化と関税同盟の設定，政治的統合が目的だが，加盟国間の衝突もあり，実質的な統合が難航。本部はモンテビデオ。
　　　　　　　　　　　　　　　　　　　　　　　↳ウルグアイ

3 地域をこえた結びつき

1 北大西洋条約機構(NATO) 重要　1949年設立。加盟国は29か国。北アメリカ，ヨーロッパ諸国による軍事同盟。かつては，旧ソ連と東ヨーロッパ諸国の軍事同盟である**ワルシャワ条約機構**と対立した。現在は加盟国の安全保障，テロ対策に取り組む。本部はブリュッセル。

2 上海協力機構(SCO)　2001年設立。加盟国は中国，ロシア，カザフスタン，キルギス，タジキスタン，ウズベキスタン。分離主義，テロ，過激派への対処を目的とするが，欧米地域に対抗する新たな軍事同盟として注目される。

3 アジア太平洋経済協力会議(APEC) 重要　1989年設立。加盟国は19か国と台湾，ホンコン。環太平洋地域の経済協力をはかる。年に1度首脳会議を開催。事務局はシンガポール。

4 経済協力開発機構(OECD)　1961年設立。加盟国は38か国。先進資本主義国の経済協力や，発展途上国への開発援助のための組織。先進資本主義国が多く，**先進国クラブ**ともよばれる。

5 主要国首脳会議(サミット) 重要　1975年初開催。毎年，アメリカ，イギリス，フランス，ドイツ，イタリア，日本，カナダ，ロシア(**G8**)の首脳と欧州委員会委員長が，国際問題について協議。
　　　　　　　　　　　　　　　　　　↳1997年から参加。2014年に参加資格停止

6 20か国・地域首脳会合(G20サミット) 重要　世界金融危機の深刻化をうけて，2008年からG8，EU，新興国11か国(中国，韓国，インドネシア，インド，サウジアラビア，トルコ，南アフリカ，メキシコ，ブラジル，アルゼンチン，オーストラリア)のグループで開催。国際問題について協議。

> 要点
> **国家間の結びつき**…経済や政治，安全保障面での協力が目的
> 地域結合 ➡ ASEAN，AU，EU，NAFTA，MERCOSURなど
> 地域をこえた結合 ➡ NATO，APEC，サミット，G20サミットなど

67 欧州連合（EU）

1 欧州共同体（EC）の成立と発展

1 3つの共同体
ベルギー，オランダ，ルクセンブルク（ベネルクス3国）と旧西ドイツ（現在はドイツ），フランス，イタリアの6か国によって結成。

① **欧州石炭鉄鋼共同体（ECSC）**…1952年設立。石炭と鉄鋼の関税をなくし，生産や価格などを共同管理。ヨーロッパで二度と戦争を起こさない不戦共同体をつくるという面があった。

② **欧州経済共同体（EEC）**…1958年設立。域内関税の撤廃，共通関税の設定，資本や労働力の移動の自由化などを行った。

③ **欧州原子力共同体（EURATOM）**…1958年設立。原子力の開発と利用を共同で行った。

2 欧州共同体（EC）の成立 重要
1967年に，上の3つの共同体を統合した組織として設立。1973年，アイルランドと，欧州自由貿易連合（EFTA）加盟国であったイギリス，デンマークが加盟。1981年にギリシャ，1986年にポルトガルとスペインが加わり，12か国となった。

2 欧州連合（EU）の成立と拡大

1 欧州連合（EU）の成立 重要
1992年，**マーストリヒト条約**調印。ECを発展させ，通貨の統合や，共通の外交・安全保障政策などを行い，政治・経済両面での統合を進める条約で，1993年に発効，ECはEUとなった。

2 EUの機関
① **欧州理事会**…加盟国首脳と欧州理事会議長（**EU大統領**），欧州委員会委員長で構成。政治レベルの最高意思決定機関。

② **欧州連合理事会**…加盟国の各分野の閣僚で構成。主要政策の決定機関。

③ **欧州議会**…各加盟国の直接選挙で選ばれた議員で構成。欧州連合理事会とならぶ立法機関。

④ **欧州委員会**…加盟国から1名ずつ選出された委員で構成。条約や法案を提案し，適用を監督。予算の歳出管理なども行う行政機関。本部は**ブリュッセル**。

⑤ **欧州司法裁判所**…加盟国から1名ずつ選出された判事で構成。加盟国内の最高裁判所よりも高位にある。

3 **EUの拡大**　1995年にオーストリア，スウェーデン，フィンランドが加盟。2004年にポーランド，チェコ，スロバキア，ハンガリー，スロベニア，エストニア，ラトビア，リトアニア，マルタ，キプロスが加盟。2007年にルーマニア，ブルガリアが，2013年にクロアチアが加盟したが，2020年にイギリスが離脱。

> **要点**
> **欧州共同体（EC）**…ECSC，EEC，EURATOMを統合
> **欧州連合（EU）**…ECから発展。加盟国の拡大

3 EUのおもな政策　重要

1 **関税同盟と共通通商政策**　域内関税の撤廃と，域外共通関税を設定して関税同盟を完成。また，対外的に共通の通商政策を進めている。

2 **共通農業政策（CAP）**　域内の農産物には統一価格を設定。域外の安価な農産物の輸入には，輸入課徴金をかけ，輸出するときには輸出補助金を出す。その費用は，加盟国の経済力に応じて分担する。

3 **市場統合**　1993年に市場統合を達成。人（労働力），物やサービス（商品），資本（お金）が域内で自由に移動でき，経済の国境がなくなった。出入国の手続きは，1995年に発効した**シェンゲン協定**により大幅に簡素化。

4 **通貨統合**　欧州中央銀行（本部フランクフルト）を設立し，1999年から単一通貨の**ユーロ**を導入。スウェーデンなど一部加盟国は導入していない。
　　　　　　　　↳ドイツ

4 EUの課題　重要

1 **CAPの見直し**　需給関係を無視した買い支えなどで，農産物の過剰生産が深刻。EU予算の約半分を農業政策による経費が占めることで，財政も悪化。このため，統一価格を引き下げ，余剰農産物の輸出補助金を撤廃した。

2 **域内の経済格差の解消**　北・西ヨーロッパ諸国と南・東ヨーロッパ諸国の間の経済格差が大きい。

3 **政策の統合**　財政政策が統一されておらず，ギリシャ，ポルトガル，アイルランド，イタリアなどの国が深刻な財政危機にあることが明らかになると，ユー
↳2010～18年
ロの信用が低下した。また，共通の外交・安全保障政策の樹立も課題。

> **要点**
> **EUの政策**…関税同盟と共通通商政策，CAP，市場統合，通貨統合
> **EUの課題**…CAPの見直し，経済格差の解消，政策の統合

68 国際連合と国際協力

1 国際連合（UN）

1 成立と目的
1945年，51か国を原加盟国として成立。国際平和と安全の維持，諸国間の友好関係の促進，経済・社会・人道的な国際問題の解決が目的。

2 加盟国
本部は**ニューヨーク**。加盟国は増加をつづけ，現在193か国。未加盟国はバチカン市国，コソボ，クック諸島のみ。日本は1956年に加盟。

3 おもな機関 重要
①総会…議決は多数決制。重要事項は，出席国の3分の2以上の賛成。
②安全保障理事会（安保理）…国際平和と安全の維持をはかるための機関。5**常任理事国**（**拒否権**をもつ**米，英，仏，露，中**の5か国）と任期2年の10非常任理事国で構成。議決は，全常任理事国を含む9か国以上の賛成。
③経済社会理事会…経済，社会，文化，教育上の諸問題をあつかう。専門機関やその他の諸機関がある。
④国際司法裁判所…本部はオランダの**ハーグ**。国家間紛争に対処する。
⑤事務局…国連運営の事務機関。**事務総長**は，安保理の勧告で総会が任命。

4 成果と課題
冷戦時代には，国連の目的である平和と安全の維持に関して，有効に機能しなかった面もある。現在は，アメリカなど大国の地位が優越し，国連自体の存在価値が低下している。しかし，地域紛争の解決，軍縮の促進，南北問題解決の対話の場として，国連のはたす役割は大きい。

2 国際協力

1 経済協力
2国間協力と多国間協力。また，政府ベースによる政府開発援助（ODA，無償または長期低利の資金援助）と民間ベースのものに分かれる。
①国連機関…国際復興開発銀行（IBRD），国連開発計画，地域経済委員会など。
②地域協力機構…アメリカ開発銀行，アジア開発銀行，アフリカ開発銀行の融資。東・東南アジア経済開発協力計画（コロンボ計画）など。
③開発援助委員会（DAC）…経済協力開発機構（OECD）の下部機関で，発展途上国に対する資金供与や，ODAの拡充を目的とする。（→p.157）
④非政府組織（NGO）…人的，技術的支援が中心。国際赤十字社，アムネスティ・インターナショナル，国境なき医師団などの団体。

13章 地域区分と国家，国家群

2 日本の国際協力 ODAや民間の直接投資が，1980年代に大きく拡大。しかし，日本企業の利益本位という批判もある。日本のODAの総額は多いが，他の先進国と比べて，国民総所得(GNI)に占める割合は低い。人的支援では，国際協力機構(JICA)が派遣する**青年海外協力隊**が各地の発展途上国で，**国際緊急援助隊**が大災害の発生した地域で活躍している。

▼国際連合のおもな組織

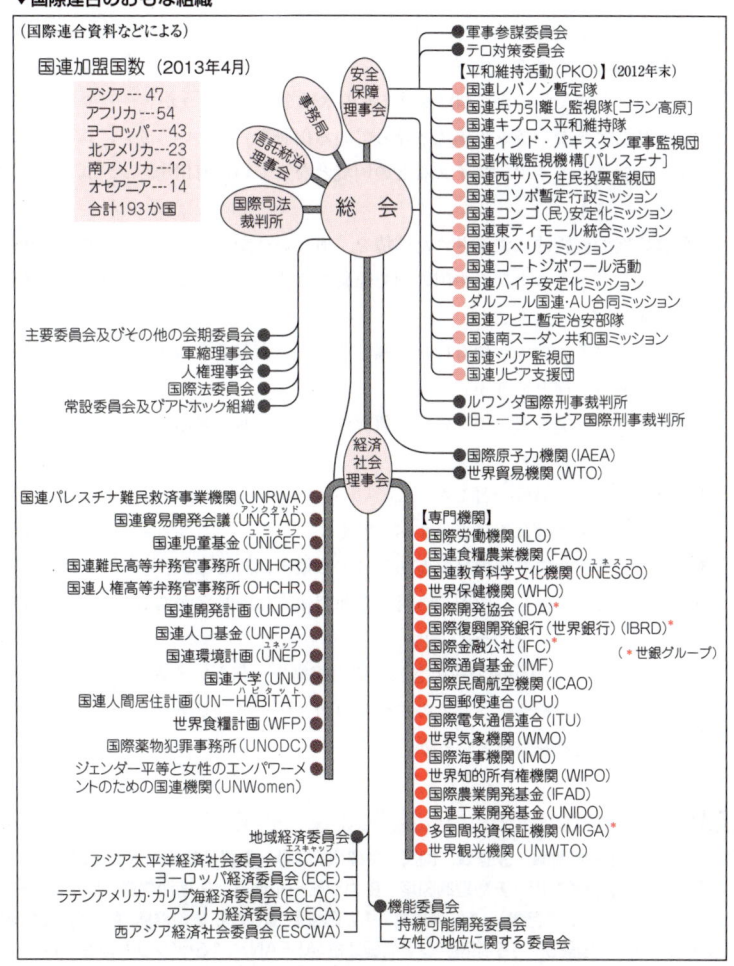

(国際連合資料などによる)

国連加盟国数（2013年4月）
- アジア…47
- アフリカ…54
- ヨーロッパ…43
- 北アメリカ…23
- 南アメリカ…12
- オセアニア…14
- 合計193か国

総会
- 事務局
- 信託統治理事会
- 国際司法裁判所
- 安全保障理事会
  - 軍事参謀委員会
  - テロ対策委員会
  - 【平和維持活動(PKO)】(2012年末)
    - 国連レバノン暫定隊
    - 国連兵力引離し監視隊[ゴラン高原]
    - 国連キプロス平和維持隊
    - 国連インド・パキスタン軍事監視団
    - 国連休戦監視機構[パレスチナ]
    - 国連西サハラ住民投票監視団
    - 国連コソボ暫定行政ミッション
    - 国連コンゴ(民)安定化ミッション
    - 国連東ティモール統合ミッション
    - 国連リベリアミッション
    - 国連コートジボワール活動
    - 国連ハイチ安定化ミッション
    - ダルフール国連・AU合同ミッション
    - 国連アビエ暫定治安部隊
    - 国連南スーダン共和国ミッション
    - 国連シリア監視団
    - 国連リビア支援団
- 主要委員会及びその他の会期委員会
- 軍縮理事会
- 人権理事会
- 国際法委員会
- 常設委員会及びアドホック組織
- ルワンダ国際刑事裁判所
- 旧ユーゴスラビア国際刑事裁判所
- 経済社会理事会
  - 国際原子力機関(IAEA)
  - 世界貿易機関(WTO)
  - 国連パレスチナ難民救済事業機関(UNRWA)
  - 国連貿易開発会議(UNCTAD)
  - 国連児童基金(UNICEF)
  - 国連難民高等弁務官事務所(UNHCR)
  - 国連人権高等弁務官事務所(OHCHR)
  - 国連開発計画(UNDP)
  - 国連人口基金(UNFPA)
  - 国連環境計画(UNEP)
  - 国連大学(UNU)
  - 国連人間居住計画(UN-HABITAT)
  - 世界食糧計画(WFP)
  - 国際薬物犯罪事務所(UNODC)
  - ジェンダー平等と女性のエンパワーメントのための国連機関(UNWomen)
  - 地域経済委員会
    - アジア太平洋経済社会委員会(ESCAP)
    - ヨーロッパ経済委員会(ECE)
    - ラテンアメリカ・カリブ海経済委員会(ECLAC)
    - アフリカ経済委員会(ECA)
    - 西アジア経済社会委員会(ESCWA)
  - 【専門機関】
    - 国際労働機関(ILO)
    - 国連食糧農業機関(FAO)
    - 国連教育科学文化機関(UNESCO)
    - 世界保健機関(WHO)
    - 国際開発協会(IDA)*
    - 国際復興開発銀行(世界銀行)(IBRD)*
    - 国際金融公社(IFC)*
    - 国際通貨基金(IMF) (＊世銀グループ)
    - 国際民間航空機関(ICAO)
    - 万国郵便連合(UPU)
    - 国際電気通信連合(ITU)
    - 世界気象機関(WMO)
    - 国際海事機関(IMO)
    - 世界知的所有権機関(WIPO)
    - 国際農業開発基金(IFAD)
    - 国際工業開発基金(UNIDO)
    - 多国間投資保証機関(MIGA)*
    - 世界観光機関(UNWTO)
  - 機能委員会
    - 持続可能開発委員会
    - 女性の地位に関する委員会

要点チェック

↓答えられたらマーク　　　　　　　　　　　　　　　　　わからなければ⮕

- **1** 同じような地理的特質でもってほかと境界を決定できる地域を，何というか。　p.152 **1** 3
- **2** 特定の場所に核心(中核)をもち，核心との結合関係によって範囲が決定される地域を，何というか。　p.152 **1** 3
- **3** 独立国の3要素を，すべて答えよ。　p.152 **2** 1
- **4** 領海の外側で沿岸から200海里までの水域を，何というか。　p.152 **2** 2
- **5** チリとアルゼンチンの国境となっている山脈を，何というか。　p.153 **3** 1
- **6** フランス，ドイツ，スイスなどの国境となっている河川を，何というか。　p.153 **3** 1
- **7** 経緯度で直線的に決定された国境を，何というか。　p.153 **3** 2
- **8** インド，パキスタン，中国の間で帰属をめぐり対立している地域(地方)は，どこか。　p.154 **1** 3
- **9** 中国など多くの国が領有権を主張している，南シナ海の多数の島嶼を，何というか。　p.154 **1** 6
- **10** イギリスとアルゼンチンの間で領有権の対立がある諸島は，どこか。　p.154 **1** 12
- **11** 日本の東端の島は，どこか。　p.155 **2** 2
- **12** 北方領土とよばれる島を，すべて答えよ。　p.155 **2** 3
- **13** 韓国との間で領有権の対立がある日本の領土は，どこか。　p.155 **2** 3
- **14** 東シナ海に位置し，中国や台湾との間で領有権の対立がある日本の領土は，どこか。　p.155 **2** 3
- **15** 東南アジアの10か国で構成される協力組織を，何というか。　p.156 **2** 1
- **16** モロッコをのぞくアフリカのすべての国と西サハラで構成される協力組織を，何というか。　p.156 **2** 4

答え

1 等質地域　**2** 機能地域　**3** 領域，国民，主権(順不同)　**4** 排他的経済水域(EEZ)　**5** アンデス山脈　**6** ライン川　**7** 数理的国境　**8** カシミール地方　**9** 南沙群島　**10** フォークランド諸島(マルビナス諸島)　**11** 南鳥島　**12** 国後島，択捉島，歯舞群島，色丹島(順不同)　**13** 竹島　**14** 尖閣諸島　**15** 東南アジア諸国連合(ASEAN)　**16** アフリカ連合(AU)

要点チェック

- **17** 旧ソ連諸国が加盟している，CISとよばれる組織を，何というか。 p.156 2 7
- **18** 北米自由貿易協定の加盟国を，すべて答えよ。 p.157 2 8
- **19** 南米南部共同市場は，アルファベット8文字で何というか。 p.157 2 9
- **20** 北アメリカ，ヨーロッパ諸国による軍事同盟を，何というか。 p.157 3 3
- **21** アジア太平洋経済協力会議は，アルファベット4文字で何というか。 p.157 3 3
- **22** 毎年，G8の首脳と欧州委員会委員長が，国際問題について協議する会議を，何というか。 p.157 3 5
- **23** 欧州経済共同体と欧州原子力共同体は，アルファベットの略称でそれぞれ何というか。 p.158 1 1
- **24** 欧州連合に発展する前の組織を，何というか。 p.158 1 2
- **25** 欧州連合の設立をめざした条約を，何というか。 p.158 2 1
- **26** 2013年に欧州連合に加盟した国は，どこか。 p.159 2 3
- **27** 域内の農産物には統一価格を設定するなどした，欧州連合の政策を，何というか。 p.159 3 2
- **28** 1995年に発効した，ヨーロッパ諸国間の出入国の手続きを簡素化するための協定を，何というか。 p.159 3 3
- **29** 欧州連合の多くの加盟国が導入している通貨を，何というか。 p.159 3 4
- **30** 国際連合の本部がある都市は，どこか。 p.160 1 2
- **31** 国際連合の安全保障理事会の常任理事国を，すべて答えよ。 p.160 1 3
- **32** 経済，社会，文化，教育上の諸問題をあつかう国際連合の主要機関を，何というか。 p.160 1 3
- **33** オランダのハーグに本部がある，国家間紛争に対処する国際連合の機関を，何というか。 p.160 1 3
- **34** ODAとよばれる政府ベースの資金援助を，何というか。 p.160 2 1

答え

17 独立国家共同体　**18** カナダ，アメリカ，メキシコ(順不同)　**19** MERCOSUR　**20** 北大西洋条約機構(NATO)　**21** APEC　**22** 主要国首脳会議(サミット)　**23** (順に)EEC，EURATOM　**24** 欧州共同体(EC)　**25** マーストリヒト条約　**26** クロアチア　**27** 共通農業政策(CAP)　**28** シェンゲン協定　**29** ユーロ　**30** ニューヨーク　**31** アメリカ，イギリス，フランス，ロシア，中国(順不同)　**32** 経済社会理事会　**33** 国際司法裁判所　**34** 政府開発援助

69 東アジア①

1 自然環境

1│地形 西部は，ヒマラヤ山脈やチベット高原，ゴビ砂漠やタクラマカン砂漠が広がる。東部は，華北平原など低地が多く，黄河や長江などが流れる。

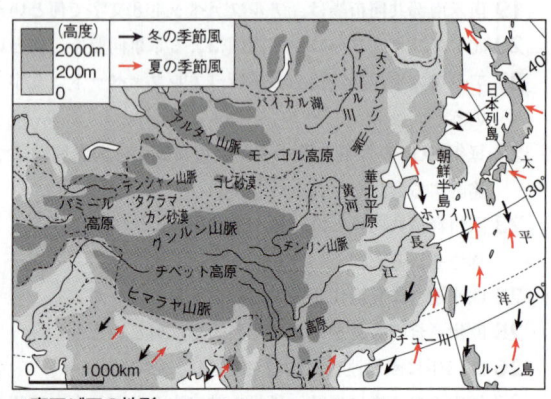

▲東アジアの地形

2│気候 中国の南東部と朝鮮半島南部，日本の大部分は温帯で，**季節風（モンスーン）**の影響。中国の北東部と朝鮮半島の大部分は亜寒帯，モンゴルと中国西部は乾燥帯。

2 中国の国土と自然　重要

1│国土 面積はロシア，カナダ，アメリカに次ぐ。世界人口の約5分の1，13億人以上の人々が住んでいる。人口は東部，とくに沿海部に集中。

2│自然 大シンアンリン山脈とユンコイ高原の東端を結ぶ線で東西に区分。
①東部…低地が広がる。**チンリン山脈とホワイ川**を結ぶ年降水量800～1000㎜の線で，**北は乾燥した畑作地域，南は湿潤な稲作地域**に大別される。
②西部…大規模な山脈，高原，盆地，砂漠が広がる。乾燥帯と高山気候。

> **要点**
> **中国**
> 地形…西高東低。チベット高原，タクラマカン砂漠，華北平原，黄河，長江など
> 気候…北東部は亜寒帯，南東部は温帯，西部は乾燥帯，高山気候

3 中国の歴史と社会　重要

1│歴史 古くから東アジアの中心。19世紀半ばから，先進資本主義国の侵略で半植民地化。1949年，中国共産党が社会主義国の**中華人民共和国**を建国。

2 民族 総人口の約9割が**漢民族**だが、50をこえる**少数民族**がいる。**モンゴル族**や**チベット族**など5つの少数民族は、**自治区**を形成。

3 社会の変化 社会主義政策による計画経済は次第に停滞するようになり、1970年代末から市場経済を取り入れ、**改革・開放政策**に転じた。農業では**生産責任制**（→p.68）が導入され、生産力が向上した。工業では**経済特区**や**経済技術開発区**（→p.90）を設置し、先進国の資本や技術の導入が進められた。

4 近年の状況 2001年に世界貿易機関（WTO）に加盟して世界の企業が次々と進出。沿海部を中心に経済成長が著しく、「**世界の工場**」とよばれる。農村では、**郷鎮企業**（町村や個人が経営する工場や商店などの中小企業）がさかんに設立されている。しかし、内陸部と沿海部の**経済格差**が拡大。そのほか、各国との貿易摩擦、都市部への人口集中と失業者の増大、**一人っ子政策**（→p.123）による人口の急速な高齢化、全国的な環境汚染の拡大など、多くの問題をかかえている。

> **要点 中国**
> - 歴史…古くから東アジアの中心。半植民地から社会主義国へ
> - 民族…大多数の**漢民族**と50をこえる少数民族
> - 社会…市場経済の導入で急成長 ➡ 生産責任制、経済特区や経済技術開発区、郷鎮企業 ➡ 地域間の格差拡大などの問題

4 中国の諸地域と都市（東北、華北）

1 東北
- ①**特色**…寒冷な地域で畑作中心。鉱産資源が豊富で、早くから重工業が発達。
- ②**都市**…ターチン油田からパイプラインが通じる**シェンヤン**は、東北最大の工業都市。**アンシャン**は中国有数の鉄山があり、フーシュン炭田と結んで鉄鋼業がさかん。リヤオトン半島に貿易港の**ターリエン**。

2 華北 重要
- ①**特色**…**黄河**流域の肥沃な黄土地帯で、中国文明の発祥地。畑作中心で、各種産業が発達。
- ②**都市**…首都の**ペキン**は、中国第2の都市。多くの王朝の都がおかれた。**テンチン**や**チンタオ**は貿易港。内陸部のパオトウで鉄鋼業。

> **要点**
> - 東北…資源が豊富。シェンヤン、ターリエンなど
> - 華北…黄河流域。畑作中心。首都**ペキン**

70 東アジア②

1 中国の諸地域と都市(華中, 華南, 西部, その他)

1 華中 重要
①特色…**長江**流域は中国最大の穀倉地帯で，各種産業が発達。水運がさかん。
②都市…**シャンハイ**は中国最大の都市で商工業の中心。長江中流の**ウーハン**，**チョンチン**，**チョントゥー**などでも工業が発達。

2 華南
①特色…**チュー川**流域と高原地帯。温暖多雨で，米の二期作もさかん。沿岸のフーチエン省，コワントン省から多くの**華人**(**華僑**)が出る。(→p.168)
②都市…中心都市は**コワンチョウ**。**シェンチェン**や**チューハイ**などは，経済特区が設定され，工業が発展。

3 西部 重要
①特色…さまざまな少数民族が居住。高原や砂漠が多く，人口密度は少ない。沿海部との経済格差を是正するために，2000年から鉄道などのインフラ整備，電力開発，工業団地の建設などの**西部大開発**が実施されている。
②都市…シンチヤンウイグル自治区の中心都市は**ウルムチ**。チベット自治区の中心都市は**ラサ**で，**チベット仏教**の聖地。
  (→トルコ系のウイグル族が多い) (→チベット族が多い)

4 その他の地域 重要
①ホンコンとマカオ…1997年にイギリスから返還された**ホンコン**は，特別行政区で，広範な自治権がある。陸・海の巨大貿易港をもち，アジアの金融センターの1つ。ポルトガルの旧植民地**マカオ**も，1999年に返還され，カジノなどの観光業がさかん。
②**台湾**…中華人民共和国政府の支配権がおよばない地域。中華民国を名乗る。中心都市は**タイペイ**。先端技術産業の発展がめざましく，**シンジュー**は「台湾のシリコンヴァレー」とよばれる。

要点
華中…**長江**流域。稲作中心。**シャンハイ**は中国最大の都市
華南…チュー川流域。**ホンコン**や経済特区の**シェンチェン**など
西部…さまざまな少数民族。**西部大開発**

14章 アジアとアフリカ

2 朝鮮半島 重要

1｜南北の対立 第二次世界大戦後，朝鮮は日本の植民地支配から独立したが，韓国と北朝鮮の二国に分かれ，朝鮮戦争が起こった。その後，ほぼ北緯38度線を境に，両国は対立をつづけてきたが，2000年に初の南北首脳会談が実現。経済交流もみられるが，北朝鮮の核開発などで，対立は現在もつづく。
↳1950～53年

2｜民族の文化 朝鮮半島固有のハングルは，15世紀につくられた。10の母音と19の子音記号を組み合わせた合理的な表音文字である。また，韓国では，儒教による先祖，家族関係を重んじる。仏教やキリスト教の信者も多い。

3 韓国（大韓民国） 重要

1｜農業の変化 農業は稲作が中心。1970年代から，セマウル運動（新しい村づくり運動）が展開され，農村の近代化が進んだ。食料自給率は約50％と低い。

2｜急速な工業化 1960年代から，アメリカや日本の資本を導入して，急速に工業化（「ハンガン（漢江）の奇跡」）。ウルサン，ポハン，マサンなど多くの工業都市が成長し，アジアNIEs（→p.90）の代表となる。しかし，1980年代に競争力が低下，1997年の通貨危機で大きな打撃を受けた。政府は財閥改革などを進め，電機・電子工業などの分野で海外市場を開拓し，活力を取り戻している。

3｜生活の変化 都市に人口の8割が集中，とくに首都ソウルの一極集中が進む。都市化の進展にともない，生活も変化。インターネットの普及率が高く，教育に力を入れる→教育費がかさみ，深刻な少子化の一因。

4 北朝鮮（朝鮮民主主義人民共和国）

1｜社会と産業 社会主義体制のもと，自主自立政策を進めてきた。農業は畑作が中心。1990年代以降，資本や技術の不足による経済の停滞，自然災害などによる食料不足，エネルギー不足が深刻。

2｜日本との関係 1991年から国交正常化交渉がつづけられ，2002年には，首都ピョンヤンで初めての首脳会談が開かれた。しかし，日本人拉致事件，核開発の問題などで，交渉は難航している。

> **要点**
> 韓　国…**資本主義国**。農業の近代化（セマウル運動），急速な工業化，大企業の海外展開が進む
> 北朝鮮…**社会主義国**。食料，エネルギー不足が深刻

71 東南アジアと南アジア①

1 自然環境 重要

1 地形 東南アジアは，**インドシナ半島**や**マレー半島**などの大陸部と，インドネシアやフィリピンなどの島嶼部からなる。ほぼ全域が新期造山帯に属し，複雑な地形。**メコン川**や**チャオプラヤ川**などの下流に広大な三角州が形成される。南アジアは，北部に**ヒマラヤ山脈**，中部に**インダス川**や**ガンジス川**が流れる平原，南部のインド半島に安定陸塊の**デカン高原**が広がる。

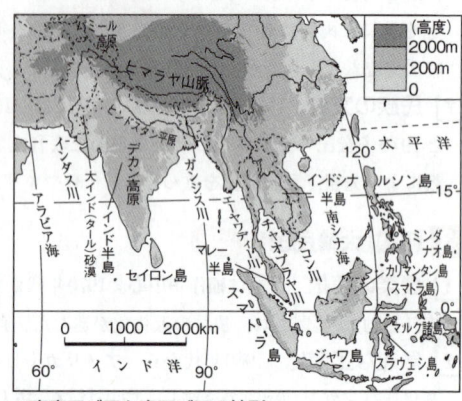

▲東南アジアと南アジアの地形

2 気候 大部分が熱帯で，**季節風(モンスーン)** の影響が強い。また，インド北部は温帯，パキスタンは乾燥帯。

2 歴史と社会，産業

1 歴史 重要 19世紀末までに，多くの国が植民地となったが，第二次世界大戦後，民族主義の高まりで独立を達成。

2 社会 重要 多民族国家が多く，宗教も多様。東南アジアでは，中国からの移民である**華僑**と移民先の国籍をもつ子孫の**華人**の力が強い。人口増加が著しく，農村から都市への人口移動も激しい。

3 産業

①**農業**…**プランテーション**による商品作物栽培が優先され，自給的な食料生産を圧迫。また，**大土地所有制**により，農業の生産性は低く，小作人の多くは貧しい。そこで，多収量品種の導入で米や小麦などの増産をはかる技術革新(「**緑の革命**」)が行われ，一定の成果をあげた。多くの国では，特定の１次産品の輸出だけに依存する**モノカルチャー経済**からの脱却をはかるため，多角化を進めている。

②**工業**…先進工業国の資本と技術を導入して，輸入代替(だいたい)型から輸出指向型の工業へ。労働集約型から資本集約型，知識集約型の工業へと発展。東南アジアの(→p.90)(→p.92)ほとんどの国は，東南アジア諸国連合(ASEAN)に加盟して，経済協力を
↳東ティモールのみ未加盟
進めている。

> **要点**
> **東南アジアと南アジア**…植民地→第二次世界大戦後独立
> 　社会…多民族，多宗教，人口急増
> 　農業…プランテーション，モノカルチャー経済 ➡ 緑の革命，多角化
> 　工業…輸出指向でより高度な工業へ。ASEANで経済協力

3 東南アジアの国々(フィリピン，ベトナム，タイ，マレーシア) 重要

1│フィリピン　首都マニラ。約7000の島々からなる。スペインの植民地支配→多くの国民はキリスト教徒(カトリック)。南部の**ミンダナオ島にはムスリム**(イスラーム教徒)が多い。稲作とバナナなどのプランテーション。

2│ベトナム　首都ハノイ。古来より中国文化の影響が強い。**ベトナム戦争**をへて1976年の南北統一後，社会主義政策をとってきたが，1986年から**ドイモイ(刷新)政策**→市場経済の導入と対外経済開放政策で，近年経済成長。

3│タイ　首都バンコク。周囲の国々が植民地化される中，緩衝(かんしょう)国として独立を保った。タイ族が約75％を占め，仏教徒(上座(じょうざ)仏教)が多い。**チャオプラヤ川**の三角州地帯は，世界有数の稲作地域で，米の輸出量は世界一。工業化が進み，輸出の中心は機械類。

4│マレーシア　首都クアラルンプール。
①**多民族国家**…先住民族のマレー人が約65％で，多くはムスリム。公務員の採用，教育の機会などで，政府によりさまざまに優遇されている(**ブミプトラ政策**)。華人は約26％だが，経済的地位は高い。インド系は約8％で，プランテーションの労働力として連れてこられたタミル人の子孫が多い。
②**産業**…かつて天然ゴムとすずの輸出が中心だったが，原油と木材の輸出も増え，天然ガスやパーム油も輸出。1970年代から日本や韓国を手本とする**ルックイースト政策**による工業化が進み，近年，輸出の中心は機械類。

> **要点**
> ①**フィリピン**…カトリックが多い　　②**ベトナム**…ドイモイ政策
> ③**タイ**…仏教国，稲作がさかん　　④**マレーシア**…多民族国家

72 東南アジアと南アジア②

1 東南アジアの国々（シンガポール，インドネシア，その他）重要

1 シンガポール マラッカ海峡に臨む交通の要地。生産国と需要国の間にたって商品を仲介する中継貿易によって発展してきた。住民の4分の3が華人（→p.168）だが，マレー人やインド系のタミル人も多く，公用語は，英語，マレー語，中国語，タミル語。輸出加工区の**ジュロン地区**（→p.90）を中心に工業が発展し，アジアの金融センターの1つ。1人あたり国民所得は，東南アジアで最高水準。

2 インドネシア 首都ジャカルタ。13000以上の島々からなる世界最大の島嶼国家。人口は2億人をこえ（世界第4位），半数以上が**ジャワ島**に集中。民族は複雑で，スマトラ島のアチェやニューギニア島など各地で独立問題が発生。大半はムスリム（イスラーム教徒）だが，バリ島にはヒンドゥー教徒。鉱工業では石油，天然ガスが豊富。現在は，東南アジア最大の工業国に成長。

3 その他 ブルネイは石油，天然ガスが豊富。ラオス，カンボジアではメコン川流域で，ミャンマーではエーヤワディー川流域で稲作がさかん。東ティモールは旧ポルトガル領で，2002年にインドネシアから独立。

> **要点**
> ①シンガポール…交通の要地で**中継貿易**。華人が多い
> ②インドネシア…世界最多の島嶼数，**イスラーム**人口。多民族

2 インド 重要

1 歴史と社会 かつて**イギリス**の植民地。戦後独立する際に，宗教の違いから，インド（ヒンドゥー教），パキスタン（イスラーム。のちバングラデシュが分離），スリランカ（仏教，当時はセイロン）に分かれた。中でもインドは，民族構成が複雑で，言語の数がひじょうに多い。また，職業の細分化，固定をともなった身分制度のカースト制の慣習が根強いが，近年徐々に変化している。首都デリー。

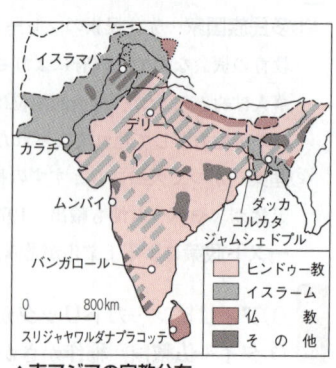

▲南アジアの宗教分布

2 農業 農業人口が圧倒的に多い。1960年代以降,「**緑の革命**」(→p.168)により,農業生産力は向上したが,いまだ格差が大きく不安定。農業の技術水準も低い。米,小麦,綿花,茶,ジュート(黄麻)などが栽培される。

3 工業 独立前は,**ムンバイ**で綿工業,**コルカタ**でジュート工業,**ジャムシェドプル**で鉄鋼業。独立後は,国営企業と,民族資本による二本足の工業化が進んで,鉄鋼業,綿工業などが発達。近年は,外国企業が多数進出,先端技術(ハイテク)産業も発達し,各地でIT関連産業が立地→南部の**バンガロール**は「インドのシリコンヴァレー」とよばれる。

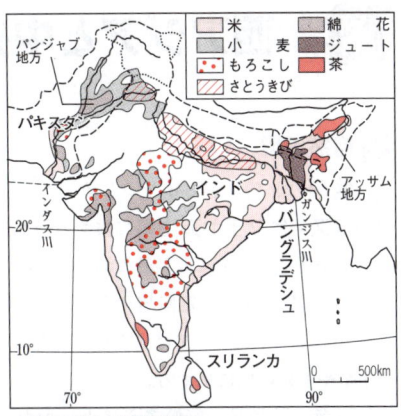

▲南アジアの農業地域

> **要点 インド**
> ・**ヒンドゥー教**と**カースト制**。多民族,多言語
> ・農業国だが,生産性は低い。貧富の差が大きい
> ・鉄鋼業,綿工業,IT関連産業など工業が発達

3 その他の南アジアの国々

1 パキスタン 首都**イスラマバード**。イスラームの国として独立。乾燥帯で,**パンジャブ地方**を中心に小麦,綿花の栽培がさかん。北東部の**カシミール地方**の帰属をめぐり,インドと対立。

2 バングラデシュ 首都**ダッカ**。湿潤な**ガンジス川**の三角州地帯で,稲,ジュートの栽培。人口密度が高い。熱帯低気圧の**サイクロン**の被害。(→p.120)

3 スリランカ 首都**スリジャヤワルダナプラコッテ**。プランテーションで,**茶**の栽培→紅茶。南部の多数派シンハラ人は仏教徒。北部の少数派タミル人はヒンドゥー教徒。長年民族対立がつづいた。

> **要点**
> ①**パキスタン**…イスラーム。小麦,綿花の栽培
> ②**バングラデシュ**…イスラーム。稲,ジュートの栽培
> ③**スリランカ**…茶の栽培。長年民族対立

73 西アジアと中央アジア

1 自然環境

1 地形
トルコからイランにかけて、**アルプス＝ヒマラヤ造山帯**（→p.22）に属する新期造山帯が連なる。北に世界最大の湖である**カスピ海**が、南に安定陸塊の**アラビア半島**がある。中央アジアは、大部分が古期造山帯や安定陸塊に属する。

2 気候
乾燥帯。乾燥アジアといわれ、**ステップ**と**砂漠**が広がる。ただし、地中海、黒海、カスピ海沿岸などは、温帯の地中海性気候（Cs）。

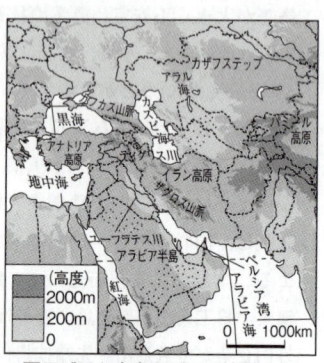

▲西アジアと中央アジアの地形

2 歴史と社会 重要

1 歴史
8世紀、西アジア一帯に**イスラーム**が広がり、10世紀には北アフリカや中央アジアを含むイスラーム文化圏が成立した。19世紀以降、西ヨーロッパ諸国の侵略をうけ、大部分が植民地と化したが、第二次世界大戦後、民族主義の高まりによって独立。

2 社会
アラビア語を使い、イスラームを信仰する**アラブ人**の国が多い。ただし、イスラエルやトルコ、イラン、中央アジア、カフカス地方などでは、民族、言語、宗教などが異なる。そのため、**パレスチナ問題**をはじめ、**クルド人問題**、キプロス問題など、民族対立が激しい。さらに、**中東戦争**や**湾岸戦争**、**イラク戦争**などの紛争も起こっている。（→p.148〜149）

3 資源と産業

1 鉱産資源 重要
西アジアの**ペルシア湾**沿岸、ティグリス川とユーフラテス川の中・上流域は、世界有数の**油田地帯**。また、中央アジアではカスピ海周辺に油田、ガス田が広がる。これら鉱産資源の輸出に頼るモノカルチャー経済の国が多い。おもな産油国は、**石油輸出国機構（OPEC）**（→p.81）や**アラブ石油輸出国機構（OAPEC）**を結成し、石油産業を国有化している。

2│農業 乾燥帯の地域では，羊やラクダの**遊牧**や**オアシス農業**が行われている。(→p.64) 地中海沿岸では，地中海式農業がさかん。新しい動きとして，近年は遊牧民の定着化が進んでいる。また，サウジアラビアでの地下水を利用したセンターピボット農法など，大規模な灌漑農業も行われている。(→p.186)

> **要点** 西アジアと中央アジア｜**イスラーム**の国が大半。アラブ人などの民族 とくに**石油**が豊富。遊牧やオアシス農業など

4 西アジアと中央アジアの国々 【重要】

1│イラン 首都テヘラン。**ペルシア語**を話す**ペルシア人**が中心で，**シーア派**のムスリム（イスラーム教徒）が多い。**イラン革命**（→1979年）以降，欧米諸国と対立。

2│サウジアラビア 首都リヤド。アラブ人の国で，専制君主国家。イスラーム発祥の地で，**カーバ神殿**のあるイスラーム最大の聖地**メッカ**に巡礼者が多い。世界有数の**産油国**。

3│トルコ 首都アンカラ。**トルコ語**を話す**トルコ人**中心の国。イスラーム圏で初めて，**政教分離**，女性の解放などの近代化を進めた。最大都市は**イスタンブール**。ドイツなどへの移民が多い。EU加盟問題で揺れる。

4│イスラエル **ヘブライ語**を話す**ユダヤ教徒**の**ユダヤ人**と，ムスリムの**アラブ人**。ユダヤ教，キリスト教，イスラーム共通の聖地である**エルサレム**がある。**パレスチナ問題**などをめぐり，アラブ人や周辺アラブ諸国と対立。キブツとよばれる集団農場などで，農地の開拓が進められた。

5│中央アジアの国々 **カザフスタン，ウズベキスタン，キルギス，トルクメニスタン**はトルコ系，**タジキスタン**はイラン系。かつてソ連に属していた。遊牧や灌漑による綿花，小麦の栽培など。

6│カフカス（コーカサス）地方 **アゼルバイジャン**（シーア派）と，**ジョージア，アルメニア**（正教会）。少数民族が入りくんでおり，民族対立が激しい。

7│その他のアラブ人諸国 **イラク，クウェート，アラブ首長国連邦，カタール**は，有数の産油国。アラブ首長国連邦の**ドバイ**は，貿易・金融センターとして発展。シリア，レバノン，イエメンなどは，政情が不安定。

> **要点** ①イラン…シーア派　②サウジアラビア…世界有数の**産油国**
> ③トルコ…**政教分離**　④イスラエル…**ユダヤ人**と**アラブ人**の対立

74 アフリカ

1 自然環境

1 地形 アフリカ大陸はほぼ全体が安定陸塊で、台地や高原が多い。(→p.22) **アフリカ大地溝帯**の中に、キリマンジャロ山など標高の高い火山がある。また、世界最長の**ナイル川**などが、砂漠を貫流する。

2 気候 赤道をはさんで、おおよそ熱帯(**コンゴ盆地**、サバナなど)、(→p.41) 乾燥帯(**サハラ砂漠**→世界最大、カラハリ砂漠など)、温帯(大陸の北端と南端)の順に南北対称に分布する。サハラ砂漠の南の**サヘル**地方は、とくに砂漠化が激しい。

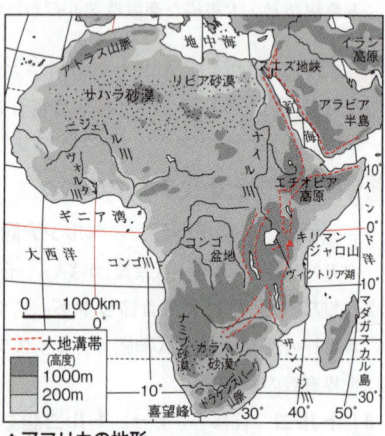

▲アフリカの地形

2 歴史と社会 重要

1 歴史 ほぼ全域が西ヨーロッパ諸国の**植民地**となった。1960年前後から、民族主義の高まりをうけ、ほとんどの国が政治的に独立を達成した。

2 社会 北アフリカでは、**イスラーム**を信仰する**アラブ人**が多く、西アジアとのつながりが深い。サハラ以南のアフリカでは、**黒人**が中心で、キリスト教徒が多い。とくにサハラ以南のアフリカでは、現在も外国資本による経済の支配、**モノカルチャー経済**といった植民地構造が残り、深刻な**貧困**がつづいている。(→p.114) **飢餓**や乳幼児の高い死亡率も問題である。また、植民地分割が民族分布を無視して行われたため、**民族対立**による**紛争**や**難民**の発生も多い。

3 産業

1 農業 全体としては自給的農業。北アフリカの地中海沿岸では地中海式農業、乾燥帯では遊牧やオアシス農業、熱帯林地域では焼畑農業。エジプトでは、ナイル川流域で大規模な灌漑農業がみられる。一方で、カカオやコーヒーなどの**プランテーション農業**もさかんだが、労働者の賃金は安い。

14章 アジアとアフリカ

2│鉱工業 鉱産資源は豊富。北アフリカやナイジェリアの石油,ザンビアの銅,ガーナの金,ボツワナやコンゴ民主共和国のダイヤモンド,南アフリカの石炭,鉄鉱石など。レアメタルも多く産出。(→p.85)しかし,ほとんどが先進国資本の経営で,労働者の賃金は安い。また,南アフリカやエジプトなどをのぞき,インフラの未整備や政情不安などのため,多くの国で工業化が進んでいない。

3│新たな動き 農地改革や農業の多角化,鉱産資源の国有化,**フェアトレー**ド(→p.114)の取り組みなどにより,経済の植民地構造からの脱却をはかっている。近年,中国がアフリカでの資源開発を積極的に進めている。

> **要点** アフリカ…かつて**植民地**。アラブ人と黒人。モノカルチャー経済,貧困,飢餓,紛争や難民など多くの問題

4 アフリカの国々 重要

1│エジプト 首都**カイロ**。ナイル川流域で古代から文明が栄える。**アスワンハイダム**の灌漑で耕地が拡大し,小麦や綿花の栽培→一方で塩害の発生。石油製品の輸出や観光,スエズ運河の通航料などによる収入。

2│ケニア 首都**ナイロビ**。キクユ,マサイなど多民族国家。高原で茶やコーヒー,低地でサイザル麻などを栽培。多くの国立公園や保護区で野生動物を保護。

3│ナイジェリア 首都**アブジャ**(民族分布のバランスをとるため中央部に建設)。アフリカ最大の人口。多民族国家で,民族対立。**ニジェール川**の三角州地帯で産出する**石油**によるモノカルチャー経済。

4│南アフリカ 首都プレトリア。白人によるアパルトヘイト(人種隔離政策)は,1991年に廃止。石炭や鉄鉱石,金,ダイヤモンド,レアメタルなど鉱産資源が豊富。経済成長著しく,BRICS(→p.90)として注目される。

5│その他 アルジェリアでは,地中海沿岸で地中海式農業,砂漠地帯で石油の産出。ガーナは,金やカカオのモノカルチャー経済。ヴォルタ川の開発でアルミ精錬などの工業化。**コートジボワール**は,世界有数の**カカオ**の生産国。リベリアはアフリカ最初の黒人共和国,世界有数の便宜置籍船国。
↳1847年建国 (→p.106)

> **要点**
> ①エジプト…ナイル川,スエズ運河　②ケニア…多民族
> ③ナイジェリア…アフリカ最大の人口,多民族,石油
> ④南アフリカ…アパルトヘイトの廃止,鉱産資源が豊富,BRICS

要点チェック

↓答えられたらマーク　　　　　　　　　　　　　　　　　　　わからなければ⇒

- □ **1** ヒマラヤ山脈の北に位置し，中国西部に広がる高原を，何というか。　p.164
- □ **2** 1の北側に広がる大規模な砂漠を，何というか。　p.164
- □ **3** 中国の大多数を占める民族を，何というか。　p.165
- □ **4** 中国の農村部で，町村や個人が経営する工場や商店などの中小企業を，何というか。　p.165
- □ **5** リヤオトン半島に位置する貿易都市は，どこか。　p.165
- □ **6** 中国華北地方を数千kmにわたり流れる大河川を，何というか。　p.165
- □ **7** 中国で2000年から実施されている，内陸部におけるインフラ整備などの大規模な地域開発を，何というか。　p.166
- □ **8** チベット自治区の中心都市は，どこか。　p.166
- □ **9** 1990年代に，イギリスとポルトガルから中国に返還された都市を，それぞれ答えよ。　p.166
- □ **10** 韓国と北朝鮮は，ほぼ何の線を境にして分かれているか。　p.167
- □ **11** 韓国の首都は，どこか。　p.167
- □ **12** 北朝鮮の正式な国名は，何というか。　p.167
- □ **13** 東南アジアの大陸部において，その多くを占める半島を，2つ答えよ。　p.168
- □ **14** 中国からの移民の子孫で，移民先の国籍をもつ人々を，何というか。　p.168
- □ **15** 東南アジアや南アジアなどにおいて行われた，多収量品種の導入による食料の増産を，何というか。　p.168
- □ **16** フィリピン南部に位置する，ムスリム（イスラーム教徒）の多い島を，何というか。　p.169

答え

1 チベット高原　**2** タクラマカン砂漠　**3** 漢民族　**4** 郷鎮企業　**5** ターリエン　**6** 黄河　**7** 西部大開発　**8** ラサ　**9** （順に）ホンコン，マカオ　**10** 北緯38度　**11** ソウル　**12** 朝鮮民主主義人民共和国　**13** インドシナ半島，マレー半島（順不同）　**14** 華人　**15** 緑の革命　**16** ミンダナオ島

- **17** 三角州地帯でとくに稲作がさかんな，タイを流れる大河川を，何というか。 p.169
- **18** マレーシアにおける，マレー人の優遇政策を，何というか。 p.169
- **19** シンガポールは，何という海峡に臨む国か。 p.170
- **20** インドネシアの人口の多くが集中する島を，何というか。 p.170
- **21** インドにおける，職業の細分化，固定をともなった身分制度を，何というか。 p.170
- **22** パキスタンで小麦，綿花の栽培がとくにさかんな地域(地方)は，どこか。 p.171
- **23** バングラデシュの低地で，大きな被害をもたらすことがある熱帯低気圧を，何というか。 p.171
- **24** スリランカのプランテーションで，さかんに栽培される商品作物は，何か。 p.171
- **25** 世界最大の湖を，何というか。 p.172
- **26** 西アジアにおいて，世界有数の油田地帯となっている湾を，何というか。 p.172
- **27** サウジアラビアに位置するイスラーム最大の聖地は，どこか。 p.173
- **28** イスタンブールを最大都市とする国は，どこか。 p.173
- **29** イスラエルに位置する，3宗教共通の聖地は，どこか。 p.173
- **30** 西アジアのカフカス地方で，正教会の信者が多い国を，2つ答えよ。 p.173
- **31** 世界最長の河川を，何というか。 p.174
- **32** 世界最大の砂漠を，何というか。 p.174
- **33** エジプトにある国際運河を，何というか。 p.175
- **34** ナイジェリアは，何に依存するモノカルチャー経済の国か。 p.175
- **35** 南アフリカで行われていた人種隔離政策を，何というか。 p.175
- **36** 西アフリカでカカオの生産がさかんな国を，2つ答えよ。 p.175

答え

17 チャオプラヤ川 **18** ブミプトラ政策 **19** マラッカ海峡 **20** ジャワ島 **21** カースト制 **22** パンジャブ地方 **23** サイクロン **24** 茶 **25** カスピ海 **26** ペルシア湾 **27** メッカ **28** トルコ **29** エルサレム **30** ジョージア，アルメニア(順不同) **31** ナイル川 **32** サハラ砂漠 **33** スエズ運河 **34** 石油 **35** アパルトヘイト **36** コートジボワール，ガーナ(順不同)

75 ヨーロッパ①

1 自然環境

1 地形 南部は，**アルプス山脈**やピレネー山脈などの**アルプス＝ヒマラヤ造山帯**が連なる。中部や北部は，なだらかな台地，丘陵や広い平野がある。北部の**スカンディナヴィア半島**西岸には，**フィヨルド**がみられる。(→p.28) **ライン川，ドナウ川**などのゆるやかで水量の多い河川が流れ，国際河川となっている。

2 気候 西部は，暖流の**北大西洋海流**とその上を吹く**偏西風**のため，高緯度のわりに温和な西岸海洋性気候(Cfb)。南部は地中海性気候(Cs)。東部や北部は亜寒帯。

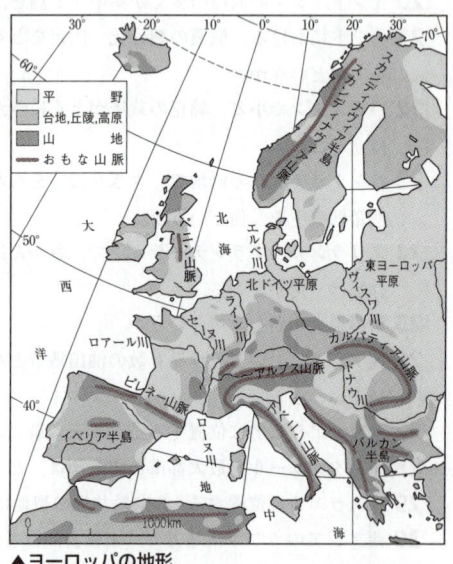

▲ヨーロッパの地形

2 歴史，民族と宗教

1 歴史 西ヨーロッパでは，宗教改革や市民革命などをへて，今日の近代社会を形成。18世紀後半以降，産業革命をなしとげ，資本主義を確立。アジア，アフリカなどに植民地をつくったが，第二次世界大戦後，その地位は低下した。そのため，**欧州連合(EU)** を結成することで統合を進めてきた。(→p.158)

2 民族と宗教 重要　ほとんどがキリスト教徒。北西ヨーロッパに**プロテスタント**の**ゲルマン系民族**，南ヨーロッパに**カトリック**の**ラテン系民族**，東ヨーロッパに**正教会**の**スラブ系民族**が多い。また，イスラーム圏からの移民の増加により，各国でムスリム(イスラーム教徒)が増加している。一部では，伝統的なキリスト教社会との衝突もみられる。

> **要点**
> 北西ヨーロッパ…ゲルマン系，プロテスタント
> 南ヨーロッパ…ラテン系，カトリック
> 東ヨーロッパ…スラブ系，正教会
> 　　　　　　　　　　　　　　　　　　　 ｝各国でムスリムが増加

3 イギリス（グレートブリテン及び北アイルランド連合王国） **重要**

1. **連合王国** イングランド（首都**ロンドン**），ウェールズ（ケルト系民族），スコットランド，北アイルランド（イギリス系とアイルランド系住民）で構成。
   ↳United Kingdom

2. **農業** 資本主義的な経営が中心で，農家の経営規模は大きく，生産性が高い。農業人口割合は，約1.5％しかない。

3. **経済** 産業革命発祥の地で，「世界の工場」とよばれた。第二次世界大戦後，植民地の独立や新興工業国の台頭などにより，工業の国際競争力が低下，国内経済は斜陽化した。その後，ECへの加盟，**北海油田**の開発，国営企業の**民営化**
   ↳「イギリス病」
   などにより，1980年代後半には，経済の回復が進んだ。

4 フランス **重要**

1. **農業** 西ヨーロッパ最大の**農業国**。農産物の輸出がめだつ。
2. **工業** 第二次世界大戦後，EEC，EC，EUなどの結成に主導的役割をはたした。首都**パリ**を中心に，臨海部の工業地域の形成，航空機などの共同開発も進み，工業は発展。**原子力発電への依存度が高い。**

5 ドイツ **重要**

1. **歴史** 第二次世界大戦後，資本主義国の**西ドイツ**と，社会主義国の**東ドイツ**に分かれた。首都**ベルリン**も「ベルリンの壁」で東西に分割された。その後1990年に，東西ドイツが統一された。

2. **産業と社会** 商業的混合農業がさかん。また，巨大市場（EU）を背景に，ヨーロッパ最大の**工業国**。**ルール工業地域**が中心。**外国人労働者**（ガストアルバイター）を多く受け入れているが，民族間の対立などさまざまな社会問題が発生している。その他，環境問題への対策も先進的。
   ↳トルコや東ヨーロッパなど

> **要点**
> ①イギリス…連合王国，**産業革命**発祥の地
> ②フランス…西欧最大の**農業国**　　③ドイツ…欧州最大の**工業国**

76 ヨーロッパ②

1 西ヨーロッパの国々（ベルギー，オランダ，スイス，オーストリア）重要

1. **ベルギー** 首都ブリュッセルに**EU本部**。1993年，立憲君主制のまま，言語別の連邦国家に移行した。北部で重化学工業，南部で鉄鋼業。
2. **オランダ** 首都**アムステルダム**。酪農と園芸農業のほか，大企業が多く工業も発展している。国土の4分の1は海面下の低地で，干拓地（**ポルダー**）が広がる。ロッテルダムの西郊に，EU最大の貿易港**ユーロポート**がある。
3. **スイス** 首都ベルン。19世紀以来の**永世中立国**。チューリヒは国際金融センターの1つ。ジュネーヴには多くの国際機関がある。酪農がさかんで，アルプスでは**移牧**がみられる。精密機械工業や観光業もさかん。
    - →戦争に中立の立場
    - （→p.66）　→時計など
4. **オーストリア** 第二次世界大戦後，永世中立国となった。首都**ウィーン**は，ドナウ川に面した「芸術の都」。西部のティロル地方は観光地。

2 南ヨーロッパの国々 重要

1. **イタリア** 首都**ローマ**やナポリ，フィレンツェ，ヴェネツィアなど観光都市が多い。産業の発達した北部と遅れている南部との経済格差の解消が課題。中部や南部では，**地中海式農業**や移牧。
2. **スペイン** 首都マドリード。中央部の**イベリア高原**は，メセタとよばれる乾燥高原。北西部に**リアス海岸**。地中海式農業とメリノ種の羊の飼育がさかん。また，観光業もさかん。
    - →リアス海岸の語源となった海岸がある
3. **ポルトガル** 首都リスボン。地中海式農業がさかん。1986年のEC加盟後，工業も発展。
4. **ギリシャ** 首都**アテネ**などに古代ギリシャの史跡が多く，観光業がさかん。また，海運業も発展しているが，工業化は遅れている。近年，深刻な財政危機。

3 北ヨーロッパの国々 重要

1. **デンマーク** 首都コペンハーゲン。古くから**酪農**がさかんで，「模範的酪農王国」とよばれる。
2. **ノルウェー** 首都オスロ。西岸には**フィヨルド**。西岸海洋性気候のため，高緯度のわりに温和。水産業や海運業がさかん。**北海油田**で石油を産出。
    - （→p.28）

3 スウェーデン 首都**ストックホルム**。高福祉社会が形成された福祉国家。そのため,税金や社会保険料の負担は大きいが,生活水準はひじょうに高い。森林資源,鉄鉱石などの鉱産資源,水力資源にめぐまれる。

4 フィンランド 首都**ヘルシンキ**。ウラル語系**フィン人**の国。国土の約70％が森林で,林業や紙・パルプ工業がさかん。携帯電話機の生産でも有名。

> **要点**
> ①ベルギー…ブリュッセルに EU 本部　②オランダ…ユーロポート,干拓地(ポルダー)　③スイス…永世中立国　④イタリア…南北格差　⑤ノルウェー…フィヨルド　⑥スウェーデン…高福祉国家

4 東ヨーロッパの国々

1 民族と歴史 **スラブ系**を中心に多民族が複雑に分布し,古くから**民族対立**が激しい。第二次世界大戦を契機に,旧ソ連を中心とした**社会主義圏**に組み込まれる。1991年のソ連解体に前後して社会主義政権は相次いで倒れ,民主化が進んだ。近年は,複雑な民族分布を反映した民族主義が高まっている。

2 おもな国々

①**ポーランド**…首都**ワルシャワ**。スラブ系でカトリックが多い。工業は石炭産地のシロンスク地方が中心。

②**チェコ**…首都**プラハ**。スラブ系。ボヘミア炭田を基礎に工業発展。

③**ハンガリー**…首都ブダペストはドナウ川をはさむ双子都市。ウラル語系 (→p.130) **マジャール人**の国。温帯草原(プスタ)で牧畜業がさかん。

④**ルーマニア**…首都ブカレスト。**ラテン系**で正教会が多い。

⑤**旧ユーゴスラビア**…「2つの文字,3つの宗教(カトリック,正教会,イスラーム),4つの言語,5つの民族からなる6つの共和国」の連邦であったが,現在は7つの国に分裂。
↳実際には8以上存在

▲旧ユーゴスラビアの民族分布

> **要点**
> 東ヨーロッパ…多民族が複雑に分布し**民族対立**
> ➡ ポーランド,チェコ,ハンガリー,ルーマニア,セルビアなど

77 ロシアと周辺諸国

1 ロシアの国土と自然

1 国土
ユーラシア大陸北部に広がり，世界第1位の面積。東西の経度差は170度以上で，9つの標準時がある。

2 自然環境
国土の大半は，**タイガ**の広がる亜寒帯と寒帯。**ウラル山脈**の西側は，
　↳アジアとヨーロッパを分ける
ヨーロッパロシアとよばれ，**東ヨーロッパ平原**が広がる。人口の大半はこの地域に分布。黒海周辺は，肥沃な**黒土**地帯。ウラル山脈の東側は，**シベリア**と
　　　　　　　　　　　　　　　　　↳チェルノーゼム
よばれ，西部に**西シベリア低地**があるが，東部ほど高原や山脈が多く，気候も著しい大陸性気候となる。なお，シベリアでも，サハ共和国とアムール州から東側の地域を，極東ロシアとよぶ。

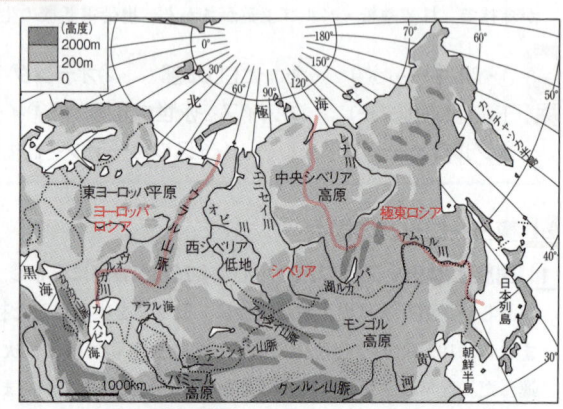

▲ロシアとその周辺の地形

2 ロシアの歴史と民族，産業と都市 【重要】

1 歴史
1917年に帝政ロシアで**ロシア革命**が起こり，社会主義国の**ソビエト連邦**(**ソ連**)が成立した。主要な生産手段は，国家や集団が所有し，五か年計画などの計画経済が行われた。しかし，次第に政治，経済がゆきづまり，1991年にバルト3国が独立。その後，残りの各共和国も独立を宣言して，新しく，ゆるやかな協力組織として**独立国家共同体**(**CIS**)を結成，ソ連は解体された。ロ
　　　　　　　　　　　　　　　（→p.156）
シア連邦が旧ソ連の国際的な権利を引きついでいる。

2 民族
スラブ系のロシア人(正教会)が多いが，100以上の少数民族もおり，中には分離独立の動きもある。とくに**カフカス山脈**北麓の**チェチェン共和国**な
　　　　　　　　　　　　　　　　　　　　　　　　　　　　　　（→p.148）
どでは独立運動が激しい。

15章 ヨーロッパとロシア

3 産業 ソ連解体により，それまでの社会主義政策は全面的に見直された。市場経済が導入され，当初は経済が混乱したが，2000年代に入り**石油や天然ガス**などの鉱産資源の開発が進み，経済成長が始まった。欧米諸国の投資も増加し，BRICs(→p.90)として注目される。また，農業では，企業や個人農による生産へと変化している。しかし，国民の所得格差や地域の経済格差は大きい。

4 都市 ヨーロッパロシアに，最大の都市で首都の**モスクワ**や，第2の都市の**サンクトペテルブルク**。シベリアでは，オムスク，ノヴォシビルスク，イルクーツクなど。**シベリア鉄道**の開通とともに開発が進んだ。極東ロシアには，ハバロフスクや**ウラジオストク**。近年，極東ロシアの資源開発を進め，中国や日本など東アジアへの輸出を増加させる政策がとられている。

> 要点 ロシア
> ①広大な国土，厳しい自然環境　②かつて**社会主義国ソ連**
> ③多民族国家 ➡ **チェチェン**などの独立運動
> ④**鉱産資源**の開発で経済成長。極東ロシアの開発も

3 ロシアの周辺諸国

1 バルト3国 バルト海に面する。酪農がさかん。**エストニア**はウラル語系でプロテスタント，**ラトビア**はバルト系(インド・ヨーロッパ語族)でプロテスタント，**リトアニア**はバルト系でカトリックの住民が多い。

▲ロシアと周辺諸国

2 ウクライナ 首都キーウ。スラブ系で正教会が多い。肥沃な**黒土**地帯が広がり，小麦などの穀倉地帯をなす。ドネツ炭田，クリヴォイログ鉄山を結びつけて**ドニエプル工業地域**を形成。外交がEU寄りかロシア寄りかで揺れている。

3 その他の旧ソ連構成国 ベラルーシ(スラブ系，正教会)，モルドバ(ラテン系，正教会)，アゼルバイジャン(トルコ系，イスラーム)，ジョージア(カフカス系，正教会)，アルメニア(正教会)，カザフスタン・ウズベキスタン・トルクメニスタン・キルギス(トルコ系，イスラーム)，タジキスタン(イラン系，イスラーム)。現在，上記のバルト3国とグルジア以外はCISに参加(準加盟含む)。

78 北アメリカ①

1 アメリカの国土と自然

1 国土 アメリカ合衆国は、ロシア、カナダに次ぎ、日本の約25倍の面積をもつ。大陸部だけでも、経度差は100度におよび、5つの標準時がある。
→USA

2 自然環境 年降水量500mmの線がほぼ**西経100度線**と一致し、西部の乾燥地域と東部の湿潤地域に区分される。西部は、けわしい新期造山帯の**ロッキー山脈**を中心に乾燥帯が広がる
(→p.22)
が、太平洋岸は地中海性気候(Cs)。東部は、安定陸塊の**中央平原**や**ミシシッピ川**、古期造山帯の**アパラチア山脈**、グレートプレーンズ(台地状の大平原)、プレーリー(肥沃な温帯草原)、**五大湖**、海岸平野など。東部の北側は亜寒帯、南側は温暖湿潤気候(Cfa)。

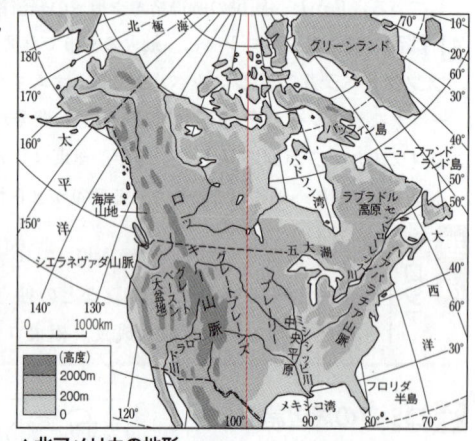

▲北アメリカの地形

2 アメリカの歴史と人種、民族

1 歴史 先住民は**インディアン**などの**ネイティブアメリカン**。17世紀から白人が移住して開拓。1776年に**連邦国家**として独立し、以後開拓前線(**フロン**
→現在は50の州で構成
ティア)は西へ進んだ。南北戦争の後、資本主義が発達した。20世紀の2度にわ
→1861～65年
たる世界大戦をへて、先進資本主義国の指導的地位を占めるにいたった。

2 人種、民族 重要　アメリカは多民族、移民国家→「**サラダボウル**」。

①**白人**…全体の約72％。中でも、プロテスタントでアングロサクソン(イギリス)系の白人(**WASP**)が上流階級を形成。
　　　　　　　　　　　　(ワスプ)

②**ネイティブアメリカン**…全体の1％にも満たない。白人の開拓により居住地を追いやられた。

③**黒人(アフリカ系アメリカ人)**…全体の約13％。多くがアフリカから強制連行された奴隷(どれい)の子孫。南東部に多い。長年差別がつづき，1964年の公民権法などにより，少しずつ地位が向上してきた。

④**ヒスパニック**…スペイン語を話すラテンアメリカ系の移民とその子孫のこと。(→p.188)
全体の約16％。南西部を中心に増加しているが，貧困層が多い。

⑤**その他**…**ユダヤ人**は政治，経済などの各分野で影響力をもつ。太平洋岸では，中国，韓国，日本，ベトナムなどの**アジア系**の移民が多い。

> 要点　アメリカ…多民族，移民国家 ➡ 白人，ネイティブアメリカン，黒人のほか，近年はヒスパニックやアジア系が増加

3 アメリカの産業や経済 重要

1 特色　各種資源が豊富で，**世界最大の工業国**。巨大な資本を有し，世界経済の中心であり，その影響力は大きい。アメリカの経済，政治，文化面での基準が，**世界標準(グローバルスタンダード)**となっていることが多いが，これに対する反発も根強い。

2 高度な科学技術　航空宇宙，ソフトウェア，IT，バイオテクノロジーなどの先端技術の部門で，とくに高度な科学技術力をもつ。大規模な民間投資や国家の援助，世界中から集まる研究者・技術者などがこれを支えている。

3 活発な企業活動　1国のGDPをしのぐ規模の巨大企業が多く，**多国籍企業**として世界規模で展開している。一方で，**ベンチャービジネス**(規模の小さな創造型企業)の設立もさかんで，経済に活力を与えている。

4 資源，工業製品の輸入　世界有数の資源国であるが，国内消費量が多く，石油などを大量に輸入する。また，繊維(せんい)，自動車，鉄鋼など一般の工業製品は，新興工業国の台頭もあって競争力が低下し，輸入が増加している。

5 産業転換と立地移動　北東部(**スノーベルト**)が重化学工業をリードしてきたが，国際競争力の低下で斜陽化傾向にある。一部では，先端技術産業によって復活している地域もある。一方，1970年代から北緯37度以南の南部，太平洋岸の地域(**サンベルト**)が台頭し，工業の中心が移動している。

> 要点　アメリカ…高度な科学技術，活発な企業活動 ➡ **世界最大の工業国**。
> 　　工業の中心は**スノーベルト**から**サンベルト**へ

79 北アメリカ②

1 アメリカの農業

1 世界の食料基地 重要　農業人口割合は約1.6％ながら、小麦、とうもろこし、大豆、肉類、米などの輸出がきわめて多く、「世界の食料基地(食料庫)」といわれる。機械化による労働生産性の高さ、肥料、農薬の大量使用による土地生産性の向上などで、生産力が高まり、余剰農産物を輸出した結果である。

2 経営規模の拡大　第二次世界大戦後、経営面積の拡大が進み、大農法による**適地適作**(→p.67)が中心。400ha以上という大農場も増加。

3 農業のビジネス化　巨大な**穀物メジャー**や**アグリビジネス**(→p.63)が、生産、加工、流通、販売など、さまざまな分野で強い影響力をもつ。

4 独特の農業技術 重要

①**等高線耕作**…土壌侵食を防ぐため、等高線にそって作付けを行うこと。同じ高度で畦(あぜ)をつくっていくので、表土の流出を防ぐことができる。

②**センターピボット農法**…地下水をくみ上げる井戸を中心に、半径数百メートルの灌漑(かんがい)用アームを回転させる。省力化が可能。

5 問題点　生産性を上げるため、土壌、水などの生産基盤を酷使し、破壊してきた面がある。等高線耕作の無視による表土流出などの**土壌侵食**、センターピボット農法による地下水の大量使用、灌漑によって地表に塩分が集積する**塩害**などの問題が指摘されている。

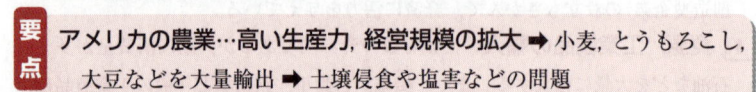

> 要点　アメリカの農業…高い生産力、経営規模の拡大 ➡ 小麦、とうもろこし、大豆などを大量輸出 ➡ 土壌侵食や塩害などの問題

2 アメリカの諸地域と都市 重要

1 北東部　最も早くから植民された地域。ヨーロッパの伝統が残り、現在もアメリカにおける政治、経済、文化の中心地。**メガロポリス**が発達。**ニューヨーク**(→p.135)はアメリカ最大の都市。**マンハッタン島**の**ウォール街**は国際金融の中心地。**国連本部**もあり、国際政治の中枢。その他、**ボストン**は古くからの学問、文化の中心。**ワシントンD.C.**はポトマック河畔(かはん)の首都。**フィラデルフィア**は貿易港で、独立宣言の地。**ボルティモア**はチェサピーク湾奥の貿易港。

16章 南北アメリカ，オセアニア，両極

2│中西部（中部） 農業や鉱工業がよく発達した地域。**シカゴ**はアメリカ第3の都市で，世界的な農産物の集散地。その他，**デトロイト**（自動車）や**ピッツバーグ**（鉄鋼）などの工業都市。セントルイス，カンザスシティは，中央平原の農産物の集散地。

3│南部 古くからの綿工業のほか，TVAの開発（→p.52），石油の産出などで，石油化学，電子などの工業が集中し，人口も増加している。**ニューオーリンズ**は南部最大の貿易港。**ヒューストン**（石油化学，宇宙産業），**ダラス**（電子，航空機），**バーミングハム**（鉄鋼），**オーランド**（電子）などの工業都市。

4│太平洋岸 温暖なカリフォルニア州が中心。**ロサンゼルス**はアメリカ第2の都市。カリフォルニア州の中心で航空機，電子，石油化学が発達。**サンフランシスコ**は太平洋岸最大の貿易港。**サンノゼ**はサンフランシスコ南郊の都市で，周辺地域は世界最大の電子工業・IT関連産業の集積地（**シリコンヴァレー**）。

5│その他の地域 アラスカでは石油を産出し，イヌイット（→p.191）が住む。**ハワイ**には日系人が多く，中心都市ホノルルは太平洋の交通の要地で保養地。

6│都市構造と都市問題 移民国家という背景もあり，人種，民族，所得による住み分けが進行し，中には**スラム**も形成されている。また，**モータリゼーション**（→p.100）によって都市機能の中心が郊外に移り，その結果都心部が衰退して，**インナーシティ**（→p.140）の問題が深刻化。現在は都心部の再開発が行われている。

> 要点　アメリカ
> ①北東部…アメリカの中枢。**ニューヨーク**，ワシントンD.C.
> ②中西部…農業がさかん。**シカゴ**
> ③南部，太平洋岸…ヒューストン，ロサンゼルス
> ➡ 住み分け，スラム，インナーシティなどの都市問題

3 カナダ

1│歴史と社会 先住民はインディアンとイヌイット。17世紀からフランス人が入植，やがてイギリス人も入植して，両者は対立。結局イギリスの植民地となり，1931年に独立したが，少数派のフランス系住民は**ケベック州**に多く，現在も分離独立の動きがある。人口は，南東部の**セントローレンス川**流域に集中。

2│資源と産業 あらゆる部門にアメリカ資本が進出し，最大の貿易国はアメリカ。**北米自由貿易協定**（**NAFTA**）（→p.157）でいっそう強化。鉱産資源やタイガの森林資源が豊富。南部の平原は，アメリカからつづく春小麦の大産地。

80 ラテンアメリカ

1 自然環境

1 地形 メキシコ高原からパナマ地峡までが北アメリカ大陸。南アメリカ大陸は、西部に新期造山帯の**アンデス山脈**が、東部に安定陸塊の**ブラジル高原**や**ギアナ高地**が広がる。カリブ海の**西インド諸島**は新期造山帯で、多くの島々からなる。

2 気候 アマゾン川流域を中心に熱帯の地域が多い。アンデス山中では、気候は垂直的に変化し、高地では高山気候。**パタゴニア**と**アタカマ砂漠**は乾燥帯。

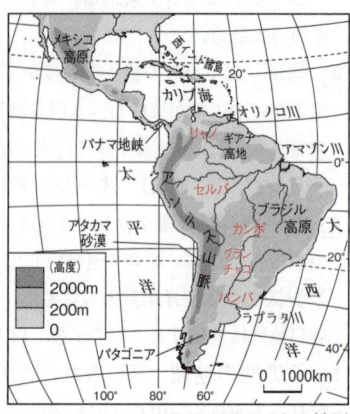

▲ラテンアメリカの地形

2 歴史と社会、産業 重要

1 歴史 先住民の文化は、16世紀以後、スペイン人やポルトガル人=ラテン系民族によって破壊され、ラテン文化がもちこまれた。そのため、メキシコ以南の中南アメリカを**ラテンアメリカ**という。ほとんどの地域が19世紀後半に独立したが、発展途上国にとどまっている。

2 社会 白人、黒人、先住民、**メスチーソ**(白人と先住民の混血)、**ムラート**(白人と黒人の混血)、その他の移民など、複雑な構成を示すが、国ごとにその構成は異なる。近年、アジア系が増加。**カトリック**の信者が多い。

3 産業 農業では、植民地時代に形成された**大土地所有制**や**プランテーション**が残り、多くの農民は貧しい。また、鉱産資源が豊富で重要な輸出品だが、鉱山経営は外国資本が長く支配。**モノカルチャー経済**の国が多い。農地改革や農業の多角化、資源の国有化、ブラジル・アルゼンチン・メキシコ・チリなどで工業化が進むが、所得や地域間の格差は激しい。

要点 ラテンアメリカ
①住民構成は複雑　②大土地所有制やプランテーション
③モノカルチャー経済　④ブラジルなどで工業化

16章 南北アメリカ，オセアニア，両極

3 ラテンアメリカの国々 重要

1｜ブラジル 首都**ブラジリア**。

①**社会**…白人とムラートが多い。**ポルトガル語**が公用語。経済発展が著しく，**BRICs**（ブリックス）として注目される。**アマゾン川**開発による熱帯林の破壊や，**ファヴェーラ**（スラム）の拡大などの都市問題が深刻。日系人がとくに多い。
（→p.90）

②**農業**…**コーヒー**の単一栽培から，カカオ，さとうきび，綿花，大豆，米，小麦，とうもろこし，肉類などの生産が増加。多角化，機械化が進む。

③**鉱工業**…外国資本を積極的に導入し，現在は鉄鋼や自動車，航空機，電気機器などの工業が発展。また，イタイプダムなどの水力発電やイタビラ鉄山，カラジャス鉄山などの鉱山開発も進んだ。しかし，累積債務が問題。

2｜アルゼンチン 首都**ブエノスアイレス**に人口が集中。ウルグアイと並び，白人が多い。**パンパ**では小麦，大豆，とうもろこしの栽培や，肉牛，羊の牧畜がさかん。多くの農産物が重要な輸出品。工業化も進む。
（→p.67）

3｜アンデス諸国

①**ベネズエラ**…首都カラカス。メスチーソが多い。**マラカイボ湖**周辺などで石油，オリノコ川下流で鉄鉱石を産出し，ともにアメリカなどに輸出。

②**コロンビア**…首都**ボゴタ**は**高山都市**。メスチーソが多い。石油，石炭，コーヒーのモノカルチャー経済の国。
（→p.130）

③**ペルー**…首都リマ。先住民とメスチーソが多い。かつてインカ文明が栄えた。沖合漁業など**水産業**がさかん。銅，銀などの鉱産資源も豊富。

④**チリ**…首都サンティアゴ。メスチーソが多い。アメリカ資本で**銅**の生産が多く，モノカルチャー経済の国。中部で地中海式農業。

4｜中部アメリカ

①**メキシコ**…首都**メキシコシティ**に人口が集中。メスチーソと先住民が多い。かつてマヤ文明やアステカ文明が栄えた。石油，銀など鉱産資源が豊富。外国資本による工業化→**北米自由貿易協定**（NAFTA）（ナフタ）に参加。
（→p.157）

②**その他**…中央アメリカでバナナなどのプランテーション。パナマに**パナマ運河**。カリブ海のキューバでニッケルや砂糖，ジャマイカでボーキサイト。
　↳グアテマラ〜パナマ
　↳社会主義国

要点 ①ブラジル…ポルトガル語，BRICs　②アルゼンチン…パンパで農牧業　③チリ…銅の生産　④メキシコ…NAFTAに参加

81 オセアニアと両極

1 オセアニア 重要

1 区分 オセアニアは，オーストラリア大陸と太平洋の島々をあわせた地域。太平洋の島々は，①**メラネシア**(おもに経度180度以西で赤道以南の地域。火山島が多い)，②**ミクロネシア**(おもに経度180度以西で赤道以北の地域。サンゴ礁の島が多い)，③**ポリネシア**(おもに経度180度以東の地域。ニュージーランドを含む)の3つに区分。

2 自然環境 オーストラリア大陸は安定陸塊で，内陸は**乾燥帯**。太平洋の島々は熱帯。メラネシアの島々やニュージーランドは，新期造山帯(環太平洋造山帯)。

3 社会 イギリス，フランスの植民地であったため，英語やフランス語が公用語の国が多く，キリスト教が支配的。

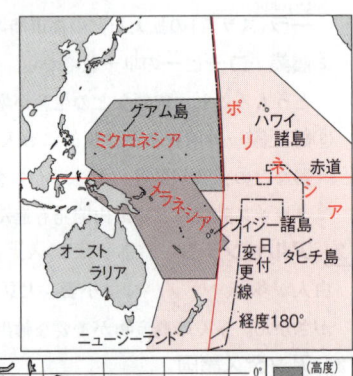

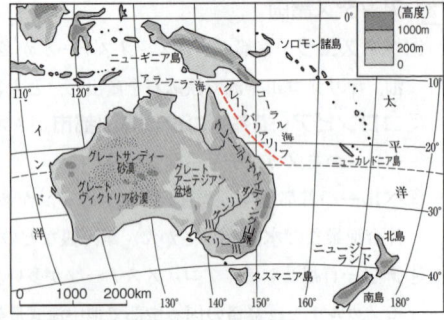

▲オセアニアの位置(上)と地形(下)

2 オーストラリア 重要

1 歴史と社会 先住民は**アボリジニー**とよばれる採集，狩猟民族。現在は人口が減少。18世紀にイギリスの植民地となり白人の移民が流入，1901年にオーストラリア連邦が成立。人口は国土に比べて，ひじょうに少ない。かつては白人以外の有色人種の移民を規制する**白豪主義**をとっていたが，第二次世界大戦後，労働力の不足などから，1970年代までに廃止された。現在は，アジアや南ヨーロッパなどからの移民が増加し，多民族国家で多文化主義をとる。最大の都市は**シドニー**で，首都**キャンベラ**は1927年に誕生した計画都市。

2 資源と産業

①**農業**…大規模な**企業的農業**(牧牛，牧羊，小麦)が中心。掘り抜き井戸で水の得られる**グレートアーテジアン盆地**(→大鑽井(さんせい)盆地)は，牧羊の一大中心地。乾燥に強く羊毛に適した**メリノ種**が多い。**マリー川**地域で小麦栽培。

②**鉱工業**…外国資本の導入で発展。**石炭**(東部)，**鉄鉱石**(西部)，**ウラン鉱**，**ボーキサイト**など，豊富な鉱産資源の開発が進む。

③**貿易**…輸出では石炭，鉄鉱石や肉類，小麦，羊毛が多い。輸入は機械類，自動車など。貿易相手国では，イギリスの地位が低下し，かわって，中国，日本，韓国など**アジア諸国**との関係が密接になっている。

> **要点** オーストラリア…先住民**アボリジニー**。**白豪主義**から多文化主義。大規模な農業，豊富な鉱産資源。**アジア**と密接な関係

3 太平洋の島々

1 ニュージーランド 首都ウェリントン。先住民は**マオリ**。18世紀からイギリス系白人が移住，白人が多数になっている。北島では，羊，肉牛の放牧，酪農。南島では，南北に連なる**サザンアルプス山脈**の東側で，偏西風の影響で乾燥するため，羊の放牧。肉類，羊毛，乳製品など農産物の輸出が多い。貿易では，アジア諸国やオーストラリアとの関係が深い。

2 その他 太平洋の島々では，タロいも，ヤムいもなどの伝統的な自給作物を中心とした農業と，観光業，近海の水産業がおもな産業。

4 両極地方

1 北極 北緯66度34分以北の北極圏には，北極海やグリーンランドなどが位置する。ほとんどが寒帯。アラスカからグリーンランドにかけては，**イヌイット**が居住。伝統的には，冬に氷のブロックを積み重ねたイグルーに住み，アザラシやカリブー(→トナカイの一種)の狩猟を行う。また，スカンディナヴィア半島北部のラップランドには**サーミ**が居住し，トナカイの遊牧などを行う。近年，地球温暖化の影響で，北極圏の氷がとけ，航路開拓や鉱産資源の開発が計画されている。

2 南極 南緯66度34分以南の南極圏，南極大陸と周辺の南極海の地域。南極大陸は，厚さが平均2450mの大陸氷河におおわれている。鉱産資源は豊富であるが，**南極条約**などにより開発が禁止され，領有権も凍結されている。

要点チェック

↓答えられたらマーク　　　　　　　　　　　　　　　　わからなければ ⤴

- [ ] **1** 西ヨーロッパの気候を温和にしている海流と風を，それぞれ何というか。　p.178
- [ ] **2** 東ヨーロッパに多い民族とキリスト教の宗派を，それぞれ何というか。　p.178
- [ ] **3** イギリスを構成する4つの地域を，すべて答えよ。　p.179
- [ ] **4** フランスの首都は，どこか。　p.179
- [ ] **5** ドイツで外国人労働者のことを，何というか。　p.179
- [ ] **6** 首都にEU本部がある国は，どこか。　p.180
- [ ] **7** イタリア，スペイン，ポルトガル，ギリシャの首都を，西から順にすべて答えよ。　p.180
- [ ] **8** デンマーク，ノルウェー，スウェーデン，フィンランドの中で，ウラル語系民族の国はどこか。　p.181
- [ ] **9** 東ヨーロッパで，ラテン系民族の国は，モルドバとどこか。　p.181
- [ ] **10** かつてユーゴスラビア連邦を構成していた，現在の7つの国を，すべて答えよ。　p.181
- [ ] **11** ロシアで，ヨーロッパとアジア（シベリア）を分ける山脈を，何というか。　p.182
- [ ] **12** ロシアで，とくに独立運動の激しい地域は，何という山脈の北麓にあるか。　p.182
- [ ] **13** ロシア第2の都市は，どこか。　p.183
- [ ] **14** バルト3国を，北から順にすべて答えよ。　p.183
- [ ] **15** ロッキー山脈東麓に広がる台地状の大平原を，何というか。　p.184

答え

1（順に）北大西洋海流，偏西風　**2**（順に）スラブ系民族，正教会　**3** イングランド，ウェールズ，スコットランド，北アイルランド（順不同）　**4** パリ　**5** ガストアルバイター　**6** ベルギー　**7** リスボン，マドリード，ローマ，アテネ　**8** フィンランド　**9** ルーマニア　**10** スロベニア，クロアチア，ボスニア・ヘルツェゴビナ，セルビア，モンテネグロ，コソボ，北マケドニア（順不同）　**11** ウラル山脈　**12** カフカス山脈　**13** サンクトペテルブルク　**14** エストニア，ラトビア，リトアニア　**15** グレートプレーンズ

- □**16** アメリカは，いくつの州で構成されるか。 p.184
- □**17** アメリカで，スペイン語を話すラテンアメリカ系の移民とその子孫を，何というか。 p.185
- □**18** アメリカの産業に活力を与えている，規模の小さな創造型企業を，何というか。 p.185
- □**19** アメリカで，1970年代以降に産業が発展してきた南部や太平洋岸の地域を，まとめて何というか。 p.185
- □**20** 地下水をくみ上げる井戸を中心に，半径数百メートルの灌漑用アームを回転させ，作物を栽培する農法を，何というか。 p.186
- □**21** アメリカ最大の都市と，その都市に位置する国際金融の中心地区を，それぞれ答えよ。 p.186
- □**22** アメリカ第2の都市と，その都市が位置する州の名称を，それぞれ答えよ。 p.187
- □**23** アメリカの都市では，人種，民族，所得によって，何が進んでいるか。 p.187
- □**24** カナダで，フランス系住民が最も多い州は，どこか。 p.187
- □**25** ラテンアメリカで，白人と先住民の混血を，何というか。 p.188
- □**26** ブラジルの公用語は，何語か。 p.189
- □**27** アルゼンチンの首都は，どこか。 p.189
- □**28** ベネズエラで，石油が多く産出される湖を，何というか。 p.189
- □**29** チリは，何の生産によるモノカルチャー経済の国か。 p.189
- □**30** オセアニアで，太平洋の島々を3区分するとき，その地域の名称を，すべて答えよ。 p.190
- □**31** オーストラリアでかつてとられていた，白人以外の有色人種の移民を規制する政策を，何というか。 p.190
- □**32** オーストラリアとニュージーランドの先住民を，それぞれ答えよ。 p.190 / p.191

答え

16 50　**17** ヒスパニック　**18** ベンチャービジネス　**19** サンベルト　**20** センターピボット農法　**21** (順に)ニューヨーク，ウォール街　**22** (順に)ロサンゼルス，カリフォルニア州　**23** 住み分け　**24** ケベック州　**25** メスチーソ　**26** ポルトガル語　**27** ブエノスアイレス　**28** マラカイボ湖　**29** 銅　**30** メラネシア，ミクロネシア，ポリネシア(順不同)　**31** 白豪主義　**32** (順に)アボリジニー，マオリ

さくいん

A～Z

Af	41
AFTA(アフタ)	156
Am	41
APEC(エイペック)	157
ASEAN(アセアン)	156
ASEAN(アセアン)自由貿易地域	156
AU	156
Aw	41
BRICs(ブリックス)	90
BRICS(ブリックス)	90
BS	42
BSE	73
BW	41
CAP	159
CBD	134
Cfa	42
Cfb	42
CIS	156,182
CRH	104
Cs	42
Cw	42
DAC	160
Df	43
Dw	43
EC	158
ECSC	158
EEA	156
EEC	158
EEZ	152
EF	43
EFTA(エフタ)	156
EPA	113
ET	43
EU	156,158
EURATOM(ユーラトム)	158
EU大統領	158
FTA	113
G8	157
G20サミット	157
GATT(ガット)	113
GCC	156
GIS	13
GMT	9
GPS	13
IBRD	113
ICE	104
ICT	110
IMF	113
IT	110
Iターン	125
Jターン	125
LCC	108
LDC	114
LLDC	114
LNG	82
LRT	104
MERCOSUR(メルコスール)	157
NAFTA(ナフタ)	157
NATO(ナトー)	157
NGO	160
NIEs(ニーズ)	90
OAPEC(オアペック)	81
ODA	160
OECD	157
OPEC(オペック)	81
POS(ポス)システム	111
PPP	58
SAARC(サーク)	156
SCO	157
TGV	104
TOマップ	8
TVA	52
UN	160
UNCTAD(アンクタッド)	114
UNEP(ユネップ)	58
UTM図法	15
U字谷	28
Uターン	125
V字谷	27
WASP(ワスプ)	184
WTO	113

あ

アイヌ	147
アウトストラーダ	105
アウトバーン	105
亜鉛	85
青いバナナ	88
アオザイ	144
明石	9
赤潮	75
阿賀野川	53
亜寒帯	43,44
亜寒帯湿潤気候	43
亜寒帯低圧帯	35
亜寒帯冬季少雨気候	43
秋吉台	31
悪臭(公害)	53
アグリビジネス	63
アジアNIEs(ニーズ)	90
アジア太平洋経済協力会議	157
アジアハイウェイ	105
アジェンダ21	58
足尾鉱毒事件	53
アスワンハイダム	52,175
アゼルバイジャン	173,183
阿蘇山	23
アタカマ砂漠	37,188
アッサム地方	37
アッラー	147
アテネ	130,180
アドベ	145
アトラス山脈	25
アネクメーネ	120
亜熱帯高圧帯	35
アパラチア山脈	25,184
アパラチア炭田	81
アパルトヘイト	175
アブジャ	175
アブハジア	148
油やし	68
アフリカ系アメリカ人	185

さくいん

アフリカ大地溝帯	174
アフリカ大陸	20
アフリカ連合	156
アボリジニー	190
アマゾン川	55,188
アムステルダム	180
アメニティ	142
アメリカ	67,89,184
アラスカ	187
アラビア語	146
アラビア半島	172
アラブ首長国連邦	173
アラブ人	172
アラブ石油輸出国機構	81
アラル海	52
有明海	127
アルジェリア	175
アルゼンチン	67,189
アルパカ	64
アルプス山脈	25,178
アルプス゠ヒマラヤ造山帯	22
アルミニウム	85
アルメニア	173,183
アレクサンドリア	130
アンケート調査	14
アンシャン鉄山	84
安全保障理事会	160
アンチョビ	71
安定陸塊	22
アンデス山脈	25,188

い

イエス	147
囲郭都市	130
イギリス	88,179
イギリス領ジブラルタル	154
異常気象	39
イスタンブール	173
出雲平野	129
イスラエル	173
イスラマバード	171
イスラーム	147,172
緯線	8
イタイイタイ病	53
イタイプダム	52
イタビラ鉄山	84
イタリア	88,180
1次エネルギー	80
1次産品	112
一次資料	14
市場町	131
1万分の1地形図	14
一般図	12
遺伝子組み換え作物	63
緯度	8
イヌイット	191
伊能忠敬	8
イノベーション	86
移牧	66
今井	131
いも類	144
祖谷	127
イラク	173
イラン	173
イラン革命	173
印僑	121
イングランド	179
インダス川	168
インターステート・ハイウェイ	105
インターネット	110
インチョン	108
インディアン	184
インド	91,146,170
インドシナ半島	168
インドネシア	170
インド洋	20
インナーシティ	140
インフォーマルセクター	141
インフラストラクチャー	140

う

ヴァラナシ	133
ウィリーウィリー	36
ウィーン	180
ウィーン条約	54
ウェイパ	85
ヴェネツィア	131
ウェーバーの工業立地論	86
ウェリントン	191
ウェールズ	179
ウォーターフロント開発	143
ウォール街	186
ヴォルガ・ドン運河	52,107
ヴォルフスブルク	88
ウガリ	144
雨季	41
ウクライナ	89,183
ウズベキスタン	173,183
ウバーレ	31
ウーハン	91,166
ウラジオストク	88,183
ウラル山脈	25,182
ウラル炭田	80
ウルサン	91
ウルムチ	166
ウルル	24

え

エアーズロック	24
永久凍土	43
英語	146
永世中立国	180
衛星都市	135
液化天然ガス	82
液状化現象	49
エクメーネ	120
エコシステム	52
エコツーリズム	102
エジプト	175
エスチュアリ	28
エストニア	183
択捉島	155
エネルギー革命	80
エーヤワディー川	170
エルサレム	133,173
エルニーニョ現象	39
沿海(縁海)	20
塩害	186
沿岸州	29
遠隔即時通信体系	110

遠隔探査	13	オランダ	88,180	カザフスタン	173,183
沿岸漁業	75	オーランド	187	火山	21,23,49
園芸農業	66	オリジナルカロリー	76	火山活動	21
塩湖	30	温室効果	54	カシミール地方	171
遠郊農業	66	温泉型リゾート	103	カシミール紛争	149
円村	128	温帯	42,44	火主水従	83
遠洋漁業	75	温帯草原	47	華人	168
		温暖湿潤気候	42	ガストアルバイター	179
		温暖冬季少雨気候	42	カースト制	170

お

オアシス	30	隠田百姓村	127	カスピ海	172
オアシス農業	64	オンラインシステム	110	風	36
オイルサンド	83			化石エネルギー	80
オイルシェール	83			河川交通	107

か

オイルショック	81	海淵	31	河川水	38
欧州委員会	158	改革・開放政策	165	過疎	125
欧州議会	158	海岸段丘	27	仮想水	77
欧州共同体	158	海岸平野	27	家族計画	123
欧州経済共同体	158	回帰線	8	褐色森林土	46
欧州経済領域	156	階級区分図	12	カッパーベルト	85
欧州原子力共同体	158	海溝	21,31	カトリック	147,178
欧州司法裁判所	158	外国人労働者	125	ガーナ	175
欧州自由貿易連合	156	海上交通	106	カナダ	90,147,187
欧州石炭鉄鋼共同体	158	海図	10	カナート	64
欧州中央銀行	159	塊村	128	カーナビゲーション	13
欧州理事会	158	街村	128	金谷	130
欧州理事会議長	158	外帯	48	カーバ神殿	173
欧州連合	156,158	外的営力	21	過伐採	57
欧州連合理事会	158	回転楕円体	8	カフカス山脈	25,182
黄土	47	開発援助委員会	160	華北平原	164
大阪	95	買いまわり品	101	過密	125
大阪圏	134	海洋型リゾート	103	カラカス	189
岡集落	126	海洋性気候	35	カラガンダ炭田	81
オガデン地方	154	海流	38	カラクーム運河	52
沖合漁業	75	海嶺	21,31	カラジャス鉄山	84
沖ノ鳥島	155	カイロ	175	カラチ	139
オーストラリア	67,90,190	ガウタマ＝シッダールタ	147	カリマンタン島	20
オーストラリア大陸	20			火力発電	83
オーストリア	180	カカオ豆	69	カール	30
オスロ	180	河岸段丘	16,27	カルスト地形	31
オセアニア	190	華僑	168	カルタゴ	130
汚染者負担の原則	58	河況係数	38	カルデラ	23
オゾン層	54	学術都市	133	カルデラ湖	23
オゾンホール	54	格安航空会社	108	カルトグラム	12
落合集落	126	過耕作	57	涸川	30
尾根	15	加工貿易	116	カレーズ	64
親潮	71	河谷	27	カレンフェルト	31

さくいん

川崎	95
ガワール油田	82
乾季	41
環境	52
環境アセスメント（環境影響評価）	58
環境開発サミット	58
環境可能論	52
環境基本法	53
環境省	53
環境庁	53
寒極	43
官公庁区	134
観光都市	133
韓国	91,167
ガンジス川	168,171
環礁	29
関税と貿易に関する一般協定	113
岩石海岸	29
岩石砂漠	30
乾燥限界	62
乾燥じゃがいも	144
乾燥帯	41,44
乾燥土	46
乾燥パンパ	47,67
環村	128
寒帯	43,44
間帯土壌	46
環太平洋造山帯	22
カンポ	47
カンボジア	170
漢民族	165
寒流	38

き

ギアナ高地	188
キエフ	183
気温	34
気温の逓減率	35
飢餓	76
聞き取り調査	14
企業城下町	131
企業的農業	62,66
気候	34
気候因子	34

気候区分	40,44
気候区分の記号	40
気候帯	40
気候変動枠組条約	58
気候要素	34
技術革新	86
気象	34
希少金属	85
季節風	36
北アイルランド	179
北アイルランド紛争	148
北アメリカ大陸	20
北回帰線	8
北関東工業地域	96
北九州	96
北九州工業地帯	96
北大西洋海流	178
北大西洋条約機構	157
北朝鮮	167
キト	130
希土類元素	85
機能地域	152
キプロス問題	148
キャッサバ	64,144
キャンベラ	190
牛肉	69
丘陵	27
キューバ	189
行基図	8
共通農業政策	159
京都議定書	58
共和国	153
峡湾	28
漁業	70
極高圧帯	35
局地風	36
極東ロシア	182
極偏東風	36
極夜	43
裾礁	29
漁村	129
巨帯都市	135
巨大都市	131
キラウエア山	23
ギリシャ	180
キリスト教	147

キール運河	106
キルギス	173,183
キルナ鉄山	84
金	85
銀	85
近郊圏	135
近郊農業	66

く

クアラルンプール	169
グアンタナモ	154
クウェート	173
九十九里平野	27
クズネック炭田	80
グード図法	11
国後島	155
倉敷	96
グランチャコ	47
栗色土	46
クリヴォイログ鉄山	84
クリーヴランド	89
クリスタラーの中心地理論	134
グリニッジ天文台	9
グリニッジ標準時	9
グリーンツーリズム	102
グリーンベルト	142
グリーンランド	20
クルアーン	147
グルジア紛争	148
クルド人独立運動	148
クレジットカード	101
グレートアーテジアン盆地	39,67,191
グレートディヴァイディング山脈	25
グレートプレーンズ	47,184
黒い森	56
黒潮	71
グローバル化	87
グローバルシティ	138
グローバルスタンダード	185
軍事都市	133
君主国	153

け

計曲線	15
軽工業	86
経済技術開発区	90
経済協力開発機構	157
経済社会理事会	160
経済特区	90
経済連携協定	113
形式地域	152
経線	8
携帯電話	93
経度	8
傾動地塊	22
京浜工業地帯	95
京葉工業地域	96
ケスタ	24
ゲットー	140
ケッペン	40
ケニア	175
ケベック州	187
ゲリラ豪雨	39
ゲル	145
ゲルマン系民族	178
兼業農家	72
圏谷	30
原子力発電	83
減反	72
現地調査	14
原料指向型	87

こ

ゴヴ	85
広域計画	142
交易都市	132
公害	53
公害対策基本法	53
光化学スモッグ	53
高級化現象	143
工業化	86
工業地区	135
工業都市	131,132
鉱業都市	132
工業の立地	86
高距限界	62
航空交通	108
航空図	11
高山気候	43
高山都市	43,130
工場制機械工業	86
工場制手工業	86
降水	36
洪水	49
公正貿易	114
洪積台地	27
構造平野	24
高速鉄道	104
高速道路	105
豪族屋敷村	127
郷鎮企業	165
交通指向型	87
交通都市	133
行動圏	100
高度経済成長	94
高度情報社会	111
後背湿地	26
後発発展途上国	114
神戸	95
公用語	146
小売業	100
高齢化社会	123
高齢社会	123
五家荘	127
古期造山帯	22
国営農場	68
国際運河	106
国際海峡	106
国際河川	107
国際緊急援助隊	161
国際司法裁判所	160
国際石油資本	81
国際通貨基金	113
国際鉄道	104
国際ハブ港湾	106
国際復興開発銀行	113
国際分業	92,112
国際連合	160
黒人	174
黒土	46
国土基本図	12
国土地理院	12,14
国民国家	146
穀物メジャー	63
国有林	74
国連環境開発会議	58
国連環境計画	58
国連砂漠化防止会議	57
国連人間環境会議	58
国連貿易開発会議	114
児島湾	127
湖沼水	39
弧状列島	21,48
コスタデルソル	103
コソボ	148
国境	153
コートジボワール	175
コートダジュール	103
コナーベーション	135
ゴビ砂漠	164
コーヒー豆	69
コペンハーゲン	180
5万分の1地形図	12,14
小麦	69,144
米	69,144
コーラン	147
コルカタ	91,171
コルホーズ	68
コロラド川	52
コロンビア	189
コロンビア川	52
コワンチョウ	91,166
混合地区	135
混合農業	66
混合林	47
コンゴ盆地	174
空中鬼(コンチョンクイ)	56
コンテナ船	106
コンテンツ産業	97
コンパクトシティ	142
コンビナート	88
コンビニエンスストア	100
コーンベルト	67

さ

サイクロン	36,171
再生可能エネルギー	83
栽培漁業	75

栽培限界	62
サイバーテロ	111
サウジアラビア	173
堺	95
ザグロス山脈	25
サザンアルプス山脈	191
砂嘴	29
砂州	29
さとうきび	69
砂漠	30
砂漠化	57
砂漠化対処条約	57
砂漠気候	41
砂漠土	46
サバナ	41,47
サバナ気候	41
サハラ砂漠	57,174
サービス業	100
サヘル	57
サーミ	191
サミット	157
サラダボウル	184
サリー	144
サロン	144
サンアンドレアス断層	21
酸栄養湖	39
三角江	28
山岳・高原型リゾート	103
三角州	16,26
三角点	15
残丘	24
産業革命	86
産業構造の高度化	123
産業の空洞化	97
産業の情報化	111
産業別人口構成	123
サンクトペテルブルク	88,183
サンゴ礁	29
サンシヤ(三峡)ダム	52
鑽井	39
酸性雨	56
山村	129
散村	129
サンソン図法	11
三大工業地帯	95
三大都市圏	134
三大洋	20
サンティアゴ	189
サンノゼ	89,187
サンパウロ	139
サンフランシスコ	187
サンベルト	185
三圃式農業	65
三陸海岸	28

し

シアトル	89
椎葉	127
ジェノヴァ	88
シェールガス	83
シェンゲン協定	159
シェンチェン	91,166
ジェントリフィケーション	143
シェンヤン	165
潮境(潮目)	38,71
シカゴ	89,187
時間距離	104
自給的農家	72
自給的農業	62
資源カルテル	84,114
資源ナショナリズム	84
嗜好作物	76
子午線	8
色丹島	155
時差	9
市場指向型	87
地震	21,49
自然環境	52
自然増加	121
自然増加率	121
自然堤防	26
自然の国境	153
持続可能な開発	58
自治区(中国)	165
自治都市	131
実質地域	152
湿潤土	46
湿潤パンパ	47,67
実測図	12
自動車	93
自動車交通	105
シドニー	190
寺内町	131
地盤沈下	53
ジブラルタル海峡	106
シベリア	182
シベリア鉄道	104
死亡率	121
資本集約型	92
島田	130
事務局(国連)	160
社会環境	52
社会資本	140
社会増加	121
ジャカルタ	170
シャトルアラブ川	154
ジャマイカ	189
ジャムシェドプル	91,171
ジャワ島	170
ジャングル	41,47
シャンハイ	91,106,139,166
上海協力機構	157
首位都市	138
シュヴァルツヴァルト	56
重化学工業	86
宗教都市	133
褶曲	21,23
褶曲山地	22
集積の不利益	87
集積の利益	87
集村	128
住宅地区	135
住宅都市	133
集団的農業	68
集団農場	68
自由地下水	39
12海里	152
自由貿易協定	113
集約的稲作農業	65
集約的農業	64,72
集約的畑作農業	65
集落営農	73
私有林	74
主業農家	72
主曲線	15
縮尺	15

宿場町	131	ションリー油田	82	スエズ運河	106
主権	152	白川郷	127	末無川	30
主題図	12	シリコンアイランド	97	スカンディナヴィア山脈	25
出生率	121	シリコンヴァレー	89,187		
シュツットガルト	88	シリコンロード	97	スカンディナヴィア半島	178
首都	131	シロッコ	36		
ジュネーヴ	180	人為的国境	153	スクオッター	141
ジュネーヴ条約	56	シンガポール	106,108,170	図形表現図	12
主要国首脳会議	157	新幹線	109	スコットランド	179
ジュロン地区	170	新期造山帯	22	スコール	41
循環型社会	59	シングブーム鉄山	84	すず	85
循環型社会形成推進基本法	59	人口	120	スーダン内戦	149
		新興工業地域	90	ステップ	42,47
準主業農家	72	人口支持力	120	ステップ気候	42
準平原	24	人口転換(人口革命)	121	ストックホルム	181
荘園集落	127	人口動態	121	ストリートチルドレン	141
城下町	131	人口爆発	121	砂砂漠	30
商業	100	人口ピラミッド	122	砂浜海岸	29
商業地区	135	人口密度	120	スノーベルト	89,185
商業的農業	62,66	シンジュー	166	スーパーマーケット	100
商業都市	131,133	人種隔離政策	175	スパルタ	130
城塞都市	130	侵食	21	スプロール現象	140
上座仏教	147	侵食平野	24	スペイン	180
少産少死型	121	侵食輪廻	25	スペイン語	146
少子高齢化	123,125	薪炭材	70	図法	10
常住人口	134	神通川	53	スマトラ島	20
上置国境	153	新田集落	127	住み分け	135,141,187
鍾乳石	31	神道	147	スラブ系民族	178
鍾乳洞	31	振動(公害)	53	スラム	140
常任理事国	160	シンハラ人	149	スラムクリアランス	143
消費都市	132	人民公社	68	3R	59
情報格差	111			スリーマイル島	83
情報技術	110	**す**		スリランカ	171
情報社会	111	水系図	16	スリランカの民族対立	149
条坊制	131	水産加工	71	ずれる境界	21
情報通信技術	110	水産都市	133		
照葉樹林	47	水質汚濁	53	**せ**	
条里制集落	126	水主火従	83	正角図	10
食品ロス	77	水準点	15	西岸海洋性気候	42
植民都市(近世)	131	スイス	146,180	西岸気候	34
植民都市(古代)	130	垂直分業	112	正教会	147,178
食物禁忌	144	水半球	20	正距方位図法	11
食糧管理制度	72	水平分業	112	西経	8
食料自給率	73,76	水力発電	83	生産過剰	76
ジョージア	173,183	スウェーデン	181	生産責任制	68
ショッピングセンター	100	数理的国境	153	生産調整	72

生産都市	132
生産年齢人口	122
政治都市	133
正積図	11
成層火山	23
生態系	52
成帯土壌	46
西南日本	48
青年海外協力隊	161
政府開発援助	160
西部大開発	166
生物多様性条約	58
正方位図	11
勢力圏	135
世界遺産条約	59
世界観	8
世界銀行	113
世界都市	138
世界の工場	90,165
世界標準	185
世界貿易機関	113
渇湖	29
石筍	31
石炭	80
赤道	8
石油	81,82
石油危機	81
石油代替エネルギー	83
石油輸出国機構	81
絶対距離	104
絶対分布図	12
瀬戸内工業地域	96
狭まる境界	21
セマウル運動	167
セルバ	41,47
扇央	26
尖閣諸島	155
専業農家	72
全国総合開発計画	52
扇状地	16,26
浅堆	31
センターピボット農法	186
扇端	26
先端技術産業	86
全地球測位システム	13
扇頂	26

セントポール	130
セントローレンス海路	107
セントローレンス川	187
船舶	93
尖峰	30

そ

騒音(公害)	53
総会(国連)	160
造山運動	21
相対分布図	12
造陸運動	21
ソウル	91,167
促成栽培	72
粗鋼	93
育てる漁業	75
ソビエト連邦(ソ連)	182
ソフホーズ	68
ソマリア内戦	149

た

タイ	169
第1次産業	123
第2次産業	123
第3次産業	100,123
第3のイタリア	88
ダイオキシン	53
タイガ	43,47
大韓民国	167
大気汚染	53
大気の大循環	35
大圏航路	11
大鑽井盆地	39,67,191
大乗仏教	147
大豆	69
大西洋	20
大西洋北西部漁場	71
大西洋北東部漁場	71
堆積	21
堆積平野	26
大地溝帯	21,48
大都市圏	134
大土地所有制	76
大日本沿海輿地全図	8
第二水俣病	53
台場	143

台風	36
タイペイ	166
太平洋	20
太平洋ベルト	124
太平洋北西部漁場	71
ダイヤモンド	85
大洋底	31
大陸横断鉄道	104
大陸性気候	35
大陸棚	31
大ロンドン計画	142
台湾	166
ター(大)運河	107
タウンシップ制	129
舵角	10
高潮	49
滝線都市	130
卓状地	24
宅配便	101
タクラマカン砂漠	164
竹島	155
多国籍企業	112
タコス	144
多産少死型	121
多産多死型	121
タジキスタン	173,183
ターチン油田	82
ダッカ	139,171
脱工業化社会	92
楯状火山	23
楯状地	24
多島海	28
タートン炭田	80
田中正造	53
谷	15
谷口集落	126
タブー	144
多文化主義	146
タミル人	149
ダモダル炭田	81
ダラス	89,187
ターリエン	165
ダールフール地方	149
タロいも	64,144
単一耕作	68
単一国家	153

項目	ページ
タンカー	106
断層	21,23
断層崖	22
断層山地	22
単族国	153
炭田	80
暖流	38

ち

項目	ページ
地域開発	52
地域区分	152
地域調査	14
地域別人口構成	122
チェコ	89,181
チェチェン紛争	148
チェルノーゼム	46
チェルノブイリ	83
地殻変動	21
地下水	39
地球	8
地球円盤説	8
地球温暖化	54
地球温暖化防止京都会議	58
地球儀	10
地球球体説	8
地球サミット	58
チーク	70
地形図	14
地形断面図	16
地産地消	73
知識産業	92
知識集約型	92
千島海流	71
地図	10,12
地図記号	17
地図投影法	10
地中海	20
地中海式農業	66
地中海性灌木林	47
地中海性気候	42
地表水	38
チベット高原	164
チベット族	165
チベット仏教	166
チベット問題	149

項目	ページ
地方風	36
チマ	144
茶	69
チャオプラヤ川	169
チャドル	144
チャパティ	144
チャンギ	108
中央構造線	48
中央平原	184
昼間人口	134
中京工業地帯	95
中継貿易	170
中国	68,90,164
中国語	146
中心業務地区	134
中心地機能	134
沖積平野	26
中部アメリカ	189
宙水	39
チュー川	166
チュキカマタ銅山	85
チューニョ	144
チューネン	62
チューハイ	166
チュメニ油田	82
チューリヒ	180
長距離越境大気汚染条約	56
超高齢社会	125
朝鮮戦争	167
朝鮮半島	167
朝鮮民主主義人民共和国	167
潮流	38
チョゴリ	144
直行路型	132
チョンチン	166
チョントゥー	166
チリ	189
地理情報	12
地理情報システム	13
地塁山地	22
沈水	28
沈水海岸	28
チンタオ	165
チンリン山脈	164

つ

項目	ページ
津軽海峡	106
つくば	133
対馬海流	71
ツチ族	149
津波	49
つぼ型	122
釣鐘型	122
ツンドラ	43,47
ツンドラ気候	43
ツンドラ土	46

て

項目	ページ
ティグリス川	172
低公害車	105
デカン高原	168
適地適作	67
デジタル地図	13
デジタル・デバイド	111
デジタル放送	110
鉄鉱石	84
鉄道交通	104
デトロイト	89,187
テネシー川	52
テヘラン	173
テーマパーク	103
寺百姓村	127
テラローシャ	47
テラロッサ	47
デリー	91,139,170
テレビ	93
田園都市構想	142
電気自動車	105
電子商取引	110
電子タグ	110
テンシャン山脈	25
天井川	26
テンチン	91,165
天然ガス	82
デンマーク	180
電力	83
電力指向型	87

と

項目	ページ
ドイツ	88,179

索引					
ドイモイ(刷新)	169	ドックランズ	143	南極	191
銅	85	ドットマップ	12	南極条約	191
ドーヴァー海峡	106	ドナウ川	107,178	南極大陸	20,155
東海工業地域	96	ドーナツ化現象	140	南沙群島	154
東海道メガロポリス	135	砺波平野	129	南南問題	114
等角航路	10	ドニエプル工業地域		南米南部共同市場	157
東岸気候	34		89,183	南北問題	114
東京	95	ドネツ炭田	81	難民	121
東京圏	134	ドバイ	173		
峠	16	豊田	95	**に**	
東経	8	ドラケンスバーグ山脈	25	新潟水俣病	53
東経135度	9	トランスヴァール炭田	81	西インド諸島	188
統計地図	12	鳥居前町	131	2次エネルギー	80
等高線	15	鳥インフルエンザ	73	ニジェール川	175
等高線耕作	186	ドリーネ	31	西サハラ	154
等時帯	9	トリノ	88	西シベリア低地	182
等質地域	152	トルクメニスタン	173,183	20か国・地域首脳会合	157
等値線図	12	トルコ	173	西ドイツ	179
東南アジア諸国連合	156	トルティーヤ	144	20万分の1地勢図	12
東北地方太平洋沖地震	49	ドルトムント	88	日較差	35
東北日本	48	トレーサビリティ	73	日系外国人	125
とうもろこし	69,144	富田林	131	200海里	152
トゥールーズ	88	屯田兵村	127	二圃式農業	65
読図	15,16	トンボロ	29	日本海流	71
独立国	152	問屋制家内工業	86	日本人拉致事件	167
独立国家共同体	156,182			2万5千分の1地形図	
都市化	139	**な**			12,14
都市型リゾート	103	ナイジェリア	175	ニューオーリンズ	187
都市気候	39	ナイジェリアの民族対立		ニューギニア島	20
都市計画	142		149	ニュージーランド	191
都市圏	134	内帯	48	ニュータウン	143
都市鉱山	85	内的営力	21	ニューファンドランド島	
都市国家	130	内陸運河	107		71
都市人口率	122,138	ナイル川	175	ニューヨーク	89,186
都市地域	134	ナイロビ	175	ニューヨークステートバージ運河	107
土砂災害	49	名古屋	95		
土壌汚染	53	名古屋圏	134	人間環境宣言	58
都心	134	ナゴルノ・カラバフ紛争			
都心回帰	142		148	**ね**	
渡津集落	126	なつめやし	64	ネイティブアメリカン	184
都心商業地区	134	鉛	85	熱帯	41,44
都心商店街	101	ナミブ砂漠	37	熱帯雨林	47
鳥栖	133	納屋集落	126	熱帯雨林気候	41
土地生産性	64	成田国際空港	109	熱帯収束帯	35
土地利用図	17	ナン	144	熱帯低気圧	36
十津川郷	127	南緯	8	年較差	35

年少人口	122
燃料電池自動車	105
年齢別人口構成	122

の

農家の分類	72
農業生産法人	73
農業地域の区分	62
農村	129
ノルウェー	180

は

バイオエタノール	83
バイオマスエネルギー	83
バイカル゠アムール鉄道	104
ハイサーグラフ	45
排他的経済水域	152
ハイテク産業	86
ハイデルベルク	133
パイプライン	109
ハイブリッドカー	105
パオ	145
バカンス	102
パキスタン	171
ハーグ	160
パークアンドライド	105
白豪主義	190
バクー油田	82
ハザードマップ	13,49
バスク独立運動	148
パソコン	93
パタゴニア	37,188
バチカン	133
バーチャルウォーター	77
バッフィン島	20
バーデンバーデン	133
バナナ	69
パナマ	106
パナマ運河	106,189
ハノイ	169
ハブ&スポーク構造	108
ハブ空港	108
ハブ港	106
歯舞群島	155
浜松	96
パミール高原	25
バーミングハム	187
バム鉄道	104
ハラール	144
パリ	20,88,179
ハリケーン	36
パリ盆地	24
バルクキャリア	106
春小麦	67
バルト3国	183
パレスチナ問題	149
ハーレム(ニューヨーク)	140
ハワイ	187
パンアメリカンハイウェイ	105
ハンガリー	181
バンガロール	91,171
バンク	31
バングラデシュ	171
ハングル	167
バンコク	138,169
ハンザ同盟都市	131
パンジャブ地方	171
阪神工業地帯	95
パンパ	67,189
販売時点情報管理システム	111
販売農家	72
ハンブルク	131
氾濫原	26

ひ

被圧地下水	39
ビアフラ戦争	149
東ティモール	170
東ティモールの独立運動	149
東ドイツ	179
東日本大震災	49
東ヨーロッパ平原	182
光ファイバー	110
ヒスパニック	185
非政府組織	160
ビーチリゾート	103
日付変更線	9
ピッツバーグ	89,187
ヒートアイランド現象	39
一人っ子政策	123
日向集落	126
檜枝岐	127
ヒマラヤ山脈	25,164,168
姫路	95
白夜	43
ヒューストン	89,187
ビュート	24
氷河	30
標高点	15
標準時	9
標準時子午線	9
氷食	30
氷食谷	30
氷食平野	30
氷雪気候	43
ひょうたん型	122
ピョンヤン	167
ピラミッド型	122
ピレネー山脈	25,178
広がる境界	21
貧栄養湖	39
ビンガム銅山	85
ヒンディー語	146
ヒンドゥー教	147

ふ

ファヴェーラ	189
ファストフード	101
ファミリーレストラン	101
フィッシュミール	71
フィードロット	67
フィヨルド	28,180
フィラデルフィア	186
フィリピン	169
フィリピンのモロ人独立運動	149
フィレンツェ	131
フィン人	181
フィンランド	181
風化	21
フェアトレード	114
富栄養湖	39

ブエノスアイレス	189	ブルンジの民族対立	149	放射環状路型	132
フェーン	36	プレート	21	放射直行路型	132
フェーン現象	36	プレートテクトニクス	21	紡錘型	122
フォガラ	64	プレートの境界	21	ボーキサイト	85
フォークランド諸島	154	ブレトン=ウッズ体制	113	北緯	8
フォッサマグナ	48	ブレーメン	131	北緯38度	167
ブカレスト	181	プレーリー	47,184	北米自由貿易協定	157
副業的農家	72	プレーリー土	46	北陸工業地域	96
福島	83	フロストベルト	89	ボゴタ	130,189
複族国	153	プロテスタント	147,178	保護貿易	112
副都心	135	フロンガス	54	星型	122
プサン	106	分水嶺	16	補充調査	14
富士山	23	分布図	12	堡礁	29
富士山型	122			補助曲線	15
フーシュン炭田	80	**へ**		ポスト京都議定書	58
プスタ	47,181	平安京	131	ボストン	133,186
付属海	20	平城京	131	ボスニア・ヘルツェゴビ	
双子都市	130	ペキン	91,139,165	ナ	148
豚肉	69	ベトナム	169	北海	71
ブダペスト	130,181	ベトナム戦争	169	北海バルト海運河	106
仏教	147	ベネズエラ	189	北海油田	82,179,180
フツ族	149	ヘブライ語	173	北極	191
フードシステム	63	ベラルーシ	183	北方領土	155
フードマイレージ	77	ペルー	189	ポーツマス	133
ブータン	108	ベル型	122	ポドゾル	46
不法就労者	125	ベルギー	146,180	ポハン	91
不法占拠地区	141	ベルゲン	133	ホームレス	141
ブミプトラ政策	169	ペルシア人	173	ホモロサイン図法	11
冬小麦	67	ペルシア湾	82	保養都市	133
プライメートシティ	138	ヘルシンキ	181	ポーランド	89,181
ブラジリア	189	ベルリン	179	ポリエ	31
ブラジル	189	ベルリンの壁	179	ポリス	130
ブラジル高原	188	便宜置籍船	106	掘り抜き井戸	39
プラハ	181	変形地図	12	ポリネシア	190
フラマン語	146	編集図	12	ポルダー	66,180
フランクフルト	159	偏西風	36,178	ボルティモア	186
フランス	88,179	ベンチャービジネス	185	ポルトガル	180
フランス語	146	変動帯	21	ポルトガル語	189
プランテーション	68			ボルネオ島	20
プランテーション農業	68	**ほ**		ホルムズ海峡	106
ブランド米	72	ホイットルセイ	62	ホワイ川	164
ブリザード	36	方位	15	ホーン	30
プリペイドカード	101	貿易風	36	ホンコン	91,106,108,166
ブリュッセル	180	貿易摩擦	114,117	本州	20
不良住宅街	140	封建都市	131	本初子午線	8
ブルネイ	170	防災地図	49	盆地	27

ポンチョ	144

ま

米原	133
マイン・ドナウ運河	107
マオリ	191
マカオ	166
幕張新都心	143
マクマホンライン	154
マジャール人	181
マーストリヒト条約	158
マスメディア	110
マダガスカル島	20
まとめ買い	101
マドリード	180
マニュファクチュア	86
マニラ	169
マホガニー	70
マラカイボ油田	82
マラッカ海峡	106,170
マリー川	191
マルヌ・ライン運河	107
マルビナス諸島	154
マルムベリェト鉄山	84
マレーシア	169
マレー半島	168
マングローブ	55
マンハッタン島	186

み

三面	127
三日月湖	26
ミクロネシア	190
ミシシッピ川	184
水無川	26
緑の革命	168
港町	131
みなとみらい21	143
水俣病	53
南アジア地域協力連合	156
南アフリカ	175
南アメリカ大陸	20
南オセチア	148
南回帰線	8
南シナ海	154
南スーダン	149
南鳥島	155
ミネアポリス	130
ミャンマー	170
ミュンヘン	88
名田百姓村	127
ミラノ	88
民族	146
民族意識	146
民族国家	146
ミンダナオ島	149,169

む

武蔵野	127
ムスリム	147
無店舗販売	101
ムハンマド	147
ムラート	188
室戸岬	27
ムンバイ	91,139,171

め

銘柄米	72
迷路型	132
メガロポリス	135
メキシコ	189
メキシコ高原	188
メキシコシティ	138,189
メキシコ湾岸油田	82
メコン川	107,168,170
メサ	24
メサビ鉄山	84
メジアンライン	48
メジャー	81
メスチーソ	188
メセタ	66
メタンハイドレート	83,94
メッカ	133,173
メッシュマップ	13
メディアリテラシー	111
メディナ	133
メトロポリス	131
メトロポリタンエリア	134
メラネシア	190
メリノ種	191
メルカトル図法	10
綿花	69

も

モスクワ	88,183
モーターウェイ	105
モータリゼーション	100
モーダルシフト	105
モナドノック	24
モノカルチャー	68
モノカルチャー経済	114
最寄り品	101
モルドバ	183
モルワイデ図法	11
モレーン	30
モロ人独立運動	149
モンゴル族	165
モンスーン	36
モンスーンアジア	36
門前町	131
モンテネグロ	148
モントリオール議定書	54

や

野外調査	14
夜間人口	134
焼畑農業	64
ヤク	64
八代海	53
ヤムいも	64,144

ゆ

有機農業	63
遊牧	64
ユーゴスラビア	181
ユーゴスラビアの解体	148
輸出加工区	90
輸出指向型	90
ユダヤ教	147
ユダヤ人	173
油田	82
ユニバーサル横メルカトル図法	15
輸入自由化	117
輸入代替型	90
ユビキタス社会	110
ユーフラテス川	172
ユーラシア大陸	20

ユーロ	159
ユーロスター	104
ユーロトンネル	104
ユーロポート	180

よ

溶岩円頂丘	23
溶岩台地	23
用材	70
溶食	31
養殖業	71,75
用水指向型	87
羊毛	69
余暇時間	102
抑制栽培	72
横須賀	133
横浜	95
四日市	95
四日市ぜんそく	53
与那国島	155
予備調査	14
ヨーロッパロシア	182
弱い乾季のある熱帯雨林気候	41
四大公害病	53

ら

ライトレールトランジット	104
ライン川	107,178
ラオス	170
酪農	66
ラグーン	29
ラサ	166
ラ・デファンス	143
ラテンアメリカ	188
ラテン系民族	178
ラトソル（ラテライト）	46
ラトビア	183
ラニーニャ現象	39
ラパス	130
ラプラタ川	67
ラムサール条約	59
ラワン	70
ラングドック・ルシヨン	103

り

リアス海岸	28,180
リヴィエラ	103
リオグランデ川	153
リオデジャネイロ宣言	58
陸繋砂州	29
陸繋島	29
陸水	38
陸半球	20
離水	28
離水海岸	29
リスボン	180
リゾート	103
立憲君主国	153
リトアニア	183
リニアモーターカー	109
リベリア	106,175
リマ	189
リマン海流	71
リモートセンシング	13
リヤド	173
リャノ	47
リャマ	64
隆起三角州	27
隆起扇状地	27
流出率	38
流線図	12
領域	152
領海	152
領空	152
領土	152
輪栽式混合農業	65
林産都市	133
林地村	128

る

ルックイースト政策	169
ルートマップ	14
ルーマニア	89,181
ルール工業地域	179
ルワンダの民族対立	149

れ

レアアース	85
レアメタル	85
冷帯	43
礫砂漠	30
レグール土	47
レス	47
列村	128
連合王国	179
連接都市	135
連村	128
連邦国家	153

ろ

労働時間	102
労働集約型	92
労働生産性	64
労働力指向型	87
老年人口	122
録画再生機	93
六大陸	20
ローコストキャリア	108
ロサンゼルス	89,187
ロシア	88,182
ロシア革命	182
路村	128
ロッキー山脈	25,184
ロッテルダム	88
ロードプライシング	105
ローマ	180
ロマンシュ語	146
ロンドン	9,88,179

わ

ワイン	69
ワジ	30
輪中	126
ワシントンD.C.	186
ワシントン条約	59
ワルシャワ	181
ワルシャワ条約機構	157
ワロン語	146
湾岸協力会議	156

■編集協力…株式会社群企画

シグマベスト **要点ハンドブック** **地理B** 本書の内容を無断で複写(コピー)・複製・転載することは，著作者および出版社の権利の侵害となり，著作権法違反となりますので，転載等を希望される場合は前もって小社あて許諾を求めてください。 ⓒ BUN-EIDO 2013　Printed in Japan	編　者　文英堂編集部 発行者　益井英郎 印刷所　株式会社　天理時報社 発行所　株式会社　**文英堂** 〒601-8121 京都市南区上鳥羽大物町28 〒162-0832 東京都新宿区岩戸町17 （代表）03-3269-4231 ●落丁・乱丁はおとりかえします。